KB195044

사고의 기술

어니스트 딤넷 지음 | 김석중 옮김

서커스

사고의 기술

차례

제4부 창조적 사고

깊은 내면 성찰과 개인적 성장을 돕는 필수 도구 — 딤넷의 지혜가 담긴 이 책은 시대를 초월한 가치를 지닌다.　　　 -하버드 비즈니스 리뷰

딤넷의 내면 세계 탐구는 시적이면서도 실용적이다. 그의 글 한 줄 한 줄이 독자에게 새로운 깨달음을 선사한다.

　　　　　　　　　　　　　　　　　　　 -로스앤젤레스 타임즈

인간 정신의 내면 작동 원리를 밝히며, 우리 모두가 스스로의 생각을 재정비하게 만드는 훌륭한 책이다.　　　　　 -포브스

『사고의 기술』은 예술 작품이자 지적 훈련서로, 단순한 철학서를 넘어 삶의 진정한 지침서라 할 수 있다.　　　　　 -애틀랜틱

관습적인 사고 방식을 과감히 도전하는 이 비범한 책은, 독자에게 새로운 사고의 지평을 열어준다.　　　　　 -인디펜던트

어니스트 딤넷의 작품은 내면 성찰을 중시하는 이들에게 등대와 같으며, 깊은 사유의 길로 인도한다.　　　　　 -뉴 사이언티스트

철학적 사유와 실용적 조언이 절묘하게 결합된 매혹적인 혼합물, 이 책은 진정한 '사고의 기술'을 제시한다.　　　　　 -비즈니스 인사이더

독자들에게 자신만의 정신 작용을 이해하고 다듬을 수 있는 강력한 도구를 제공하는, 시대를 초월한 걸작이다.　　　　　 -베니티 페어

시간이 지나도 변치 않는 고전, 『사고의 기술』은 스스로 사고하는 법을 일깨워주며 계속해서 계몽과 영감을 준다.　　　　　　－내셔널 리뷰

이 책에서 느낄 수 있는 명료함과 깊은 통찰은 현대를 살아가는 우리 모두에게 큰 자극을 준다.　　　　　　　　　－파이낸셜 타임즈

우리 의식의 깊이를 탐구하게 만드는 기념비적 작품, 딤넷은 생각의 본질을 우아하게 풀어냈다.　　　　　　　　　－사이언티픽 아메리칸

『사고의 기술』은 우리에게 가장 중요한 작업, 즉 마음속에서 이루어지는 진정한 사고의 가치를 일깨워준다.　　　　　－뉴 리퍼블릭

생각과 학문의 예술과 과학을 심오하면서도 실용적으로 탐구한 이 작품은, 모든 시대의 독자에게 꼭 필요한 길잡이이다.

　　　　　　　　　　　　　　　　　　－시카고 선-타임즈

지금의 서평

『사고의 기술』은 내면 성찰의 본질을 파헤치는 시대를 초월한 명작이다. 오늘날 빠르게 변화하는 사회 속에서도 그 통찰력은 변함없이 유효하다.　　　　　　　　　　　　　　　　　　　　　　　-뉴욕 타임즈

딤넷의 글은 시적 감성과 실용적 조언이 어우러진 걸작으로, 디지털 시대에도 '진정한 사고'의 중요성을 일깨워준다.　　　　　　　-가디언

이 책은 추상적인 철학을 구체적 자기개선의 도구로 승화시킨다. 독자들에게 자신만의 내면을 들여다보게 만드는 강력한 메시지가 있다.
　　　　　　　　　　　　　　　　　　　　　　　　　　-시카고 트리뷴

『사고의 기술』은 우리 내면에 자리한 이미지와 사고의 연쇄를 새롭게 해석하며, 독자가 자신의 정신세계를 재발견하도록 이끈다.
　　　　　　　　　　　　　　　　　　　　　　　　　　-워싱턴 포스트

한 세기가 지난 지금도, 이 책은 '생각'의 힘과 그 작동 방식을 심오하게 탐구하는 필독서로 자리매김하고 있다.　　　　　　-뉴요커

딤넷이 제시한 내면의 이미지와 사고의 흐름에 관한 통찰은 현대인의 산만함 속에서도 정신의 명료함을 찾게 하는 귀중한 지침이다.

－타임 매거진

현대 사회의 정보 과부하 속에서, 『사고의 기술』은 독자에게 다시 한 번 '진정한 사고'의 가치를 일깨워주는 길잡이와 같다. －이코노미스트

이 책은 철학과 일상의 경계를 넘나들며, 자신의 정신 작용을 체계적으로 이해하고 다듬고자 하는 이들에게 강력히 추천할 만하다.

－하버드 비즈니스 리뷰

딤넷의 내면 세계 탐구는 단순한 이론을 넘어, 실제적 자기 성찰과 창의적 사고를 촉진하는 효과를 지닌다. －로스앤젤레스 타임즈

『사고의 기술』은 현대 자기계발 문학에 지대한 영향을 미친 고전으로, 생각의 질을 높이는 데 큰 도움을 준다. －포브스

철학적 깊이와 일상적 현실이 절묘하게 결합된 이 책은, 독자들에게 자기 자신을 재발견하게 하는 계기를 마련한다. －애틀랜틱

딤넷은 우리의 무의식과 내면의 이미지를 탐구함으로써, 우리가 진정으로 '생각하는 법'을 배울 수 있도록 안내한다. －인디펜던트

『사고의 기술』은 예술과 과학, 철학이 만나는 지점에서 인간 정신의 복잡성을 멋지게 풀어낸 고전이다. －뉴 사이언티스트

이 책은 우리의 사고 패턴을 재정립하게 하며, 창의성과 자기 성찰에 있어 새로운 영감을 불어넣는다. ─비즈니스 인사이더

딤넷의 글은 단순한 자기계발서를 넘어, 우리의 내면 세계에 대한 깊은 통찰과 성찰을 이끌어내는 힘이 있다. ─배티니 페어

『사고의 기술』은 현대인의 온갖 산만함 속에서도 진정한 사고의 깊이를 찾게 하는, 조용하지만 강렬한 혁명이다. ─내셔널 리뷰

이 책은 우리가 무심코 흘려보내는 생각의 연쇄를 정면으로 들여다보게 하며, 그 과정에서 진정한 정신의 힘을 일깨운다.
─파이낸셜 타임즈

딤넷이 설명하는 이미지의 흐름과 사고의 구조는 현대 인지과학 및 창의력 연구에 큰 영감을 준다. ─사이언티픽 아메리칸

『사고의 기술』은 단순히 정보를 습득하는 것을 넘어, 우리 자신을 깊이 있게 이해하고 다듬게 하는 소중한 지침서이다. ─뉴 리퍼블릭

이 고전은 우리 내면의 복잡한 작동 원리를 명료하게 풀어내며, 오늘날에도 독자들에게 꾸준한 영감을 제공한다. ─시카고 선 타임즈

위대한 미국의 철학자가
이 유명한 책에 대해 말하다

나는 독자에게 이렇게 말하고 싶다. "이 책을 음미하고, 직접 시도해 보십시오. 가까이 두고, 페이지를 몇 장이든, 한 단락이든 무작위로 펼쳐 읽어보십시오. 이리저리 훑어보기도 하고, 연속해서 읽기도 하십시오. 침대 옆 탁자 위에 두고 밤에는 마음을 가다듬는 데, 아침에는 마음을 일깨우는 데 읽으십시오." 이 책은 저자와 다른 이들이 오랜 시간 관찰하며 모은 지혜로 가득 차 있기 때문이다.

독자는 이 책에서 자신의 사고의 질을 평가하는 여러 가지 방법을 제안받게 된다. 적어도 열두 가지 이상의 제안이 있으며, 그중 어느 하나라도 채택하면 정신적 습관이 향상될 것이다.

이 책을 읽는 사람은 누구든 깨닫게 될 것이다. 타성, 타인의 의견에 의존하는 기생적인 태도, 무뎌진 취향 같은 성격적 결함이, 지적 결함보다도 정신적 부족을 더 많이 초래한다는 점을 말이다. 만약 이 책의 조언이 필요 없는 행운아가 있다면, 나는 그들에게도 이 책을 읽어볼 것을 권한다. 저자의 경험에서 우러나온 깊고 지혜로운 인격을 만나기 위해서라도 말이다.

존 듀이

서문

어떤 작가가 감히 볼테르의 시 「불쌍한 악마Le Pauvre Diable」
에 나왔던 했던 말을 인용하여 자신의 독자에게 이렇게 말할
수 있겠는가?

"그는 나를 선택하여 생각하는 것을 돕게 하네."

그러나, 사고의 기술을 배우고 싶어 하는 남녀가 수백만 명
이고, 또 다른 남성과 여성들은 그러한 교훈을 제시하는 데 있
어 거만하게 보일 위험을 무릅써야 하는 것이 사실이다.

이를 감행하는 사람이 반드시 천재일 필요는 없다. 천재가
어떤 예술을 가르치는 데 있어서 특별히 훌륭한 스승으로 여
겨진 적은 결코 없다. 사고의 기술을 가르치는 사람이라면 사
고에 전혀 어려움을 느끼지 않는 이보다는, 그 화려한 사고가
초심자들에게 좌절감을 줄 정도로 뛰어나지 않은 사람이 더
적합하다. 민감한 의사가 반드시 건강의 본보기일 필요는 없

다 — 그건 나무꾼도 할 수 있다 — 하지만 그는 비록 자신의 건강이 썩 좋지 않더라도 그것을 이해하고 위생을 소중히 여기는 자세에서 더 유익할 수 있다.

사고의 기술을 가르치는 사람 역시 자신이 그 원칙을 완벽히 실천했다고 주장할 수는 없을지라도, 그 원칙의 가치를 다른 이들보다 더 절실히 느꼈음을 경험적으로 말할 수 있는 사람이라면 충분하지 않을까? 남을 돕고자 하는 간절한 바람만으로도 겸손한 조언을 할 자격이 있는 게 아닐까?

독자는 이 책에 어떤 부족함이 있든 간에, 자신을 위해 쓰였다는 것을 금세 알게 될 것이다. 명료하고 간결하게 하려는 노력, 철학적 전문 용어에 대한 혐오, 단지 독자의 눈을 부시게 하는 데 그치기 싫어하는 마음에서 비롯된 쓸모없는 참고 문헌의 과시를 배제하려는 태도 모두 독자를 돕고자 하는 바람에서 나온 것이다.

대부분의 책은, 특히 사고의 기술에 관한 책이라면, 대체로 예술 작품으로서 스스로 목적이 되고 궁극적으로는 찬사를 받으려는 것을 목표로 한다. 하지만 이 책의 집필 과정에는 그런 이기심이 거의 개입되지 않았다.

독자가 자신에게 당연히 주어져야 하는 공감과, 최선의 사고를 하고 가장 고귀하게 살아가려는 노력에 꾸준히 도움을 주고자 하는 의지를 느낀다면, 그것만으로도 충분할 것이다.

제1부

사고에
대하여

일러두기

1. 이 책은 Ernest Dimnet, *The Art of Thinking*(Simon and Schuster, 1928)
   을 완역한 것이다.
2. 본문의 [ ]는 해당 용어에 대한 이해를 돕기 위해 역자가 붙인 것으로 원서에
   는 없는 역자의 간략한 주석이나 해설이다. 설명이 다소 길거나 책을 전반적
   으로 이해하는 데 도움이 된다고 생각하는 내용은 해당 페이지의 아래에 각주
   로 정리했다. 저자가 단 주석이 하나 있는데 내용 뒤에 '–원주'라고 표시했다.
3. 사이시옷은 발음과 표기법이 관용적으로 굳어져 있는 경우를 제외하고는 가
   급적 사용하지 않았다.

1장

사고에 대하여

친숙한 장면을 떠올려 보자. 10월 말 오후 5시, 붉게 물든 정원을 배경으로 석양이 내려앉고 있다. 당신은 문턱 가까이에 서서 멍하니 바라보며 생각에 잠겨 있다. 누군가가 몰래 다가와 속삭인다. "무슨 생각을 하고 있어요?"* 당신은 뭐라고 대답할 것인가?

그날 늦은 오후, 당신은 책을 집중해서, 혹은 남들에게 그렇

---

* 원문은 a penny for your thoughts. 이 표현은 누군가에게 "지금 무슨 생각을 하고 있는지 말해봐" 또는 "네 생각을 들려줘"라는 의미로 쓰이는 관용구이다. 문자 그대로 해석하면 "네 생각에 한 푼 주겠다"라는 뜻이지만, 실제로는 상대방의 내면의 생각이나 의견에 대해 호기심을 나타내며, 가볍고 친근한 방식으로 대화를 유도하고자 할 때 사용된다.

게 보이게, 읽고 있다. 하지만 평소에 독서를 즐길 때와는 달리, 당신의 얼굴에는 행복한 표정 대신 깊은 집중의 흔적이 남아 있다. 그것은 단순한 독서에서는 보기 힘든 지나치게 강렬한 몰입을 드러낸다. 사실, 당신은 이미 멀리 떠나 있는 상태다.

"무슨 생각을 하고 계세요? 무슨 책인가요?"라는 질문에, 당신은 낮에 몽상에 잠겼을 때와 비슷한 대답을 내놓는다. "아, 아무 생각도 안 하고 있었어요." 혹은, "이런저런 생각을 하고 있었어요."

정말로, 당신은 너무 많은 것을 생각하고 있어서, 마치 아무것도 생각하지 않은 것처럼 느껴졌을 것이다.

당신은 전에 여러 번 경험했던 것을 다시 한 번 깨닫게 된다. 우리의 마음은 환히 밝혀지고 잘 정돈된 방과 같지는 않다. 오히려, 어둑한 불빛 속에서 자라난 나방이 살고 있는 어수선한 다락방과 더 비슷하다. 즉, 우리의 생각들은 우리가 문을 열어 더 잘 보려는 순간, 칙칙한 작은 나비들처럼 한순간에 사라져 버린다.

이러한 현상에 대한 자각은 물론 실망감을 안겨준다. 그래서 누군가가 우리의 생각에 대해 알려 한다면, 우리는 대개 당혹스러워하는 것처럼 보이며 질문자뿐만 아니라 그 질문 자체로부터도 벗어나기를 원한다. 마치 거울 속 자신의 모습에 한 번 짖어보고 그 뒤편을 물어뜯으려 애쓰고, 두 번째 시도 후에는 역겨워서 눈길을 돌리는 강아지처럼.

하지만 어느 정도의 호기심과 연습이 있다면, 최소한 자신의 마음을 엿볼 수는 있다. 단, 우리가 너무 정신이 산만하여 의식이 완전히 경계를 풀고 있을 때는 시도해서는 안 된다. 오히려, 신문을 읽다가 빠르게 바뀌는 주제들이 피곤하게 하면서도 우리를 완전히 소진시키지는 않을 때나, 기차나 자동차의 움직임이 우리의 생각에 일정한 리듬을 부여하여 곧 추상적 사고나 졸음으로 이어질 수도 있는 상황, 혹은 듣고 있는 강의가 우리를 완전히 사로잡거나 반대로 너무 나빠서 짜증나게 만들지 않을 때 시도할 수 있다. 즉, 우리가 정신적으로 느긋해져 있는 상태에서, 마음이 실제로 작동하는 방식을 들여다볼 기회가 생긴다. 의식을 갑자기 단단히 고정하고, 재빠르게 내면을 들여다보면, 마치 우리의 정신 흐름 중 3~4초의 단면을 굳혀서 그것을 검토할 준비를 할 수 있는 것처럼 보인다. 한 번 성공하면, 다시 해보고 싶은 욕구가 반드시 생길 것이다. 왜냐하면 이 방법으로 자신을 돌아보는 것이 어떤 자각보다도 놀라울 정도로 깨우쳐주는 힘이 있기 때문이다. 특정 시기 동안 이 과정을 더 자주 시도할수록 더 쉬워지기도 한다.

그렇다면 지금 한번 시도해보는 것은 어떨까? 당신의 생각에 1페니를 드리죠! 지금 무슨 생각을 하고 있나요?……

당신은 작가의 말에 적절치 못한 취향을 마주한 듯 놀라며 올려다본다.

"생각이요? 아, 나는 당신의 책에 대해 생각하고 있었습니다. 아마도 내가 이 책을 읽는 데 관심을 가지는 것만큼 당신은 이 책을 쓰는 데 관심이 없으셨나 보네요. 나는 이 주제가 정말 흥미롭습니다."

"네, 나는 당신이 유독 몰입해 있다는 것을 알았기에 방해했습니다. 만약 당신이 마음이 떠 있었다면, 그런 질문은 무의미했을 테니까요. 그러니까 당신은 이 주제가 흥미롭다고 하셨죠?"

"정말 그렇습니다. 그러니 계속 써 주셨으면 좋겠습니다. 책은 독자에게 말을 걸지 않는 편이 나은 법이죠."

"당신이 이 주제를 흥미롭다고 말할 때, 그것은 당신의 관심을 끌고, 어떤 반응을 이끌어내며, 결국 당신을 생각하게 만든다는 뜻이죠."

"바로 그렇습니다."

"물론, 당신이 이 책을 읽으면서 떠오르는 생각들은 당신 자신의 것입니다. 그것들은 내가 말하는 내용을 단순히 반영하는 것들이 아니고, 바로 그 점이 당신이 이 책을 읽으며 느끼는 즐거움의 주요 이유일 겁니다. 맞나요?"

"아마도 그렇겠네요, 선생님. 이 대화가 점점 흥미로워지네요."

"네, 이 대화는 당신에 관한 것이니까요. 당신이 흥미를 느낄 거라고 생각했습니다. 그러니, 이 생각들은 나의 것이 아닌 당신 자신의 것이고, 이 책 바깥에 있는 것이죠. 그것을 일종의 산만함이라고 부를 수도 있다고 생각하지 않으십니까?"

"그건 좀 부당한 말인 것 같습니다, 선생님. 분명히 나는 당신의 글을 꼼꼼히 따라가고 있다고 장담합니다. 하지만 솔직히 말해서, 나는 그것을 암기하려고 하지는 않습니다. 그렇게 한다면 이 책에서 느끼는 온갖 즐거움이 모두 사라질 테니까요. 그러니 나는 당신 말씀대로 내 즐거움이 내 것임을 인정할 수밖에 없고, 그것을 산만함이라고 부를 수도 있을 것 같습니다. 사실, 내가 생각하고 있던 건……"

"아! 드디어 우리가 도착했군요! 당신이 생각하고 있던 건……?"

"음, 나는 방금 말씀하신 다락방과 비슷한 다락방이 있던 메인 주의 어느 농장을 떠올렸습니다. 여름에 우리가 그곳에 있으면 다락방에는 여전히 겨울 사과 냄새가 났고, 나는 그것이 참 좋았습니다. 소년 시절에 그곳에 앉아 오랫동안 생각에 잠기곤 했습니다. 그러니까 결국, 나는 생각에 대해 생각했던 거죠. 사실, 기쁘게 생각에 잠기는 인상을 가장 강하게 주는 그 그림— 에라스무스가 글을 쓰고 있는 초상화 —을 볼 때마다 나는 그 오래된 다락방이 떠오릅니다. 몇 분 전에도 분명히 에라스무스를 생각했을 겁니다. 왜냐하면 예전에 누군가 그 초상화를 보고는 '이 기다란 코를 가진 늙은이는 누구지?'라고 물었을 때 느꼈던 짜증이 문득 떠올랐기 때문입니다. 나는 어리석은 사람을 정말로 싫어합니다. 그 기억 때문에 실제로 의자에서 안절부절못하게 되었고, 다른 무언가를 생각하려 애써야만 했습니다."

"그러니까 내가 완전히 틀린 것은 아니었네요. 당신은 이 책에 없는 여러 가지를 생각하고 있었군요."

"네, 그렇지만 그 생각들은 이 책 때문에 떠오른 것입니다. 내일 회사에서 중요한 일을 하는 도중에도 어쩌면 당신의 책을 생각하고, 그 구절들을 온통 기억하게 될지도 모릅니다."

"고맙습니다. 당신은 그것에 대해서도 생각하고 계셨나요?"

"어찌 생각하지 않을 수 있겠습니까. 내일 내가 서명해야 하는 건은 내 5년치 수입과 맞먹는 금액이 걸린 일이거든요. 하지만 모든 게 잘될 것이라고 확신하고 있고, 그래서 가련한 짐이 원하는 동업 지분을 사줄 수 있을 것 같습니다."

"그러면, 그동안 내가 당신한테 빚진 1페니를 여기 드리겠습니다. 이제 당신의 생각을 꽤 잘 알게 된 것 같습니다. 당신의 모든 생각은 자연스럽게 당신 자신에 대한 것이며, 그래야 마땅합니다. 물론 당신의 마음속 어떤 생각들은 너무 깊이 숨겨져 있어서 어떤 노력으로도 끌어올릴 수 없겠지만, 그 생각들조차 지금 우리가 대화 중에 발견한 생각들보다 당신의 자아에 더 가깝다는 것은 확실합니다. 때때로 우리는 갑작스레 머릿속 혈관이 뛰는 느낌이나 우리가 살아 있다는 사실을 깨닫게 됩니다. 이런 의식은 우리에게 아무런 쓸모가 없지만, 우리의 생존에 어떤 식으로든 보탬이 된다면 몰라도, 우리는 자아가 걸린 문제에 관해서는 과하게 관대해지곤 합니다. 내가 당신을 비난하려는 것은 아니니 오해하지 마십시오."

"나를 비난하시면 안 됩니다. 내가 이렇게 주의 깊게 읽은 책은 거의 없었다는 것을 다시 한 번 말씀드리고 싶습니다."

"물론입니다. 그러나 당신이 이 책에 관심을 가지면서도 동시에 다른 것에도 관심을 두었다는 사실을 인정해야 할 겁니다. 모두가 그렇습니다. 혹시, 새 소설의 핵심 아이디어를 발견해 그 상상력이 자연스레 몰입하게 되었음에도 불구하고, 주제와는 전혀 관련 없는 책들을 연달아 읽었다는 월터 스콧 경의 이야기를 들어보셨습니까? 그것이 그의 두뇌 활동을 더욱 증진시켰기 때문이라고 합니다. 그런 책들이, 디킨스에게 도시의 군중들이 미친 영향과 같은 역할을, 스콧 경의 창의력에 기여했던 것이지요. 당신이 이 책을 주의 깊게 읽었다고 말하는 것은 당신의 지적 능력이 의식의 일부를 — 말하자면 5분의 1에서, 잘해야 3분의 1 정도를 — 책에 할애했다는 뜻입니다. 하지만 당신의 지성은 그저 당신을 위해 부수적인 업무를 처리하는 우수한 서기 정도에 불과합니다. 당신 자신은 여전히 자아의 작업을 계속하고 있었고, 그것은 어떤 이론보다도 당신에게 훨씬 더 중요한 일입니다.

당신에게 중요한 것은 당신이 시간을 보내며 사색에 잠겼던 다락방, 당신이 사랑했던 에라스무스의 초상화, 그 초상화를 알아보지 못했던 사람에게 느꼈던 당신의 참을 수 없는 분노, 그리고 당신의 아들 짐의 미래와 그것을 향상시킬 수 있는 특별한 기회들입니다. 당신이 이 책이 당신을 생각하게 만든다고 상상하는 동안, 사실은 짐, 에라스무스, 그 어리석은 자, 다락방, 사업 그리고 분명히 우리가 찾아내지 못한 수십 가지의 다른 것들을 생각하고 있었습니다. 당신이 산만함이라고 부르는 그 생각들이야말로 책에도 불구하고 당신의 자아가 생각하고 있는 것이며, 솔직히 말하자면, 책 자체가 오히려 당신의 산만함입니다. 글을 쓰는 것도 마찬가지입니다. ― 내가 지금 서기를 시켜 펜을 잡고 있는 동안 내 자아가 무슨 생각을 하고 있는지 말씀드릴까요? 두 시간 전 이슬비 속에서 두 마리의 겁먹은 새끼 고양이를 데리고 떠도는 불쌍한 길고양이를 봤던 장면을 떠올리며, 그만큼 내 일에 더 행복하게 집중할 수 있기를 바라고 있습니다. 당신이 어리석은 사람을 싫어하는 만큼 나는 고양이를 사랑합니다."

'내성introspection'이란 마음이 활발히 움직이는 동안 내부를 들여다보는 것을 말하는데, 이는 언제나 비슷한 모습을 드러낸다. 심리학자들은 이를 '정신의 흐름mental stream'이라고 부르는데, 이 용어 하나만으로도 내적 관찰의 영역에서 영혼을 분리된 별개의 능력들로 나누는 잘못된 방식에 비해 엄청난 진보를 이뤄냈다. 실제로 우리 뇌 안의 흐름은 이미지들 — 기억되거나 변형된 —, 감정, 결심, 그리고 지적 또는 부분적으로 지적인 결론들을 모호하거나 혼란스럽게 담고 있다. 이러한 과정은 잠을 잘 때조차도 멈추지 않는데, 강물이 흐르기를 멈추지 않는 것과 마찬가지다.

정신의 흐름은 산간 계곡의 개울처럼 끊임없이 방해를 받으며, 물결을 일으키는 동시에 흘러간다. 우리가 내면을 들여다볼 때 우리는 이러한 끊임없는 움직임을 의식하게 되지만, 단순히 얼핏 보고 다시 시선을 돌리지 않고 계속 바라본다면 심리적 연쇄 과정들이 순환하며 다시 나타나는 모습을 곧 알아차리게 될 것이다.

이러한 사고의 흐름은 늘 뒤따라오는 어떤 이미지에 의해 형성된다. 방금 대화를 나눈 신사는 수많은 이미지로 가득 찬 정신을 가지고 있었지만, 그중 의식적으로 인지하거나 반의식적으로 인지한 이미지는 극히 일부에 불과했다. 그것은 무엇이었을까? 시골 집의 어느 방, 홀바인이 그린 에라스무스의 초상화, 어리석은 남자, 그리고 그의 아들 짐. 비유를 바꿔 이야기하자면, 이 이미지는 마치 만화경에서 더 크고 밝게 보이는 조각들처럼 그의 정신에 떠오르는 대표적인 상징들이었다. 그의 정신은 몇 분 간격으로 이 이미지들로 되돌아갔다.

이러한 이미지들이 그에게 작용하는 방식은, 모든 이미지들이 우리에게 작용하는 것과 다를 바 없다는 것은 굳이 말할 필요도 없다. 우리는 어떤 이미지에는 이끌리고, 또 다른 이미지에는 등을 돌린다. 오래된 사과 저장고는 그에게 완전히 만족스러운 이미지였고, 그 어리석은 남자만 아니었다면 에라스무스의 초상화 역시 그러했을 것이다. 시간이 지나면 그 어리석은 남자조차도 약간의 짜증과 더불어 우월감을 느끼게 해주는 존재로 받아들일 수 있었을 것이다.

한편 짐의 경우에는, 그의 아버지가 "그래, 아들아, 이제 다 괜찮아"라고 말하는 순간 짐의 별로 잘생기지 않은 얼굴이 기쁨으로 변하는 모습을 보는 것이 즐거웠다. 그러나 일 년 후, 같은 8시 17분 기차를 타고 여전히 똑같이 하찮은 일을 하게 되는 모습을 상상하는 것은 정반대의 느낌을 불러일으켰다. 아마도 그 신사가 쭈글쭈글 말라버린 사과 냄새를 떠올릴 때, 행복한 짐은 바로 문 뒤에 있었을지도 모른다. 하지만 그 만족스러우면서도 기름기 가득한 목소리로 어리석은 남자가 남긴 잊을 수 없는 여섯 마디가 들리자, 펠럼 역 앞을 침묵 속에서 줄

지어 이동하는 노예처럼 무기력한 군중들과 불쌍한 짐과의 거리가 그리 멀지 않아 보였다. 아마도, 누가 알겠는가? 어쩌면 불쾌한 이미지를 해소하기 위해 무의식중에 더 즐거운 이미지를 찾아내려 한 것일지도 모른다. 그 시냇물은 양쪽 덤불 사이로 빠르고 깊게 흐르기에, 그 안에서 어떤 것도 명확히 볼 수 없다.

우리가 확실히 말할 수 있는 것은 다음과 같다.

첫째, 우리의 대부분의 정신 작용은 이미지와 분리될 수 없거나 이미지에 의해 발생한다는 점이다. 이 점은 우리와 가까이 있는 동물들과 다르지 않다.(개가 백과사전 수준의 이미지, 소리, 냄새를 뇌에 기록하고 그 기억력이 인간보다 훨씬 더 뛰어나다는 것을 알지 못하면 우리는 개의 행동을 전혀 이해할 수 없을 것이다)

둘째, 이러한 이미지는 대체로 우리의 바람이나 반감에 밀접하게 대응한다. 우리가 원하는 것 또는 원하지 않는 것에 따라 이미지가 결정되기 때문에, 이 원하거나 원하지 않는다는 마음의 작용이 아마도 우리 심리의 궁극적인 동력이자 우리 존재의 근본 조건과 관련된 요소인 것처럼 보인다.

셋째, 결국 사람들은 생각과 말, 삶의 태도, 그리고 실제 삶 자체에서 자신의 정신을 채우고 있는 이미지의 질을 드러내기 마련이다. 이러한 이미지와 우리의 감정적 선호를 조사하고 평가하는 것은 도덕적 가치를 파악하는 데 있어 심지어 우리의 행동보다도 더 정확한 기준이 된다. 이는 우리가 나중에 다시 다룰 주제이다.

분명히, 당신은 지금까지 설명한 것이 곧 '생각'이 아니라고 말할지도 모른다. 우리의 뇌는 때로는 이미지에서, 때로는 선호나 반감, 욕망과 혐오로부터 자유로워야 하지 않을까? 고차원의 정신적 작업, 즉 무형의 사고가 있으며, 그로부터 추상적인 개념이 나오는 것이 아닐까? 수학적, 철학적 체계는 어떻게 진화했으며, 논리는 무엇인가?

맞다. 수십억 개의 경험을 축약한 언어도 있고 모든 도서관을 채우는 공식들도 있다는 것은 분명하다. 의성어와 씨름하며, 그가 표현할 수 없는 의미의 어떤 뉘앙스를 보고 거의 절망에 빠졌던 야만적인 조상 중 한 사람이 "내일to-morrow" 또는 "일출sun-rise" 또는 "아침의 공복감morning hunger"과 같은 거친 동사-명사를 결합하여 처음으로 미래 시제를 발명했는데, 그 사람은 진정한 천재였다. 그리고 지적 작업은 차례로 가장 고귀한 정신들을 몰두하게 만드는 도서관들을 만들어냈으며, 이 모든 것은 추상화로 향한다. 그러나 그것에 대한 연구는 사고의 과학Science of Thought에 속하는 문제이며, 우리는 여기서 오직 사고의 기술Art of Thinking만을 다루고 있다. 그럼에도 불구하고, 이 주제의 다소 실용적이지 않은 측면에 대해 한마디 하는 것은 우리 목적에 도움이 될 것이다.

우리는, 생각이 ― 다이아몬드가 그렇다고 잘못 여겨지는 것처럼 ― 순수한 상태로 존재할 수 있으며 이미지 없이 전개될 수 있다고 상상한다. 또한 우리는 종종 이미지의 도움 없이 도달한 실용적이거나 이론적인 결론들을 의식하게 된다고 확신한다.

아, 과연 그것들은 무엇인가? 하지만 우선, 그런 것이 실제로 존재할까? 어떻게 그것들이 존재한다는 것을 확신할 수 있을까? 우리가 실제로 사고 과정을 관찰할 때마다 이미지가 존재한다는 것을 발견한다. 당신이 "생각", "순수한 생각"이라고 말할 때, 거기에는 어떠한 이미지도 동반되지 않는다고 확신할 수 있을까? 우리가 "생각"이라고 말하면서, 머리나 이마, 또는 뇌 속을 상상하며, 그것을 끔찍한 젤리 덩어리가 아니라 어쩌면 여러 가지 결과를 정리하고 제자리에 고정하는 복잡한 철사 구조wire frame나, 혹은 무한히 섬세한 시계 장치로 시각화하고 있을 가능성이 있지는 않을까?

지금은 추상적으로 들리는 정신 작용의 명칭들은 원래는 그렇지 않았다. 그리스어에서 '보다'와 '알다'는 같은 단어다. 겉보기에는 지적으로 들리는 'ponder(심사숙고하다)'라는 단어는 사실 '무게를 달다'라는 뜻이고, 'think(생각하다)'는 한때 훨씬 거칠었던 'seem(~처럼 보인다)'이라는 뜻의 단어에서 파생된 것이다. 'logic(논리)'과 'speech(언어)'도 같은 단어이고, 심지어 ― 너무나 큰 지적 자부심에 항의하는 듯이 ― 'idea(이데아)'와 'image(이미지)'도 같은 것이었다!

　이미지는 무의식 속에 존재하여, 그것을 의식하려 애쓰지 않는 사람들에게는 더욱 감지하기 어렵다. 우리는 내면의 영화관에서 펼쳐지는 하나의 필름 ― 수많은 이상한 방해로 가득한 ―을 의식할 수는 있지만, 동시에 필름을 통해 보이기는 하지만 쉽게 보이지는 않는 또 다른 고정된 이미지를 온전히 인지하지 못할 수 있다. 이러한 두 이미지의 세트가 서로 다른 속도로 진행되며 겹쳐지는 경우는 흔하다. 이로 인해 우리는 겉보기에 전혀 상관없는 주제를 다루는 동안에도 도달하는 뜻밖의 결론들을 설명할 수 있다. 예를 들어, 한 신사가 책을 읽는 동안 그의 마음이 메인 주의 한 집을 떠올리게 하는 작은 사진들로 가득 차 있을 때, 갑자기 마음속에서 "필요하지 않을 때 책을 읽는 것이 아주 나쁜 일이다"라는 목소리를 듣고 곧바로 책을 덮어버릴 수도 있다. 왜일까? 위에서 언급한 '응고'의 과정을 통해 메인 주의 이미지 아래에 드러나는 것이 바로, 마지막 방문 이후로 거의 잠시도 그의 무의식에서 떠나지 않았던 월머 박사의 이미지일 것이다. 이렇게 같은 의식 내에서 (물론 그보다 더 많이 있을 수도 있지만) 세 개의 층이 감지될 수 있다.

사고의 기술에 관한 책

메인 주의 집

안과 의사

　때로는 이러한 이미지들이 맹렬한 속도로 하나의 언어화된 결론으로 몰아가는 연속성을 인식할 수 있다. 비록 이제 내가 그 신사를 병든 사람으로 만들었지만(하지만 그는 절대 장님이 되지는 않을 것이다), 그가 "뉴저지의 그 집을 사겠다!"라는 뜻밖의 결론에 이를 수도 있다. 믿기지 않는다고? 전혀 그렇지 않다. 연속적인 이미지들의 압축된 과정은 완벽히 분명하게 드러날 수 있다.

메인 주의 집 + 느린 기차 + 두 번의 환승 + 추운 겨울

+ 가까이 있는 존스 가족 = 필요 없음.

레이크우드의 집(부동산 중개인이 추천) + 좋은 기차

= 가까움 + 모기 없음 = 숙면.

숙면 + 가까움 + 소나무 + 모래 토양 = 매력적임 = 미소 = 구입.

　이 모든 이미지는 번개처럼 빠른 속도로 연이어 나타날 수 있다. 그리고 우리는 일반적으로 생각의 속도를 생각의 속성으

로 간주하기 때문에, 이 연결고리는 생각이라 불리겠지만, 사실은 평소와 다름없이 이미지의 연속에 불과하다.

꽤 자주 우리는 이렇게 마음이 분주할 때 애매모호하게 튀어나오는 단어들을 의식한다. 그것들은 마치 여인의 바느질 상자 속 비단에 붙은 라벨과 같다. 더 드물게는, 앞의 신사가 그랬던 것처럼, 여덟 개 또는 열 개의 단어가 하나의 꾸러미로 나타나거나 들리기도 한다. 이때 우리는 마치 우리가 단어로 사고한다고 상상하게 된다 ― 마치 단어로 사고하는 것이 이미지로 사고하는 것보다 우월하다는 듯이. 그러나 실제로는 그렇지 않다. 이 단어들과 문장들은 우리 대부분이 때때로 돈을 세면서 "75를 더하면" 하고 소리 내어 중얼거리거나, 스스로를 책망할 때 "이런 일은 다시 있어서는 안 돼" 하고 말하는 습관과 같은 것에서 비롯된 것에 불과하다. 내면에서 울리는 단어들은 그저 다가올 무언가를 예고하는 것일 뿐이다.

그렇게, 우리는 이미지, 이미지, 그리고 또 다른 이미지들과 마주한다. 추상이라는 것은 이미지의 산물인 만큼, 어쩔 수 없이 이미지를 불러일으킨다. 위대한 인물이나 위대한 시대를 시각화하지 않고서는 역사를 생각하기 어렵고, 유명한 실험들을 떠올리지 않고서는 과학을 언급하기 힘들 것이다. 분명 "진리 Truth"라는 단어만큼 영적인 단어도 드물지만, 그 단어가 언급되면 우리는 보통 진리에 대한 헌신의 한 예시나, 진리의 아름다음을 깨닫게 하는 특정 탐구와 연관시키게 되고, 다시 한 번 구체적인 우발적 상황들이 떠오른다.

기하학조차도 도형들과 얼마나 밀접하게 연관되어 있는지 굳이 말할 필요는 없다. 논리Logic에 관해서도, 그것이 두 이미지 또는 이미지 집단의 일치 혹은 불일치를 추상적 진술과 함께 판명하지 않는다면 아무 의미가 없다. 사실 우리는 논리가 바로 그런 것임을 지속적으로 의식한다.

누군가는 이렇게 주장할 것이다. "하지만 우리 마음속에는 그것이 바로 본질인, 그것 없이는 마음 자체가 존재할 수 없는 뭔가가 있지 않을까?"

무슨 말인지 알겠다. 당신은 순수 이성의 원리에 대해 들어본 적이 있을 것이다. 자, 철학자들을 읽어보라. 그리고 그들이 당신에게 이렇게 말할 때 ─ 당구공 하나가 다른 당구공을 굴려보낼 때, 당신의 지성은 아무 일도 원인이나 충분한 이유 없이 일어나지 않는다는 것을 인식한다고 ─ 당신이 얼마나 흥분되고, 계몽되며, 사고를 자극한다고 생각하는지 말해보라. 칸트나, 혹은 보다 실용적인 성향의 형이상학자인 윌리엄 해밀턴 같은 이들이 우리의 지성의 본성에 대해 말하는 것이 강력한 정신적 노력의 산물일 수는 있지만, 그 결과는 그들의 노력에 상응하지 않는다.

우리는 우리 마음의 작동을 얼핏 들여다볼 수 있을 뿐이며,

이는 마치 20년 전 X선 사진이 보여주었던 것만큼이나 흐릿하고 만족스럽지 않다. 그 본질은 다른 많은 미스터리들 속에 감춰진 미스터리로 남아 있어야 한다. 이러한 생각과, 우리가 다루고 있는 것이 그와 관련된 철학이 아니라 실용적인 기술이라는 사실을 고려하면, 우리의 무지를 받아들이는 것이 그리 어렵지 않을 것이다.

2장

사고를 평가하는 방법

한 인간의 사고의 질을 판단하는 것은 그 사고가 일반적으로 여러 겹의 층에 가려져 있기 때문에 어려워 보일 수 있다. 그러나 내성introspection을 적용하면 이러한 겉보기에 복잡한 문제는 모두 사라진다. 몇 가지 실험을 통해, 사고의 평가 기준이 첫째로 그 사고가 작용하는 이미지들, 둘째로 그 이미지에 대한 호오好惡, 셋째로 지적 데이터를 보다 성공적으로 결합할 수 있게 해주는 정신적 에너지라는 점이 분명해진다.

분명한 것은, 사소한 쾌락, 안락, 훌륭한 음식, 좋은 옷, 춤, 여행, 즐거운 동료, 즉 물질적 풍요의 이미지들로 마음이 가득 찬 사람은, 예를 들어 이탈리아의 풍경처럼 고귀한 직물, 고풍스러움 또는 고대의 매력, 아름다움이 실현된 교회와 박물관,

그리고 곳곳에 남은 위대한 예술가들의 기억에 상상력이 몰입된 사람보다 우리가 '사고'라고 부르는 것에서 한층 멀리 떨어져 있다. 단지 사회 생활에만 머무는 남녀와 비교할 때 예술가가 우월하다는 사실은 이보다 더 명백할 수 없으며, 이는 오직한 종류의 이미지가 다른 종류에 비해 우월하기 때문임을 보여준다. 또한, 러스킨이나 윌리엄 모리스처럼 마음이 단지 감각적 아름다움의 이미지뿐만 아니라 더 나은, 더 행복한 인류에 대한 비전으로 채워진 경우, 우리는 단순히 예술가가 즐기는 이미지보다 더욱 고귀한 이미지에 경의를 표하게 된다.

애국자, 사회 개혁가, 도덕 개혁가, 성인 또는 위대한 종교 해석가에게서 나타나는 전형적인 이미지를 차례대로 상상해 보면, 우리 마음에 자리한 매혹적인 이미지들에 부여된 도덕적 가치의 척도가 점차 상승함을 쉽게 알 수 있다. 이러한 이미지들은 점점 더 고양되어 가지만, 그 생생함은 예술가에게서나 신비주의자에게서나 똑같이 느껴진다. 여가 시간에 우리 마음을 스치는 비전은 무엇이며, 우리가 자발적으로 상상하는 장면들은 또 어떠한가? 우리는 직접 체험함으로써 알게 될 것이다. 즉, 내면 성찰의 묘사는 필연적으로 스스로 실험해 보게 만들며, 그 결과 우리는 스스로 판단자가 될 수 있다. 사고라는 것은 결코 가벼운 것이 아니다.

물론 우리의 호오好惡도 그에 상응하는 이미지들과 같은 범주에 속하며, 이 주제에 대해 길게 논하는 것은 지루할 수 있다. 특별히 자부심을 가질 만한 이유가 없는 이미지들은, 만약 '원하지 않는다, 좋아하지 않는다'라는 평결을 받는다면, 우리의 마음속에 자주 떠오르지 않을 것이다.

반면, 주목할 점은 대부분의 사람들이 자신의 호감보다는 반감을 더 강하게 의식한다는 것이다. 후자는 강렬한 반면, 전자는 약하다. 인간 본성의 치욕적인 특징 중 하나는, 우리가 감사를 표해야 할 수많은 일들보다 우리를 짜증나게 하는 몇 가지 사소한 일들에 더 크게 반응한다는 점이다. 여행자의 관점은 여행 마지막 며칠 동안 지루한 사람, 바보, 혹은 불쾌한 인물을 만났다는 이유만으로 부당하게 바뀔 수 있다. 하지만 때때로 그는 그런 사람들을 만나는 것을 즐기기도 한다. 왜냐하면 불만을 품는 일이 그에게 맞고, 짜증이 그에게 유쾌하기 때문이다. 한 비평가가 어떤 책을 칭찬할 생각이었더라도, 마지막 장이 마음에 들지 않으면 그는 그 책을 기꺼이 혹평할 것이다.

고귀한 정신을 지닌 따뜻한 심성의 남녀는 세상의 타락을 인식하면서도 거의 예외 없이 낙관적인 태도를 지닌다. 그러나 그러한 사람들은 극히 드물다! 주목할 점은, 벨기에의 신앙 치유자 앙투안이, 그리스도교인들에게 (이론적으로는) 전통적인 교리인 '원수enemy를 사랑하라'는 말을 설교함으로써 유럽 전역에 명성을 떨쳤다는 것이다. 다행히도 수천 명이 그것을 참신하게 여기며 열광했다.

우리 의식 속에서 우울한 경향을 나타내는 또 다른 증상 또는 원인은, 정신분석학자들이 콤플렉스라고 부르는 우울한 정신 습관들이다. 이 책의 2부에서 다시 논의하겠지만, 여기서 먼저 언급하는 것은, 그것들이 우리의 사고의 질을 평가할 때 무시할 수 없는 영향을 미치기 때문이다.

내적 성찰은 두 가지 정보 원천에 의해 보완되고 통제될 수 있는데, 이 두 가지는 우리가 의심의 여지가 없다고 생각하는 것들이다. 바로 우리의 사적인 편지와 특히 우리의 대화다. 둘 다 분명히 깨어 있는 의식의 빛 아래 놓여 있으며, 더 복잡한 심리학적 과정을 통해 조사할 필요가 없다. 우리가 스스로 무엇을 말하는지 들어보라. 단순히 외적인, 또는 내적인 '영화 필름'을 말하는 것에 만족하고 있지 않은가? ("이 차는 너무 빨리 달리고 있는데."⋯⋯ "우리 집에 스튜드베이커Studebaker 차가 있으면 좋겠어."⋯⋯ "난 정말로 차 한 잔 마시고 싶어.") 마찬가지로, 우리의 편지에도 사소한 대화와 자질구레한 것들이 가득하지 않은가? 그것이 약간 더 나은 문법과 철자로 인해 요리사의 것과 다르게 보일 뿐이지만 말이다.

우리가 비판하는 데서만 만족감을 느끼고, 이해하거나 감상하는 것은 드문 일이라는 것은 "나는 싫어해," "나는 혐오해,"

"나는 경멸해,","정말 그건 싫어하는데" 등으로 시작되는 많은 문장들에서 드러지 않는가? 만약 그렇다면, 우리는 스스로 "평범하다"라는 평결을 피할 수 없다.

사고력을 평가하려면, 정신의 탄력성이라는 요소도 고려해야 한다. 유창한 말재주, 자신감, 쉽게 얻은 지식을 보여주는 기억력은 처음에는 사람들을 속일 수 있지만, 오래가지 않는다. 대개, 우리는 두 사람 중 누가 더 활력 있는 사고를 하고 있는지 알 수 있다. 이는 수영장에서 누가 가장 빠른 수영 선수인지 알 수 있는 것과 마찬가지다. 자신의 정신적 탄력성을 평가하는 것은 단지 간단한 탐구만으로도 충분히 가능하다.

만약 우리의 정신이 앞서 언급된 영화 필름 정도에 불과하다면, 우리는 거울처럼 아무 생각도 하지 않는 것이다. 만약 우리가 사소한 좋아하거나 싫어하는 주제 이외의 것은 지루해한다면, 우리는 사고하지 않는 것이다. 만약 책이나 신문이 추가적인 정보나 반성을 요구하는 순간에 하품을 하거나, 안절부절 못하거나, 황급히 다른 일을 한다면, 우리는 사고를 싫어하는 것이다. 반성하려고 노력할 때마다 곧바로 피곤함이나 졸음, 단순한 단어의 반복에 머무른다면, 우리는 사고가 무엇인지 모르는 것이다. 만약 우리가 사고가 무엇인지 알고 있으나, 몽테뉴가 말했듯이, "한두 번의 시도a charge or two"* 이상으로 문제를 다루기에는 너무 게으르다면, 우리는 약한 사고력의 소유자에 불과하다.

그렇다면 과연 우리는 무엇인가?

모방하는 존재들, 주인들을 따라 하는 겸손한 노예들일 뿐이다. 미국을 처음 방문하는 여행자는 독특한 현상을 눈치채지 않을 수 없다. 미국화, 즉 외국의 다양성을 미국의 동질성으로 바꾸는 과정은, 이민자 센터들이 상상하는 것처럼 새로운 사상 체계를 다른 체계로 대체함으로써 이루어지는 것이 아니다. 이 과정은 훨씬 더 간단하게 이루어진다.

새로 도착한 이민자가 자신이 "미국어"라고 부르는 언어를 배우기 시작하기도 전에, 그리고 실비오라는 이름을 설리반으로 바꾸기도 전에, 그는 자신의 한정된 자원으로 할 수 있는 한 미국인이 되려고 애쓴다. 그는 콧수염을 밀어버리고 군대 스타일로 머리를 깎는다. 그는 경기장에 가서 금세 소리 지르는 법을 배운다. 곧 그는 자신의 얼굴에 본래 있던 생기를 억누르고 다정한 느긋함으로 그것을 대신한다. 열 번 중 아홉 번은 그가

---

* 몽테뉴의 말은, 문제나 주제에 대해 단 한두 번의 피상적인 시도만으로는 깊이 있고 진정한 사고를 했다고 볼 수 없다는 점을 말하고 있다. 즉, 우리가 실제로 생각한다면 한 가지 문제에 대해 여러 번, 그리고 꾸준히 고민하고 탐구해야 하는데, 만약 한두 번의 간단한 시도만으로 만족한다면 그 사고는 표면적이고 게으른 것일 뿐이라는 의미로 저자는 몽테뉴의 말을 인용한 것이다.

말하기 전 머뭇거리는 태도와, 같은 계급의 미국인들에게서 자주 보이는 입술의 무언의 움직임을 흉내 내는 모습을 보게 될 것이다. 그는 미국이 어쩌면 로마 조상들로부터 물려받은 것일지도 모를 손으로 하는 경례를 아무런 어려움 없이 받아들인다.

그는 나폴리를 떠나기 전에, 훌륭한 미국인은 훌륭한 옷을 주로 갖추고 있다는 말을 들었기 때문에, 첫 번째 돈을 바로 그것에 쓴다. 그는 18세 소년이 하루에 150리라를 버는 나라가 신의 나라임에 틀림없다고 확신한다. 이 생각은 그에게 이탈리아의 냄새에 대한 혐오감을 불러일으킨다. 얼마 지나지 않아 그는 "the girls"와 "le donne" 사이에 존재하는 심연을 깨닫게 된다. 자신이 이제 "미국어"를 할 줄 안다고 자랑스럽게 집으로 편지를 보낼 때쯤이면, 그는 민주주의와 미국 여성을 위해 세상을 안전하게 만드는 무엇이든 기꺼이 할 준비가 되어 있으며, 이제 그에게 더 이상 미룰 필요 없이 시민권 서류를 줄 때가 된 것이다. 이 모든 과정은 외부에서부터 온 것이며, 그 주된 요소는 아마도 그의 높은 수용력을 상징하는 무언의 입술의 움직임이었을 것이다.

그렇다면 가난한 이민자가 아닌, '보통 사람들'이라 불리는 대부분의 사람들은 무엇으로 이루어져 있는가? 그들은 옷, 유행, 매너, 상투적인 말(오페라나 미술 전시회에서 들리는 말을 들어 보라)로 구성되어 있지 않은가? 그들의 태도뿐만 아니라 삶에 임하는 자세마저도 표준화된 모델을 모방한 것은 아닌가? 그들의 삶은 모두 똑같지 않은가?

이러한 질문의 대부분은 불필요하다. 우리는 스무 명 중 열아홉은 사고하지 않고 자동인형처럼 살아간다는 것을 알고 있다. 나는 한때 아널드 베넷이 자신의 책에 『하루 24시간을 사는 법』이라는 제목을 붙인 것을 질책한 적이 있다. 이 제목은 분명히 24시간 안에 48시간을 압축하려는 분주한 사람들을 위한 책처럼 보인다. 그러나 실상 이 책은 게으른 사람들을 위한 것이며, 그들로 하여금 온전히 하루 24시간을 살게 하려는 의도로 쓰였다. 진정한 제목은 『24시간을 사는 법』 혹은 『하루에 한 시간』 또는 『하루 10분을 사는 법』이 되어야 했을 것이다. 왜냐하면 대부분의 사람들은 하루를 그만큼도 길게 살지 못하고, 따라서 베넷 씨의 책은 쓸 만한 가치가 있었다.

3장

진정한 사고

　사상가 등장. 우리는 모두 그를 본 적이 있다. 그는 놀라움과 불신, 그리고 때때로 어리석은 표정을 짓는 생각하지 않는 사람들 사이에 서 있다. 종종 그는 매우 소박한 사람, 도로변의 정비공일 수도 있다. 그는 천천히 자신의 정비소에서 걸어 나온다. 자동차 주위를 두세 명의 남자들이 둘러싸고 한 시간 동안 흥분하여 이야기하며 문제를 해결하려 했지만 실패했다. 그가 나타나자 그들은 멈추고 단 한마디도 하지 않는다. 이 장인匠人의 지적인 눈빛과 오차 없는 손길이 기계의 기관을 훑어간다. 그와 동시에 우리는 그의 정신이 우리에게는 그저 수수께끼인 수십 가지 가설을 검토하고 있음을 안다. 곧 문제가 어디에 있는지 발견된다. 때때로 그는 미소 짓는다. 무엇 때문에?

누구를 향해? 나는 자주 궁금하게 여긴다. 어쨌든 우리는 두뇌의 존재를 느꼈다.

　스무여 명의 의대생이 병상을 둘러싸고 있다. 그중 서너 명이 환자를 진찰했고, 지금은 인턴이 이를 진행하고 있는데 이 환자의 병례는 예외적으로 흥미로우며 기록해야 할 가치가 있어 보이기 때문이다. 젊은 의사는 가끔 몇 마디를 내뱉고, 스무 개의 연필이 그 말을 받아 적는다. 그러던 중 갑자기 그 작은 무리 사이에 일순간 동요가 일어난다. 명망 높은 의사 포탱이 직접 나타난 것이다. 그는 이 환자의 병례에 대해 들었고 직접 확인하고 싶어 한다. 잠시 후, 그의 장엄한 머리가 환자 쪽으로 숙여지고, 이를 한 번이라도 목격한 사람에게는 잊을 수 없는 장면이 펼쳐진다. 그는 아무 말도 하지 않는다. 이 유명한 의사의 놀라운 지성은 이제 그의 귀에 집중되어 있다. 감은 눈과 그의 얼굴에 나타나는 경이로운 수용력 속에서, 포탱은 환자의 몸에서 들리는 소리에 집중한다. 그의 표정에서 일순간의 황홀감이 드러나면, 이는 검진이 순조롭게 진행되고 있음을 의미한다. 모든 미세한 소리, 심지어 소리의 부재조차도 그에게는 의미가 있다. 학생들은 포탱이 듣는 동안 흉막의 작은 주름마저 그에게는 보이는 것처럼 생생하게 느껴진다는 것을 안다. 반 시간 동안 이 젊은이들 중 누구도 이 침묵의 장면에 지루해하지 않고 온전히 생각에 빠져 있다. 마침내 포탱이 다시 모습을 드러낸다. 그 사례는 마치 모든 장기가 부검대 위에 올려진 것처럼 명확해졌으며 — 슬프게도 며칠 후 실제로 그러할 것이다 — 단 몇 마디의 평범한 말로 설명된다. 단단한 흉곽을 뚫고 거대한 지성이 신비로운 탐구의 작업을 완성한 것이다.

당신은 세잔이 그린 자화상을 본 적이 있는가? 그것은 예술가가 무인도에서 필요한 도구들을 찾아냈을 정도로 단순한 수단으로 만들어진 경이로운 작품이다. 만약 당신이 단 10초만 바라보았다 하더라도, 그 눈동자— 맑고, 단단하며, 혹독하고, 차갑고, 강철처럼 날카로운 —는 결코 잊히지 않을 것이다. 예술가들은 종종 현실을 사랑하기보다 본질을 꿰뚫어 보는 눈을 가지고 있다. 드가Degas 역시 그러한 눈을 지녔다. 얼마 전, 나는 보지라르Vaugirard 지역 "라 뤼슈" 밖에서 단정한 차림의 어두운 얼굴을 한 젊은 화가에게서 그런 눈을 보았다. 그는 나의 흥미를 끌었고, 우리의 시선은 단순한 예의의 영역을 넘어 마치 검처럼 부딪쳤다. 그런 눈은 다른 사람들이 보지 못하는 것을 본다.

나폴레옹이나 무솔리니와 같은 인물의 힘은 무엇인가? 그것은 단순한 "힘"이 아니라 물리적 힘보다 더 큰 총명함을 내포하고 있는 매력이다. 이러한 인물들은 시대의 필연성을 꿰뚫어 본다. 그리고 그들과 같은 시각을 공유하지 못하는 사람들은 독수리가 기어 다니는 벌레를 경멸하듯 그들의 경멸을 받을 것이다.

나는 예전에 앙젤리에*를, 다소 뜻밖에, '품격' 있는 우아한 무의미함의 부드러운 웅성거림으로 가득 찬 한 응접실로 데려 간 적이 있다. 그는 조용히 앉아 귀를 기울였다. 그의 머리는 그곳의 형식적 분위기 속에서도 눈에 띌 만큼 웅장했고, 탄탄한 어깨 위에 놓여 있어 그를 키가 크다고 착각하는 사람도 있었다. 그러나 무엇보다도 그의 깊게 팬 눈동자에서는, 마치 외부 세계에 그물망을 던지는 듯한 뚜렷한 집중력이 흘러나왔다. 그날 오후 앙젤리에가 기대했던 것과 실제로 그에게 제공된 것 사이의 불균형은 결코 눈에 띄지 않을 수 없었으나, 몇 분 지나지 않아 대화는 더욱 실질적인 내용으로 변모했고, 모든 말들이 기대에 찬 그 낯선 이에게 향하게 되었다. 곧이어 보상도 찾아왔다. 앙젤리에는 자신의 내면의 악마에 사로잡힌 듯 최고의 모습을 드러내며, 셰익스피어적 은유로 마법 같은 광채를 띤 계몽적인 발언들을 연달아 내뱉었다. 드문 광경이었다. 그것은 앙젤리에가 에든버러의 응접실에서 로버트 번스를 묘사했던 자신의 방식을 연상케 했다.

---

* Auguste Angellier(1848~1912). 릴과 파리에서 영문학 교수로 재직했던 평론가이자 시인. 그의 로버트 번스에 관한 두 권의 저서와 『잃어버린 여인에게 보내는 소네트』가 그의 주된 명성의 원천이며, 그의 개인적 영향력은 탁월했다. -원주

"모든 위대한 인물들, 아니면 다소 유명한 인물들은 다 그렇다고 하시지요!"

물론 그렇다 하더라도, 자신의 가까운 주변에서 평균을 훨씬 뛰어넘는 지적 통찰력을 지닌 남성이나 여성을 모르는 사람이 과연 있을까? 어떤 마을에도 브랜웰 브론테*가 하우어스Haworth에서 했던 것과 비슷한 역할을 하는 선술집 명사名士가 존재하지 않는 곳은 없을 것이다. 어떤 가정이나 작은 사회적 모임에서도 어려운 문제가 제기될 때마다 "아! 저 사람이 전체를 볼 수 있을 거야"라고 말하게 되는 현인賢人이 가족 중에 없는 경우는 드물다. 거의 모든 대화 속에서 우리는 "나는 그것을 생각하지 못했는데"라는 속삭임을 남긴다. 이는 어쩌면 우연히라도 누군가는 사고하는 사람이었음을 의미한다.

1917년 러시아 혁명 직후, 파리의 한 살롱에서 여섯 명가량의 사람들이 차르를 루이 16세와, 차리나를 마리 앙투아네트와, 케렌스키를 지롱드파와 비교하는 당시 익숙한 대화를 나누

---

* 영국의 화가이자 작가. 브론테 집안의 유일한 남자 형제였다. 샬럿, 브랜웰, 에밀리, 앤은 약 4년 사이에 차례로 태어났다. 이들 남매는 어린 시절 구술口述 이야기와 놀이를 통해 상상력을 키웠고, 점차 정교해지는 허구의 세계를 배경으로 공동 창작을 하면서 이야기를 발전시켜 나갔다. 고립된 성장 환경 속에서 남매들이 나눈 우의와 자극은 그들의 작품 세계에 중요한 영향을 끼쳤을 것으로 여겨진다.

고 있었다. 이렇게 프랑스 혁명사를 통해 러시아의 미래를 쉽게 예측하려던 가운데 한 사람이 말했다.

"아! 당신들은 위기가 끝났다고 생각하나 보죠? 그런데 핀란드 역에서 열리는 병사와 노동자들의 평의회는 뭐라고 생각하십니까? 두고 보세요. 그것에서 무언가가 나올 겁니다."*

그것은 몇 주 후, 사실들이 그 직관을 뒷받침하기 시작하면서 빛을 발한 뛰어난 예감이었다.

이런 경험들은 우리 모두에게 낯익고, 종종 깊은 인상을 남긴다. 우리는 생각하는 자가 행동하는 모습을 보는 것을 좋아한다. 그의 인격과 예상치 못한 행동들이 그가 발하는 계몽보다도 우리에게 더 강한 감동을 주기 때문이다. 아무도 사고가, 마치 웅변처럼, 그 원천에 흠뻑 젖어(취한 듯이) 있을 때 더욱 빛난다는 사실을 부인하지 않는다.

---

* 1917년 4월, 레닌은 망명지인 스위스를 떠나 독일과 스웨덴을 거쳐 핀란드 역Finlyandsky Station에 도착했다. 당시 러시아는 여전히 케렌스키의 임시정부가 장악하고 있었지만, 소비에트가 병사들과 노동자들 사이에서 점점 더 영향력을 키우고 있었다. 레닌은 핀란드 역에서 유명한 연설을 하며 "모든 권력을 소비에트로!"라는 구호를 강조했다. 이는 임시정부를 무너뜨리고 소비에트가 직접 권력을 장악해야 한다는 볼셰비키의 입장을 명확히 한 것이었다. 이후 레닌은 '4월 테제April Theses'를 발표하며, 프롤레타리아 혁명을 위한 구체적인 전략을 제시했다. 이것이 10월 혁명의 사상적 토대가 되었다.

포르루아얄 학파*는 파스칼의 '웅변'을 그 무엇보다도 높이 평가했다. 그들에게 이 단어는 우리가 설득의 수사라고 여기는 의미가 아니라, 말로 옷 입히기 어려운 생각들을 즉각적으로 표현하는 능력을 뜻했다. 아마도 그들이 철학자가 남긴 거의 해독할 수 없는 메모들에 관심을 보인 것은, 이 종이조각들이 그의 독창성에 대한 인상을 부활시킬 수 있기를 희망했기 때문일 것이다.

보즈웰의 독자들은, 존슨이 비범한 대화가였다는 사실에는 의심의 여지가 없지만, 18세기의 10년 혹은 20년이 단지 존슨의 『사전』, 『라셀라스Rasselas』 또는 『시인들의 생애Lives of the Poets』만으로 구성되었더라면 결코 '존슨 시대Age of Johnson'라고 불리지 않았을 것임을 분명히 아는 영문학 전공자는 극히 소수일 것이다. 존슨의 천재성은 그의 책 속에 있는 것이 아니라, 그의 대화 속에 있었다. 레옹 도데가 마르셀 프루스트에 관해 말했듯, 우리는 "꽃과 별들로 가득찬" 대화를 사랑한다. 여기서 별은 드문 생각들을, 꽃은 그것들을 매혹적으로 표현한

* 17세기 프랑스에서 활동했던 얀센주의Jansenist 지식인들과 신학자들을 중심으로 형성된 교육 및 철학 학파이다. 포르루아얄이라는 이름은 파리 근교에 위치한 포르루아얄 수도원Port-Royal des Champs에서 유래했는데 이 수도원은 엄격한 가톨릭 신앙과 아우구스티누스적 교리를 따르는 얀센주의 운동의 중심지였다.

모습을 의미한다.

하지만 때로는 한 사상가의 생각은 사상가와 별개로 발전하기도 한다. 이는 사상가가 설득력이 부족했거나, 그의 생각이 이해하기 어려웠거나, 혹은 그의 동시대인들에게 그가 모호한 존재로 남아 있었기 때문이다. 이러한 현상은 사고의 위대함에 대해 고양된 인상을 줄 수밖에 없다. 네덜란드로 망명한 데카르트나 그의 제자 스피노자, 전형적인 지방 대학 교수 칸트, 그리고 카를 마르크스를 그들의 영향력과 대비하여 평가해 보라. 그 소박한 삶과 그들이 남긴 지적 여운 사이의 대비는 놀랍다. 인간의 뇌를 통해 스치는 한 번의 번뜩임만으로도, 세계적 영향력이나 문학적 재능의 부재에도 불구하고, 몇 세대에 걸쳐 인류의 전체적인 지적 경향이 바뀔 수 있다.

더욱 극적인 것은 이 사람의 개성이 그의 영향력만큼(율리우스 카이사르, 나폴레옹과 같은 경우) 강력할 때이다. 하지만 이 경우는 그리 놀라운 일은 아니다. 사고는 실로 창조적이기 때문에 신성하다고 불릴 수 있다.

사상가를 특징짓는 것은 무엇일까? 우선, 그리고 분명히, 그것은 비전vision이다. 위에서의 모든 설명을 관통하는 밑바탕에는 바로 이 단어가 놓여 있다. 사상가는 남들이 보지 못하는 것을 보는 사람이다. 그가 말하는 것이 새롭고, 그것이 마치 일종의 계시와도 같으며, 매력을 발하는 이유는 바로 그가 '본다'는 사실에서 비롯된다. 그는 군중보다 머리와 어깨가 훨씬 위에서 있거나, 다른 이들이 평지를 터덜터덜 걷는 동안 산등성이 위를 걷는 것처럼 보인다.

통찰력의 도덕적 측면을 가장 잘 설명하는 단어는 독립성 independence이다. 지적 독립성이 결여된 대부분의 인간들 사이에서, 사상가의 독립성만큼 두드러지는 것은 없다. 사람들은 의견에서든 행동에서든 순응하며, 단순히 공식을 되풀이하는 데 만족한다. 반면, 사상가는 그러한 모습들 속에서도 조용히 주변을 둘러보며 자신의 지적 자유를 한껏 발휘한다. 그는 다수의 의견으로 알려진 합의에 동의할 수도 있지만, 그 이유가 단지 그것이 보편적 의견이기 때문은 아니다. 심지어 성스러운 것으로 여겨지는 상식common sense조차 그를 순응하게 만들 만큼 두렵지 않다.

16세기에, 태양이 지구 주위를 돈다는, 당시 사실로 받아들여졌던 것을 부정하는 것이야말로 미친 짓에 가까워 보이지 않았을까? 갈릴레오는 개의치 않았다. 그의 지적 용기는 그의 육체적 용기보다 우리에게 더 놀랍게 다가와야 한다. 그러나 300년 후, 앙리 푸앵카레가 예전의 생각에도 갈릴레오의 이론만큼이나 과학적 진실이 존재한다고 주장한 것 역시 결코 쉬운 일은 아니었다. 두 평행선이 결코 만나지 않는다는 원칙을 부정한 아인슈타인의 사례는 또 다른 놀라운 지적 독립성의 증거다.

1914년 8월, 전쟁이 3~4개월 이상 지속될 리 없다고 확신했던 세상 앞에서 고개를 가로저은 사람이 과연 얼마나 되었을까? 극히 소수였다. 유럽에서 수백 명이 보행자를 자동차로부터 보호하려 애쓰고 있다. 내가 아는 한 단 한 사람만이 급진적인 조치를 생각했다. 바로 차에서 경적警笛을 없애면 운전자가 속도를 줄일 수밖에 없다는 것이다.

모든 이들은 의회에서 울려 퍼지는 과장된 웅변에 웃음을 터뜨리는데, 이는 분명 먼 곳의 선거구를 위해 꾸며진 것임이 틀림없다. 이 악습을 크게 줄일 수 있는 쉬운 방법이 있을 것이다. 바로 연설가들에게 앉아서 말하도록 강제하는 것이다. 하지만 이런 생각을 하는 사람이 몇이나 될까?

또 얼마나 많은 미국인들이 자신들의 나라가 민주주의가 아니라 과두정치임을 깨닫고 있으며, 그 사실 덕분에 상당한 안정성을 유지하고 있다는 것을 인식하고 있을까? 프랑스인이 현대 건축과 자신들의 땅에 흩어져 있는 숭고하거나 정교한 기념물들 사이의 대조를 — 분명 볼 수 있음에도 — 얼마나 인식하고 있을까? 사실, 세상은 계속해서 반복되는 말들에 의존하고 있는데, 그러던 중 어떤 사상가나 반복되는 경험 — 경험은 어리석은 자의 스승이다experientia magistra stultorum — 이 그 굳건하고 둔감한 순응의 벽에 균열을 일으킨다.

자기 스스로 생각하는 사람들은 종종 거만하고 자족하는 것처럼 보인다. 이는 그들이 자신에게 불만을 품을 수 없기 때문이며, 또 우상들을 무너뜨리고 그 행위를 즐기기 때문이기도 하다. 버나드 쇼와 같은 지성의 소유자들은 모든 어리석은 사람들이 갑자기 자신들만큼 현명해진다면 유감스러워할 것이다.

　어리석음을 미워하고 그것을 다소 잔인하게 다루는 것은 능력을 건강하게 단련하는 운동임은 두말할 필요도 없다. 성경에는 그러한 사례들이 넘쳐난다. 또한 사상가들은 독재자처럼 보일 때가 있는데, 이는 사람들에게 자신의 뒤를 따르게 강요하기 때문이다. 그 이유는 진실(다른 말로 구원)이라는 것을 보고, 다른 사람들이 그것을 보지 못하리라는 것을 깨달았기 때문이다. 그래서 그들은 어른이 아이를 대하듯 그들을 대한다. 다시 한 번, 무솔리니를 예로 들 수 있다.

　그러나 내면 깊숙이, 사상가들은 본질적으로 스승이며, 그들이 자신들이 보는 진리를 전하는 데 평생을 바친다는 점은 대부분의 사상가들의 공로라고 할 수 있다. 어떤 이들은 훌륭한 연설이나 책으로, 또 다른 이들은 예술가 특유의 그림 같은 언어로 그것을 전하지만, 매체가 무엇이든 간에 진리에 대한 헌신은 분명히 드러난다.

　일부 문필가들이 그들 표현의 기이한 성격 때문에 독창적으로 보이지만, 가장 인상적인 한 페이지를 순수 사고의 정수로 걸러내려는 최소한의 노력조차 그들이 할 말이 별로 없다는 것을 드러낸다. 스승의 역할을 하지 못하는 이들은 결국 물구나무서서 다리로 몸짓하며 연설하는 곡예사를 흉내 내는 것으로 만족해야 할 것이다. 그러한 사람들은 모방자는 얻을지언정 추종자는 얻지 못하지만, 사상가는 원하든 원치 않든 간에 리더이다.

4장
사고의 기술의 가능성

사상가 앞에 서면 우리는 마치 아름다움 앞에 섰을 때와 같은 반응을 보인다. 처음에는 놀라지만, 곧 감탄하게 된다. 다만, 어떤 이들에게 감탄은 좌절감으로, 또 다른 이들에게는 경쟁심을 불러일으키기도 한다. 지나치게 문학적인 사람들, 즉 탁월함에 대해 너무 많은 가치를 두는 이들은 그 광휘에 금세 매료되어 무기력해진다. 평범한 사람들의 반응은 다르다. 자신감 있는 이들은 거의 틀림없이 이렇게 생각한다.

"내가 저 사람처럼 말하지 못하는 게 참 유감이군! 나도 저럴 수 있었는데. 만약 내가 저 사람과 같은 기회, 교육, 여행 경험, 더 높은 수준의 대화를 나누는 사람들과의 인연, 아니면 단지 더 나은 어휘만이라도 가질 수 있었다면, 나는 지금처럼 어리석고 둔한 존재로 보이지 않았을 거야."

그들은 내심 탁월함은 얻어지는 것이 아니라 발견되는 것이
라고 생각하며 운명을 탓한다. 또 다른 이들은 그 모든 것 아래
에 자신들이 알지 못하지만 배울 수 있는 어떤 처방이 있을 거
라고 생각한다. "어떻게 해야 하는지 알려달라"고 말하는 듯하
며, 만약 그들에게 공식이 주어진다면 결과는 즉시 따라올 것
이라고 확신한다.

언변이 뛰어난 화자를, 마치 인색한 프랑스의 노부인이 관
대한 미국인을 괴짜로 여기듯이 보는 어리석은 청자들을 제외
하면, 사람들은 자신과 보다 뛰어난 인재들 사이에 친밀감을
느낀다. 그들이 후자와 자신들 사이에서 보는 유일한 차이는
우연적이며 순식간에 지워질 수 있는 차이일 뿐이다. 즉, 그들
은 사고의 기술이 존재한다고 믿는다.

왜 그렇게 믿을까? 단순하다. 가장 평범한 사람조차도 때때
로 빛나는 대화가 반영하는 바로 그 정신 상태를 엿볼 수 있는
순간들을 경험하기 때문이다. 가장 교양 없는 시골 사람들도
자연의 아름다움, 풍경, 숲 속에서 가을의 마지막 미소, 석양,
야생 새들이 휙 지나가는 모습을 전문 예술가나 시인 못지않
게 감상한다는 것을 알고 있다. 그들이 부족한 것은 단지 말[표
현력], 또는 더 흔하게는 자신감일 뿐이다. 많은 이들이 자신의
내면 깊숙한 사랑을 이야기하는 것조차 말의 억양을 바꾸는

것만큼이나 꺼린다.

평범한 사람도 훌륭한 연설을 듣거나, 자신의 잠재력을 깨우는 책을 읽으면 비범한 존재로 변모한다. 음악의 매력을 전혀 느끼지 못하는 사람은 천 명 중 한 명에 불과하다. 나머지는, 아무리 거칠더라도, 전장의 나팔소리나 한 소녀의 따뜻한 여름밤 노래를 듣고 감동을 느낀다. 이러한 감동은 퍼시 비시셸리가 「종달새에게The Skylark」를 쓸 때의 상태와 본질적으로 다르지 않다. 이처럼 평소에 거의 경험하지 않는 지적 감흥과 가슴을 따뜻하게 하는 감정은 누구나 알고 있다. 우리는 이러한 순간을 소중히 여긴다. 아무리 삶의 시련으로 굳어지더라도, 우리는 여전히 그러한 순간이 다시 오기를 바란다.

모든 사람은 또한 자신의 정신이 최고의 상태에 도달하는 순간을 경험한다. 불면증은 극도의 피로에 이르기 전까지는 보통 상태로는 도달할 수 없는 명석함을 선사한다. 문필가들의 밤샘 작업이 이를 입증한다. 약간의 단식과 함께하는 장기간의 고독도 유사한 효과를 낸다. 찰스 디킨스는 한밤중, 잠든 경찰이나 떠돌이 고양이만 만날 수 있는 런던 거리를 정처 없이 걸으며 영감을 얻었다.

작가가 책을 "살아내지 못한 채" 단지 쓰기만 한다는 것을 깨닫게 될 때, 고요한 작은 도시나 외딴 시골 여관에서 아무도 말을 걸지 않는 환경을 찾아 나서곤 한다. 아무도 모르는 사람들과 인연을 맺지 않고 한적한 배를 타고 대서양을 건너는 실험을 해 보라. 3~4일이 지나면 자신의 정신이 달라졌음을 느낄 것이다. 일부 종교 단체에서 시행하는 10일 또는 30일간의 침묵 수련도 바로 이러한 경험의 산물이다.

만약 우리의 일상 속에서 반복되는 특별한 순간들이 없다 해도, 우리 모두는 자신의 어린 시절을 떠올리며 사상가의 머릿속에서 무슨 일이 일어나는지 어렴풋이 알 수 있다. 열 살, 아홉 살 이하의 모든 아이들은 시인이자 철학자다. 그들은 우리와 함께 살아가는 척하지만, 우리는 그들의 삶이 단지 우리 자신의 반영이라고 상상하며 우리가 그들에게 영향을 준다고 믿는다. 그러나 실제로 아이들은 고양이처럼 자족적이며, 내면에서 보이는 것의 마법 같은 매력에 끊임없이 주의를 기울인다. 그들의 정신적 부는 놀라울 정도로 풍부한데, 오직 어린아이와 닮았다는 것이 너무 당연한 가장 위대한 예술가나 시인만이 그 풍요로움을 조금이나마 우리에게 보여줄 수 있다. 정원에서 블록 놀이를 하는 금발의 작은 아이는, 마치 바라보지 않는 척하면서도 석양을 온전히 의식하고 있을지도 모른다.

"어서 오렴!" 간호사가 여덟 살 된 펠리시테 드 라 메네에게 말했다. "네가 저 파도를 충분히 오래 바라봤으니, 이제 모두가 떠날 시간이란다."

그 소녀는 대답했다.

"그들은 내가 바라보는 것을 바라보지만, 내가 보는 것을 보지는 못해요Ils regardent ce que je regarde, mais ils ne voient pas ce que je vois."

이는 자랑이 아니라, 단지 조금 더 머물고 싶다는 호소였다.

브론테 집안의 네 아이들이 손을 잡고 매일 헤매던 황야에서 그들이 무엇을 보았는지, 혹은 보지 못했는지, 누가 알 수 있을까? 붉은 색깔의 작은 종이조각이나 물감 상자 안의 한 점을 오래도록 들여다보던 기억은 누구나 떠올릴 수 있지 않을까? 존 헨리 뉴먼[뒤에 나오는 각주 참조]처럼, 대부분의 지적인 아이들은 세상의 존재에 대해 철학자의 의문을 품는다. 그들은 돌멩이를 호기심 어린 눈으로 바라본다. 당신은 "아이들이란 참 웃기는군" 하고 생각하지만, 그들은 돌멩이가 영원할지도 모른다고, 영원하다는 것이 무엇인지 궁금해하는 중이다. 나는 아홉 살 난 여자아이가 교수들 간의 의미 없는 대화를 가로막으며, "아빠, 아름다움이란 뭐예요? 그것은 무엇으로 만들어지나요?"라는 놀라운 질문을 던지는 것을 들은 적이 있다.

("그들은 내가 바라보는 것을 바라보지만, 내가 보는 것을 보지는 못해요.")

이러한 지적 탁월성은 아이가 외부로부터 모방을 시작하기 전까지 계속된다. 잭이 아빠의 고개를 젓는 방식이나 어깨를 으쓱하는 방식을 흉내 내기 시작하면, 그의 가엾은 작은 영혼은 질문을 넘겨버리고 모방하는 것으로 만족하기 시작한다. 이 윽고 아이의 영혼을 가득 채우던 이 웅장한 흥미의 물결은 빠져나가며, 그를 메마르고 척박하게 만든다.

그것은 때로는 다시 찾아오기도 한다. 모든 학생들은 교사에게 제출하기 위한 에세이를 쓸 때, 자신이 그것을 글로 표현하지는 않더라도, 그들이 '문학'이라 부르는 사고를 잠시나마 느끼게 된다. 그러나 문학적 영감은 홀대를 받아 돌아오지 않게 된다. 나중에 글쓰기를 천직으로 삼게 되는 사람들은 이러한 순간들을 떠올리며 절망하고, 탁월함이 자연스럽게 솟아오르던 곳에 어떻게 진부한 말들이 쌓여가게 되었는지 궁금해한다. 오직 윌리엄 블레이크나 월트 휘트먼 같은 경우만 아이에서 예술가로의 전환이 눈에 띄지 않을 정도로 부드럽게 이루어진다.

사람들은 의심할 바 없이 어린 시절을 잊어버린다. 그것은 그들이 아무리 가볍게 여긴다 해도 돌이킬 수 없는 상실이다. 하지만 그러나 오랫동안 그 시절을 기억하며, 다소 의식적으로 그때의 감정을 되살리려 노력한다. 여덟 살 때의 자신이 오십이 된 지금의 자신보다 더 똑똑했다고 생각하는 사람은 거의 없겠지만, 실제로 우리가 자신과, 심지어 우리를 매혹시키는 사람들과 느끼는 관계는 크게 감동받았던 순간들, 혹은 어린 시절의 기억들에 뿌리를 두고 있다. "나는 타락했어"라고 생각하거나 "나는 피해자야. 운이 없었어"라고 생각하게 된다. 종종 이 내면의 고백은 더 희망적인 느낌으로 이어진다. "나는 침체되어 있다는 걸 알아. 하지만 조금만 노력해서, 단 한 줄만 움직여서 '앞으로는 허튼소리는 하지 않겠다'고 선언한다면, 단숨에 생각하지 않는 다수의 무리로부터 벗어나 그들을 이끄는 소수의 리더가 될 수 있을 거야." 사소한 일, 그저 아무것도 아닌 작은 자극— 예를 들어 파리가 윙윙거리는 소리나 문이 쾅 닫히는 소리 —조차도 이 기분을 깨뜨리고 평범한 생각들을 강하게 불러일으킬 수 있다. 그러나 몇 순간 동안만이라도 우리가 손 닿을 수 있다고 깨달은 한 비전과, 전혀 힘든 노력처럼 느껴지지 않는 작은 움직임 덕분에, 우리는 더 높은 정신 세계와 단절되었던 것을 되돌아볼 수 있다.

이 모든 것은 우리가 '사고의 기술'이 존재한다는 자연스러운 믿음을 갖고 있음을 의미한다. 어떤 사람들은 그것을 지니고 있고, 어떤 사람들은 그렇지 않은데, 그것을 지니지 못한 이들은 스스로를 탓해야 한다.

이것이 진정한 직관일까? 정말로 무수히 많은 영혼들 속에서 끊임없이 넘쳐나는 생각과 감정들이, 파도의 쓸데없는 노력이 그러하듯이, 낭비되는 것이라고 믿어야 할까? 토머스 그레이가 이렇게 생각한 게 맞았던 걸까?

순수한 빛의 광선이 내리는 많은 보석들이

깊이를 알 수 없는 어두운 바다 동굴 속에 숨어 있고,

수많은 꽃들이 보이지 않게 수줍어하며 피어나

사막의 공기 속에 그 향기를 낭비하네.

  누가 이의를 제기할 수 있을까? 로버트 번스는 단지 아주 우연히 문맹에서 벗어났을 뿐이지 않은가? 셰익스피어의 삶에서 행운의 요소를 보지 않는 사람이 어디 있을까?* 랭보의 삶은 한 사람이 두 사람이 될 수 있음을 보여주지 않는가? 동아프리카의 상인으로만 알려졌던 M. 랭보를 그의 회계실에서 알던 사람들은, 그가 19세 이전에 불멸의 시를 썼으며 그 후로는 문학을 경멸한 그 천재, 랭보라는 인물이라는 말을 듣고 얼마

---

* 로버트 번스는 극빈층 출신으로, 농부의 아들이었으며 정규 교육을 거의 받지 못했다. 하지만 그는 우연히 문학을 접하고 시를 쓰기 시작했으며, 후원자의 도움으로 시집을 출판하여 지금은 스코틀랜드의 국민 시인으로 인정받고 있다. 그러나 만약 환경이 조금만 달랐다면 그는 문맹에서 벗어나지도 못했을 것이라는 점에서, 그의 성공은 순전히 우연(행운) 덕분이라는 논지가 강조된다. 셰익스피어 역시 비슷한 맥락에서 거론되었다. 셰익스피어는 비교적 평범한 가정에서 태어나 정규 교육도 길게 받지 못했지만, 런던의 극장에서 기회를 얻어 위대한 극작가가 될 수 있었다. 만약 환경이 달랐다면, 그의 재능 역시 세상에 알려지지 않았을지도 모른다. 번즈와 셰익스피어처럼 천재성과 창의성은 때로는 우연에 의해 드러나기도 하지만 '사막의 공기 속에 그 향기를 낭비하는' 것처럼 묻힐 수도 있다는 것이다.

나 놀랐겠는가.

발자크는 어떻게 되었는가? 20세부터 29세까지 계속해서 쓰레기 같은 글만 쓰다가 그 후에는 명작만을 남긴 한 남자가 있다. 그의 발달 과정을 우연히 관찰한 평범한 학생조차도, 처음에는 공통점이 거의 없는 영국 소설가들을 모방함으로써 건강한 사고의 흐름이 방해받다가, 오직 자신의 경험 속 자료를 다루면서야 비로소 자유롭게 활동하기 시작했다는 사실을 쉽게 알 수 있지 않을까?

예술이나 문학의 역사가가 페리클레스 시대나 13세기와 같이 놀라운 성장을 보인 시대들을, 재능의 낭비를 막아줄 극히 우호적인 환경 없이 어떻게 설명할 수 있겠는가? 이러한 시기는 몇백 명의 초인적 능력이 아니라, 다수의 성장을 돕는 행복한 분위기가 존재했음을 증명한다. 중세의 익명성 또한 그러한 운 좋은 시대에 재능이 널리 퍼졌음을 보여주는 또 다른 증거이다.

러시아인들은 언어 습득에 드문 재능을 지녔다고 알려져 있다. 오히려 대부분의 민족이 개인의 능력을 마비시키는 공포감에 사로잡혀 언어 습득을 바라본다고 말하는 것이 더 낫지 않을까? 나는 러시아에서 태어난 프랑스인 두세 명이 소위 '러시아적인 언어의 천재성'을 보여주는 것을 보았으며, 힌두스탄어를 100단어 이상 배우지 못하는 한 영국인이 자신의 자녀들이

랑군Langoon의 시장에서 3~4개의 힌두어 방언을 습득하는 모습을 보고 놀라지 않을 것이라고 확신한다.

특정 유리한 조건이 만들어지면, 바로 '사고의 기술'이 탄생한다. 문제는 그 조건들을 어떻게 만들어내느냐인데, 결코 낙담할 만한 문제는 아니다.

사고의
장애물

서론적 고찰

생각의 주된 장애물은 명백히 어리석음, 즉 선천적인 사고력의 결여이다. 그러나 이 글에서는 그러한 비정상적인 상태에 대해서는 다루지 않을 것이다. 대부분의 사람들은 정신분석을 통해 자신을 개선하고자 진지한 마음으로 접근하지만, 정신분석이란 것이 사실상 의학적 사례에만 관심을 두고 있다는 점에서 반감을 느낀다. 자신이 정상이라는 점에 의심의 여지가 없으면서도, 우리 모두가 겪는 소위 '열등감 콤플렉스'라 불리는 강박관념을 떨쳐버리고 싶어 하는 평범한 사람이 임상 사례로 가득한 문헌을 접하고 불쾌감을 느끼는 것이다. 하지만 이 책은 그러한 평범한 사람들, 즉 천재도 아니고 모든 것이 장애물이 되는 우둔한 사람도 아닌, 평균적인 삶을 살며 평범한 기회와 평범한 어려움을 겪는 이들을 위한 것이다.

마찬가지로, 인간 오류의 가장 주요한 원인인 '정열' 또한 여기서는 다루지 않을 것이다. 자존심, 편견, 그리고 사실을 있는 그대로 보거나 자연스러운 결론을 도출하는 것을 방해하는 수많은 호불호를 배제하는 것이 처음에는 불합리하게 보일 수도 있다. 그러나 이 책의 주제는 '사고의 생산'이지, '사고의 지도指導'가 아니며, 본문의 모든 장은 독자가 순수한 사고를 생산하려는 정직한 의지를 가졌다는 것을 전제로 한다.

5장

열등감 콤플렉스에 대한 강박

우리는 모두 그것을 알고 있다. 우리는 누구나 매혹적인 대상 뒤에서, 잃고 싶지 않은 건강한 영향력을 무력화하려고 애쓰는 위협적이고 낙담케 하는 유령 같은 것이 보이는, 이중적인 정신 상태를 자각한다. 예를 들어, 우리는 아는 사람이 외국인과 프랑스어로 대화하는 모습을 본다. 얼마나 훌륭하고 정제된, 잘 조율된 프랑스어인가! 무성의 'e' 소리의 느슨한 영향과 'n' 소리의 태평함이 그 언어에 유연함을 부여하는 것이 분명하다.

저 소녀는 마치 원어민처럼 말하는데, 나는 그녀가 그렇게 말하는 줄 전혀 몰랐다. 그녀에게는 전혀 노력의 흔적이 없고, 그 프랑스인 역시 외국인과 대화하고 있다는 자각조차 없는 듯하다. 정말 놀라울 따름이다. 내가 프랑스어를 포기했다니, 얼마나 어리석은 일인가! 나는 필요할 때 프랑스어를 읽는 데 큰 어려움은 없지만, 말해야만 한다면 서툴게 들릴 것을 알기에 정말 뭔가 해야겠다. 오늘 저녁부터 시작해야지.

나의 프랑스어 교사는, 하루에 열 단어만 외우면 1년 후에는 거의 4천 단어를 알게 될 거라고 했다. 그것은 엄청난 양처럼 들린다. 왜 내가 하지 못하겠는가? 당연히 할 수 있다. 일 년 반 후에는 투르나 그르노블로 가서 4~5천 개의 단어를 원어민들과 연습해 봐야겠다. 시시한 연극을 보러 가는 것보다는 이게 훨씬 가치 있는 일이 아닐까?

밤 10시. 책상 위에는 샤르드날Chardenal 문법책, 프랑스어 사전, 메리메Mérimée의 『콜롱바Colomba』, 그리고 한때 호텔 로비에서 충동적으로 구입한 근엄한 어휘집이 놓여 있다. 그러나 이것들은 아까 들었던 그 매력적인 대화만큼 매력적으로 보이지 않는다. 특히 샤르드날 문법책은 전혀 매력적이지 않다. 그러나 문법은, 동사 변형까지 포함해, 반드시 소화해야 한다. 자, 여기 네 개의 동사 변화형이 있다. 마지막으로 책을 펼쳤을 때와 하나도 다름없으며 여전히 가혹하기만 하다.(이때 등장하는 환영들, 즉 환상과도 같은 부정적인 생각들)

물론 기억력이 좋은 사람들은 저 동사들을 외울 수 있겠지. 하지만 내 기억력은 좋지 않다. 교사는 하루에 열 단어는 아무것도 아니라고 했지. 하지만 그때도 한 명도 외우지 않았고, 그 후로도 아무도 외우지 않았다. 다들 자신이 할 수 있을 거라고 생각했지만, 결국 아무도 하지 않았다. 나는 끈기가 없다. 살을 빼는 데조차 끈기가 부족한데, 하물며 프랑스어를? 나는 아무 개와 다르다. 끈기가 없다. 그러니 시도해도 소용없다.

게다가 꼭 프랑스어를 배워야 할 이유가 있을까? 어차피 모든 것이 번역되잖아? 소렐이나 기트리[둘 다 프랑스 특유의 인명]가 방문하면, 대충 감으로 때려잡고 얼버무리면서 대화하면 된다. 모두가 그렇게 하듯이, 내가 정말 프랑스어를 안다고 해도 아무도 믿지 않을 테니 상관없다.

어쨌든 프랑스어보다 더 유용한 것은 많다. 지난번에 강연자가 꽤나 정확한 지적을 했는데, 우리는 셰익스피어에 대해 끊임없이 말하지만 정작 성경만큼이나 읽지 않는다고 했다. 그러니 차라리 셰익스피어를 읽자. 매일 밤 한 막씩 읽으면 다섯 달에서 여섯 달이면 다 읽을 수 있을 것이다. 우선 어젯밤 시작한 재미있지만 쓸모없는 소설을 끝내고, 곧바로 『타이터스 안드로니쿠스*Titus Andronicus*』부터 시작하자.

기억력 좋지 않음. 끈기 부족. 그러니 무슨 소용인가? 누구누구는 할 수 있다. 이러한 낙담시키는 작은 환영들은 제인 오스틴의 소설 속 인물들이 말하는 "우울blues"과도 같다. 이는 어두운 생각idées noires이라기보다는 짙은 우수idées bleu foncé

에 가깝다. 정확하게는 강박이라기보다는 사고에 기생하는 장애물들이다. 그것들은 이제 막 생겨나는 의지를 공격해 소멸시키려 한다. 그 의지가 결심이 되기 위해 조금이라도 저항하려 하면, 이 적대적인 환영들은 더욱 늘어나 다시 공격을 감행하며, 결국 확고한 열등감 콤플렉스를 심어 놓는다. "나는 할 수 없어. 불가능해."

자기 성찰을 조금만 해보더라도, 우리는 우리의 마음속에 생각들이 아니라 더 많은 초기 형태의 강박들이 자리 잡고 있으며, 그것들이 우리의 무력함의 주된 원인임을 알 수 있다.

열등감 콤플렉스는 반드시 위에서 언급한 그림자와 같은 것들로 인해 발생하지는 않는다. 우리가 추구하는 사유나 가능성에 외부적 목적이나 욕망이 개입하여 생각의 효율적 과정을 중단시키는 것만으로도 충분하다. 많은 사람들은 일상생활에서 본인이 아닌 역할을 연기하며, 이로 인해 그들의 사고 작용은 끊임없는 노력으로 온통 왜곡되어 버린다. 실제로 많은 영국 남성들은 자신이 에드워드 7세나 조지 5세와 닮아 보이도록 턱수염을 다듬은 후로 더 이상 본래의 자신으로 돌아가지 못했다. 그들의 생각, 말, 행동은 모두 배우가 연기하는 것과 같았다.

나는 파리에서 기적적으로 알프레드 드 뮈세와 닮은 한 남자를 만난 적이 있다. 그러나 안타깝게도 그는 알프레드 드 뮈세가 아니었고, 자신을 뒤퐁이나 뒤랑[역시 별 의미 없이 프랑스 특유의 인명으로 거론되었다]이라고 여길 수 없게 된 그는 아무것도 아닌 존재가 되어 버렸다.

정치인들은 종종 역사적 인물을 연기하며, 그 결과 본연의 불성실함이 열 배로 늘어난다. 언어를 어느 정도 구사할 수 있게 되어 원어민처럼 보일 수 있다고 생각하지만, 그 언어를 도구로 충분히 다루지는 못한 사람들은 종종 이탈리아인의 활기, 프랑스인의 생기, 또는 영국인의 침착함을 흉내 내는 모습을 보인다. 외국어를 완전히 자신의 것으로 만든 학생들 중에서도 이러한 다소 굴욕적인 과정을 겪지 않은 사람은 드물며, 이러한 단계가 지속되는 동안 그들의 사고는 완전히 자신만의 것이 아니라 상상 속의 이탈리아인, 프랑스인, 또는 영국인의 반영이었음을 인정할 수밖에 없다. 외국인들이 미국식으로 변화하는 데 영국-미국 언어English-American language가 미치는 영향은 아무리 강조해도 지나치지 않다.

사회적 교류, 즉 그것이 요구하는 바와 그 안에서의 타협— 이를 정확히 말하자면 위선 —은 사고를 방해하는 불성실함을 유발하는 데 크게 기여한다. 살롱에서 서너 명이 어떤 책에 대해 이야기할 때, 몇 명이나 그 책을 읽지 않았다고 용기 있게 말할 수 있을까? "오, 그래요. 정말 멋진 책이네요!"라는 말로 그 허세에 동참하지 않을 만큼 용기 있는 사람은 얼마나 될까?

이런 대화는 누구도 속이지 못하지만, 우리가 아무 말도 하지 않고 있는 습관을 강화시키는, 영혼을 파괴하는 행동이다.

기만과 성실 사이의 부끄러운 중간 노선via media, 즉 한 번도 펼쳐보지 않을 책을 구입하는 행위도 있다. 어떤 사람들의 책장을 우연히 들여다보면 분명히 알 수 있는데, 특정 범주의 책들은 한 번도 펼쳐진 적이 없다. 얼마 전 한 철학 베스트셀러의 성공이 바로 그런 "펼쳐진 적 없는" 성공이라는 사실을 나는 의심치 않는다.

이와 같은 코미디는 특히 미숙한 젊은이들 사이에서 흔히 연출된다. 그들은 모든 것에 숙달한 듯한 근엄한 표정을 지으며, 자신이 전혀 알지 못하는 과학이나 예술의 상투어를 사용한다. 미술 전시회에 가면 어떤 단어들을 듣게 되는가? 콘서트 후 감상을 "선, 색, 그리고 음향"*이라고 요약하는 것은 훨씬 적은 지식으로도 가능하다.

겉모습을 꾸미려는 욕망은 심지어 지적인 활동조차 손상시킬 수 있다. 두 사람이 같은 열정으로 제1차 세계대전의 기원을 조사한다고 가정해보자. 만약 그중 한 사람이 자신의 애국

---

* '선과 색'은 미술 전시회에서 들을 수 있는 용어일 것이고 '음향'은 콘서트와 관련된 용어일 텐데 다소 이질적인 묘사를 한데 묶어 표현한 것은 특별한 지식 없이 누구나 입에 올릴 수 있는 말이라는 저자의 빈정거림으로 보인다.

심이나 국제주의를 과시하려는 의도로 이 문제를 다룬다면, 그의 사고는 사실을 발견하려는 것만을 목적으로 삼은 다른 사람보다 질적으로 열등한 결과를 낼 것이다. 그 이유는, 조사 과정의 모든 단계에서 그 전자가 막 얻은 정보를 자신이 활용할 상상을 하게 되어, 그러한 상상이 기생적인 환영처럼 그의 사고력을 분산시키고 약화시키기 때문이다. 마찬가지로 연설을 들으면서 기억하려는 의도로 듣거나 시를 읽으면서 외우려 하면, 물론 더 잘 기억할 수는 있겠지만, 연설의 수사학적 매력이나 시의 아름다움에 대한 인상은 이러한 외적인 집착으로 인해 흐릿해지게 된다.

마음속에 두 개념이 나란히 존재하면 사고의 작용을 반드시 방해한다. 예를 들어, 어떤 그림이 원본임에도 불구하고 복사본이라고 들으면, 그 그림을 있는 그대로 볼 수 없다. 복사본이 아니라는 말을 듣는 순간, 그 그림은 몇 분 전보다 훨씬 강렬한 에너지로 당신에게 다가온다. 유일하게 적절한 비교는, 당신이 단지 창문 유리의 흠집이라고 생각했던 것이 실제로는 하늘에 떠 있는 큰 연임을 발견했을 때의 놀라움이다. 정말로 그 작은 점이 이전보다 열 배나 크게 보이게 되는 것이다.

바로 이와 같은 현상이 우리 마음속에서도 일어날 수 있다. 우리는 우리보다 나이가 많은 사람을 오랫동안 알면서도 그의 얼굴을 제대로 보지 못하다가, 어느 날 갑자기 그의 얼굴을 보고 그것이 나이 든 얼굴임을 깨닫고 충격을 받기도 한다.

우리는 개념에 의존하며, 개념과 함께 살아간다. 번뜩이는 생각들을 나중에 더 좋은 기회를 위해 저장하려고 했던 한 지적이고 심지어 때때로 빛나는 사람을 본 적이 있다. 그는 점점 그러한 생각을 떠올리는 것조차 꺼리게 되었고, 마치 전기뱀장어가 자신의 전기를 방출하는 것이 고갈될 것이라고 생각하는 것처럼, 그도 자신이 그런 생각들을 떠올리면서 소진될 것이라고 믿었다. 그는 자신의 모든 지적 활동을 의식적으로 기록하려 하면서, 결국 그 모든 것을 방해했고, 마침내는 완전히 황폐해지고 말았다.

과도하게 체계적인 태도도 잘 알려진 것처럼 비슷한 결과를 초래한다. 체계성이 집요한 환상이 되어 결국 사고를 방해하게 되기 때문이다.

사고 과정의 작용을 주의 깊게 관찰하도록 훈련받은 직업 작가들, 그리고 그들의 원고에서 '사고의 기술'을 구성하는 데 풍부한 자료를 찾을 수 있을 것이라 기대되는 이들이야말로, 이러한 사고를 방해하는 어두운 그림자로부터 가장 자유로워야 할 존재처럼 보인다. 그러나 실제로는 그렇지 않다. 진정한 문학적 재능을 지닌 작가들 대부분은 신경과민이거나 적어도 감각이 예민한 인물들이다. 이들에게 모든 인상은 자유롭게, 때로는 잔인할 정도로 강하게 작용한다. 낭만주의자들은 이러한 예민함을 자랑스럽게 여겼으며, 이에 대해 지나치게 자주 언급하여 독자들을 피곤하게 만들었다. 하지만 그렇다고 해서 그 특성이 사라지는 것은 아니다. 겉으로 보기에 강인한 지성을 가진 이들조차도 그러한 특성을 공유하고 있다.

실제로 이것은 문학적 직업 정신의 한 특징이며, 그 영향은 직업적인 영역에 국한된다. 많은 문인들이 그림을 그리면서 긴장을 풀 수 있는 이유도 이 때문이다. 그들은 글을 쓸 때와 달리, 이러한 정신적 속박을 거의 의식하지 않고 그림을 그린다. 반대로, 화가들이 글을 쓸 때는 대개 무심하고 심지어 무모할 정도로 자유롭게 표현하는데, 이는 순수 문학 동료들에게 종종 부러움을 불러일으킨다.

작가는 자신의 내면을 대중에게 드러내기 위해 존재하는 사람이다. 따라서 그는 이 불가피한 노출을 당연한 것으로 받아들일 만큼 강한 내적 힘을 가지지 않는 한, 이 자기 노출에 대해 지나치게 의식하게 되고, 그 의식은 곧 정신적 부담이 된다.

작가만큼 두 가지를 동시에 생각해서는 안 된다는 사실을 잘 아는 사람도 없지만, 또한 작가만큼 동시에 두 가지를 생각하기 쉬운 사람도 없다. 오로지 단순한 사실만을 수집하는, 완벽한 기록자이자 평온한 박학다식함의 화신이었던 고대 로마의 바로*조차도 이를 인식하고 있었다. 그는 실제로 간결한 라틴어로, 다른 이들에게 자신의 정보를 되팔기 위해 스스로 정보를 얻는 사람은 그 과정에서 열등감 콤플렉스의 먹잇감이 된다고 말했다.

작가는 끊임없이 환영幻影의 공격을 받는다. 텐**은 한때 불가능한 '세계 반영의 공식'을 찾고자 하는 집착에 사로잡혔는데, 역사를 연구하면서 이 욕망에서 벗어날 수 있었다. 그러나 역사가 그에게 가르쳐 준 것은 너무나 단순해서 처음에는 그 요약을 보고 저자 자신이 부끄러워하기도 했다. 이와 유사한 환영 중 하나는, 연구 중인 주제의 단 한 가지 면만을 보고 있지는 않은지 두려워하는 것이다. 칼라일도 자신이 이러한 강박을 알고 있으며, 이를 극복하기 위해 필사적인 노력을 기울였다고 고백한 바 있다.

작가는 단순한 비평가를 두려워하지 않는다. 비평가들은 결국 같은 직업군에 속하며, 그는 이들과 싸우기 위해 경멸을 포

---

* Marcus Terentius Varro. 고대 로마의 대표적인 학자이자 작가로, 방대한 양의 지식을 체계적으로 수집하고 정리한 인물이다. 그는 로마에서 '가장 박식한 사람' 중 한 명으로 여겨졌고 페트라르카는 그를 '로마의 세 번째로(베르길리우스와 키케로에 이어) 위대한 빛'이라고 평가했다.

** Hippolyte Taine(1828~1893). 19세기 프랑스를 대표하는 역사학자, 문학 비평가, 철학자이다. 텐은 인간 사회와 문화는 주로 인종, 환경, 그리고 시대적 조건에 의해 결정된다고 보았다. 문학과 예술 역시 개인의 창의성보다는 당시의 사회적·역사적 조건에 크게 의존한다고 주장하며, 결정론적이고 객관적인 분석 방법을 도입했다.

함한 모든 전문적인 무기를 사용할 준비가 되어 있다. 그러나 그는 자신이 한 번도 만난 적 없고, 어쩌면 존재하지도 않을지도 모르는 '가상의 독자들'의 미소를 두려워한다. 이 독자들은 그의 상상 속에서 자신이 되고 싶어 하는 이상적인 존재로 구현되어 있으며, 마치 거인처럼 그가 다루는 주제를 완전히 꿰뚫고 있는 모습으로 비춰진다.

이 강박은 현실 세계에서 위압적인 독자가 존재할 때 더욱 심해진다. 앙젤리에의 제자들 대부분은 작가가 되었는데, 나는 그의 제자 어느 누구도 스승의 선량하면서도 가차 없는 비평을 두려워하지 않은 경우를 보지 못했다. 그의 비평은 언제나 제자의 시야가 얼마나 불완전한지를 정확히 지적했다. 그러나 정작 앙젤리에 자신도 올림포스 신처럼 완벽한 존재는 아니었다. 자신의 작품에 대해 생각할 때면 그는 종종 불안해하거나 심지어 우울에 빠졌다. 자신의 영감이 과연 자신을 어느 경지까지 끌어올렸는지 의문을 품었고, 가장 위대하고 강한 작가들뿐만 아니라 섬세한 뉘앙스를 다루는 소박한 작가들까지도 의식했다. 그는 자신의 첫 대작 『잃어버린 연인 *L'Amie Perdue*』을 쓸 당시 자신이 느꼈던 그 감각보다 못한 작품을 쓸까 두려워했다. 또한 자신이 끌리는 주제들이 정말 자신의 강점이 발휘될 만한 것인지 확신하지 못했다. 결국 그는 수년간 — 어머니의 종교적 신념 중 일부를 되찾을 때까지 — 미래 세대의 불확실한 기억 속에서 자신의 몇몇 시들이 살아남을 것이라는 희망에 불멸성을 걸었다.

　얼마나 많은 진정한 문학적 소명이 이미 과거에 수도 없이 말해졌을 것이므로 쓸 필요가 없다는 생각에 의해 좌절되었는지는 아무도 모른다. 아미엘[*]이나, 그보다 앞선 주베르[**]나 두당[***] 같은 이들은 오직 아무도 읽지 않을 것이라 믿는 글을 씀으로써 이 강박에서 벗어날 수 있었다. 그들이 대중을 상대로 글을 쓸 때면, 그 갑갑한 영향은 대번에 드러났다.

　이처럼, 재능 있는 사람의 사고를 방해하는 요소들은 무한히 많다. 예를 하나 더 들자면, 어떤 부수적인 장애물조차도 강박으로 작용할 수 있다. 어떠한 걸림돌에도 얽매이지 않은 쥘

---

[*] Henri-Frédéric Amiel(1821~1881). 스위스 태생의 철학자, 시인, 평론가로, 19세기 프랑스 지성계에서 중요한 자리를 차지했다. 그는 『내면 일기Journal Intime』를 통해 평생 자신의 내면 세계와 감정을 솔직하게 기록했는데 후대의 실존주의자와 내면적 성찰을 중시하는 작가들에게 큰 영향을 주었으며, '자기 자신을 위한 글쓰기'의 모범 사례로 평가된다.

[**] Joseph Joubert(1754~1832). 프랑스의 모랄리스트, 문필가. 사후에 그의 방대한 메모와 단상들이 출판되면서 명성이 커졌다. 그의 메모와 단상은 단순한 개인 기록을 넘어, 프랑스 문학 전통과 철학 사조에 중요한 영향을 미쳤으며, 많은 문학 평론가와 사상가들이 그의 표현력과 통찰력에 주목해 왔다.

[***] Ximénès Doudan(1800~1872). 프랑스의 저널리스트, 모랄리스트, 비평가. 사후 서간, 단상, 사색들이 출판되면서 '책을 내지 않은 모랄리스트'로 불렸다. 그의 독자 중에는 니체, 프루스트 등이 있었다.

르메트르*조차도 과거를 시각화하려는 노력이 강박이 될 수 있음을 인정했다. 그 강박에 사로잡힌 사람은 옛 파리의 매력적인 거리들을 거닐지만 실제로는 그것을 보지 못한다. 오늘날 제본공들이 따뜻한 오후에 화이트 와인을 마시는 곳에서, 그 강박은 『신들은 목마르다Les Dieux ont Soif』**의 혁명적 노동자들을 떠올리게 만들고 이 두 개의 환영은 서로를 상쇄시켜버린다.

마르키 드 로슈귀드의 책***을 읽은 많은 프랑스인들은, 그 전에는 분명히 느꼈던 파리에 대한 첫 감동을 다시는 되찾지

---

* Jules Lemaître(1853~1914). 프랑스의 비평가, 극작가, 시인. 그의 저술에는 프랑스 문학 전통과 문화유산에 대한 애정이 고스란히 담겨 있으며, 정치적으로 민족주의적 성향이 강해 에밀 졸라를 국제주의자, 좌익으로 간주해 공격하기도 했다.

** 아나톨 프랑스가 1912년 발표한 프랑스 혁명을 무대로 한 소설.

*** Félix Marquis de Rochegude(1863~1940)의 『파리 전역 산보Promenades dans toutes les rues de Paris』를 가리킨다. 저자에 대해 알려진 바는 그리 없는데 레몽 크노의 『파리를 아십니까Connaissez-vous Paris?』에는 다음과 같은 문장이 있다. '나는 파리를 꽤 잘 안다고 생각했지만, 여러 질문들을 다루면서 파리에 대해 내가 전혀 알지 못했을 뿐만 아니라, 거의 아무도 파리를 그렇게 잘 안다고 할 수 없다는 사실을 깨달았다. 처음에는 로슈귀드부터 시작했고, 요즘은 힐레레[Jacques Hillairet]로 이어졌다. 이 두 사람이 30년도 채 차이가 나지 않는데도, 로슈귀드는 혁명이나 폭격 같은 격변 없이도 단순히 사라진 많은 것들을 이미 눈치채고 있었다……'

못했다. 르낭*이나 시뇨르 페레로**처럼 과거를 현재처럼 바라보고, 로마의 기사단equites을 월스트리트 금융가처럼 묘사하는 습관을 들이면, 모든 것이 순식간에 명료해질 것이다. 하지만, 과거의 기사와 현대 은행가를 구별해 주는 '어떤 것', 그리고 먼 과거가 지닌 마법은 사라져버릴 것이다.

글쓰기 자체가 환영을 만들어 내며, 사고의 정당한 산출을 방해할 위험이 있다. 글쓰기를 기쁨으로 느끼지 않는 사람은 결코 글을 써서는 안 된다. 그러나 많은 전문 작가들은 기쁨보다는 오로지 노력에 의식이 집중되어 있다. 그러나 자기 표현은 누구에게나 즐거움이며, 때로는 유일한 안도감을 제공한다. 이것이 항상 그렇지 않은 이유는 사용하고 있는 언어에 대한 불완전한 숙달, 다루고 있는 주제에 대한 진정한 흥미 부족, 또는 앞서 열거한 원인들 중 하나일 수 있다. 하지만 가장 큰 이유는 학교 시절부터 생긴 강박, 즉 우리가 쓰고 있는 종이 아래

---

* Ernest Renan(1823~1892)은 19세기 프랑스를 대표하는 지성 중 한 명이다. 종교학, 역사학, 민족학 등에서 그의 관점은 지속적으로 인용되고 있다. 『그리스도교 기원사』(전 6권), 『국민은 무엇인가』를 비롯해 수많은 저서가 있다.

** 이탈리아의 역사학자Guglielmo Ferrero(1871~1942)를 가리킨다. 『로마의 융성과 몰락Grandezza e Decadenza di Roma』(전 5권)이라는 책으로 널리 알려졌다. 당시 이 책을 읽은 시어도어 루즈벨트 대통령의 초청으로 백악관을 방문해 강연을 했다.

놓여 있는 빈 페이지들을 의식하면서 그 폭과 길이를 미워하고, 그것들이 어떻게 다 메꿔질 수 있을지 상상조차 하지 못하는 습관에 있다.

일부 사람들은 자신이 책을 써야 한다는 사실을 마치 15세 때 싫든 좋든 써야 했던 작문처럼 여긴다. 이들은 주의를 온전히 집중해야 할 한 챕터를 쓰면서도, 아직 태어나지도, 심지어 구상조차 되지 않은 미래의 챕터들에 대해 불안을 느끼며, 이러한 불안은 지금 쓰고 있는 페이지에 그림자를 드리운다. 한 작가가, 주베르가 말한 것처럼, "마음속에서 완성된 책만을 쓰는" 습관을 들이지 못하거나, 라신Racine처럼 "비극은 완성되었고 이제 시로 그것을 쓰면 된다"고 솔직히 말할 수 없는 한, 그는 학생 때의 실수를 되풀이할 것이다.

중요한 질문을 설명하기 위해 필요한 생각이나 사실을 사냥하는 일만큼 흥미진진한 것은 없으며, 사냥이 성공했을 때 글 쓰는 즐거움은 지적 성실성에 대한 비할 데 없는 보상이다. 오직 억지로 글을 써야 한다는 노예 같은 의무감이나, 책을 내고자 하는 외적인 욕망만 남겨둔다면, 모든 즐거움은 사라질 것이다.

말할 때는 자유롭고 매력적으로 사고하는 것처럼 보이는 몇몇 사람들은 글을 쓰기 시작하자마자 마치 정신이 구속복strait-jacket에 갇힌 듯한 상태가 된다. 내가 알고 있는 가장 재치 있는 사람인 한 프랑스 귀족은, 몇 시간씩이나 고심한 끝에 밋밋한 편지를 써 보내고는 했다. 과거에 함께 일했던 나의 한 동료는 완전히 문학의 세례를 받은 성장 배경을 가졌으나, 철학에 관심을 보였고, 철학자들의 저작을 전혀 읽지 않았음에도 놀랄 만큼 독창적으로 근본적인 문제들에 대해 이야기했다. 또 다른 동료는 그를 "철학의 로빈슨 크루소"라고 부르고는 했다. 그러나 이 천재는 글을 써야 할 때마다, 수년 전 소르본 대학에서 시험을 치르던 그 상태로 되돌아갔다. 그의 사고와 표현의 독창성은 그를 두렵게 만들었고, 그의 노력, 아니 아마도 고통의 결과물은 차갑고, 지나치게 정교하며, 사전의 서문을 떠올리게 하는 페이지들로 남았다.

대다수의 작가들은 특정한 표현의 틀에 얽매여 있다. 수백만 문장에서 "그리고"로 시작하는 불필요한 마지막 절clause*을 제거할 수 있을 것이다. 이는 종종 단순한 반복이나 요약에 불과하여 문장을 단순히 마무리하려는 의도로 덧붙여진 경우가 많다. 필요한 것은 하나뿐인데도 세 개의 동사나 형용사를 사용하는 습관 역시 만연해 있다. 평범한 작가는 마치 고대의 플

---

* 문법 용어로, 주어와 동사를 포함하는 단어들의 집합을 말한다. 이 절은 독립적인 완전한 문장(주절, 독립절)일 수도 있고, 다른 절에 종속되어 있는 완전한 문장이 아닐 수도 있다.

루트 연주자가 웅변가와 떼려야 뗄 수 없었던 것처럼, 싸구려 리듬에 의해 강요받으며 글을 쓴다. 이처럼 이러한 비참한 수고들이 한 사람의 사고를 저해한다.

더 예술적인 작가들은 자신들이 사용하는 언어가 과거 세대의 고전적 스타일에 비해 치명적으로 열등하다는 생각을 떨칠 수 없으며, 결과적으로 그들이 만들어내는 것은 반드시 타락의 기념비처럼 보일 것이다. 그들은 괴테가 했던 "자신의 시대에 속한 사람은 사실 모든 시대에 속한 사람이다"라는 확고한 발언을 기억하지 못할 것이다. 이러한 생각은 그들을 가두는 새장의 문을 열어주지만, 그들은 계속해서 그 철창에 머리를 부딪히기만 한다.

외부적 문제들로 인해 진정성을 방해받는 작가 중 가장 경직된 부류는 예술 비평가들이다. 레이놀즈의 『담론들Discourses』, 러스킨의 『현대 화가들Modern Painters』, 혹은 프랑스어로 쓰인 드 필[Roger de Piles, 1635~1709]의 절대적으로 정직한 매뉴얼을 오늘날 대부분의 신문에 실리는 예술에 관한 글들과 비교해보라. 당신은 곧, 이른바 평론가들이 자신들이 다루는 주제에 대해 진정으로 알고 있다기보다는 단지 아는 척하며, 오직 부정적인 면만을 인위적이고 기교에 맞춘 스타일로 서술하고 있다는 사실을 뚜렷하게 느끼게 될 것이다.

강렬하고 직설적인 문학작품을 쓰던 작가가 그림에 대해 다룰 때, 다른 사람이 쓴다면 혐오감을 느낄 정도로 진부하고 과장된 표현 스타일을 사용하는 것을 보는 것은 언제나 놀랍다. 원인은 소설가가 미술 비평가로 변모하는 순간 더 이상 본인이 아닌 다른 사람이 된다는 점에 있으며, 이중의 의식은 마치 한 사람이 두 개의 대상을 동시에 보려고 애쓰는 것과 같아진다.

따라서 우리의 마음은 우리의 눈과 같이 하나로 통일되어야 한다. 아이들, 소박한 사람들, 성스러운 사람들, 예술가들, 그리고 모든 종류의 귀족들, 즉 열등한 관심사에 여지를 두지 않고 주도적 목표에 사로잡힌 사람들은 그들의 지적 비전의 직접성으로 우리를 사로잡는다. 반면에 소심하고 약하며 쉽게 위축되는 사람들, 인도하기보다는 따르도록 만들어진 사람들, 자신이 줄 인상에 대해 불안해하며 자신의 능력에 의문을 품고 끊임없이 확신을 구하려고 노력하는 사람들은 치명적인 외부의 잡념이나 정신적 기생충을 들여오는 경향이 있다. 이러한 것들은 처음에는 단지 방해만 하지만 점차 그들 자신을 사로잡고, 결국에는 그들 자신에게 "열등감"이라는 용어가 명확하게 설명할 수 있는 만성적 불충분감을 남기게 된다. 만약 프로이트와 아들러가 이러한 콤플렉스의 존재를 밝히고, 적절한 치료로 이를 해소할 수 있다는 믿음을 대중화하는 데 그쳤다면, 그들의 영향은 오히려 유익하다고 볼 수 있다.

정신의 기생충은 어떻게 형성되는가

(a) 모방과 군거성

이 책의 첫 부분에서 나는 모든 아이들은 인생 후반의 가장 강렬한 순간들과 연결되는 몇 년간의 직접적 시각과 즉각적 인상을 누린다고 말한 바 있다. 이러한 마법 같은 삶의 서막은 대도시의 새벽이 지닌 매력에 비유할 수 있다. 한동안은 모든 것이 막 탄생한 듯 신선해 보이지만, 일상의 소음과 분주함이 곧 그 찬란한 배경을 흐려 놓고, 다시금 진부함이 자리 잡게 된다.

어린아이는 사람과 사물을 어떠한 매개 없이 직접적으로 받아들이며, 그 첫인상이 너무나 강렬하기 때문에 굳이 원래의 경험으로 되돌아갈 필요를 느끼지 않는다. 이런 이유로 많은 부모들은 어린 시절의 관찰력이 예리하다는 사실을 인정하지 않는 실수를 저지른다. 그러나 열 살 무렵이 되면 상황이 달라진다. 아이들은 점차 어른을 의식하게 되고, 그들을 모방하기 시작한다. 몇 달, 때로는 몇 주 만에 변화가 뚜렷해지는 것을 볼 수 있다. 어린 남자아이와 여자아이는 어른스러운 몸짓, 발음이나 어구 사용에서의 특유의 태도, 특정 사물에 대한 꾸며진 흥미 혹은 의도적으로 보인 무관심을 나타내기 시작한다. 얼굴 표정은 그대로일지라도, 그것은 더 이상 자발적이지 않게 된다. 남자아이들은 '난 신경 쓰지 않는다'는 거칠고 투박한 모습을 더 많이 보이는데, 때로는 안 좋은 환경에 있을 경우 그 정도가 더욱 심해진다. 반면 여자아이들은 17세기에 성숙한 대화와 인위적인 서신이 당연시되던 13세의 신부들을 떠오르게 만든다.

많은 경우, 관찰자는 이들 성인이 되려는 노력이 의식적으로 드러나지 않는 것을 알아차리지만, 자발성과 매력의 감소는 분명히 감지된다. 그들이 표현하는 생각, 삶을 대하는 태도, 심지어 슬픔 앞에서 보이는 반응조차 흥미롭지 않거나 불쾌할 수 있다. 영혼의 탄력성이 이전보다 떨어지는 것이다. 열두세 살 소년이 처음으로 바다, 캐나다의 숲, 로마나 이집트를 경험하고도 무덤덤한 태도를 보이는 것을 쉽게 볼 수 있다. 얼마 전까지만 해도 마치 갓 태어난 구름처럼 여름 하늘에 흩어져 모든 미풍을 느끼고 모든 반사를 포착하던 이 젊은 존재들이 이제는 모두 수동성에 빠져 버린 것이다.

그렇게 시간이 흐르면, 어떤 숭고한 열정이 다시 그들을 정상頂上으로 끌어올려 주지 않는 한, 그들은 점점 더 평범한 대중과 닮아간다. 사고, 태도, 언어를 수백만 명의 사람들로부터 게으르게 빌려쓰면서 자신만의 사유를 생산하는 능력을 잃게 된다.

어떻게 해야 하는가? 이것이야말로 가장 근본적인 문제이다. 아이들을 순응으로부터 구할 수 있는 방법은 결국 우리 모두가 자신의 사유를 생산할 수 있도록 하는 방법과 같다. 아이들은 교육받아야 하지만, 동시에 스스로를 교육할 자유도 허용되어야 한다.

미국에서는 부모들이 자연스럽게 그러한 자유를 허용하는 경향이 있으며, 학교들도 점점 더 아이들에게 최대한의 정신적 자유를 허용하라고 권고받고 있다. 그러나 사회 전체에 이미 확립된 순응의 힘이 너무 강하기 때문에, 이 흐름을 벗어나려면 천재적인 자질이 필요하다. 프랑스, 그리고 대부분의 오랜 역사를 지닌 국가들에서는 모방과 일정 수준의 불성실함이 권장된다.

"아버지를 보렴. 아버지를 따라 해. 다른 사람들을 생각하고, 너 자신만 생각하지 마. 그냥 듣고 있어. 그러면 사람들이 너를 좋아할 거야. 항상 네가 생각하는 모든 것을 말하지 마. 그러면 남에게 불쾌감을 줄 수도 있고, 사람들이 널 싫어할 거야."

이러한 가르침에서 제시되는 모범은 알세스트가 아니라 필린트*이다. 물론 필린트는 어리석은 인물이 아니다. 그는 인간

---

* 몰리에르의 희곡 『인간 혐오자』에 나오는 인물들로 알세스트는 사회의 위선과 모순에 대해 솔직하게 비판하며 자기 의견을 거리낌 없이 표현하는 인물이고 필린트는 알세스테와 달리 타인과 원만하게 지내고 사회적 조화를 중시하며 신중하고 온화하게 행동하는 인물이다.

에 대한 올바른 이해에서 비롯된, 깊이 숨겨진 아이러니를 품고 있다. 그러나 알세스트는 더 고차원적인 현실을 보고 있다는 사실을 부정할 수 없다.

세상이 이렇다는 점을 고려할 때, 대부분의 아이들은 자신의 환경으로 인해 불운을 겪을 가능성이 크다. 가난한 아이들은 제대로 된 옷을 입지 못하고, 적절한 교육을 받지 못한 채 스스로를 열등하다고 느끼게 된다. 설령 그들이 뛰어난 지적 능력을 지녔다 하더라도, 이 열등감은 결국 그들을 순응하도록 억누른다.

부모가 지적 능력이 부족한 경우, 아이가 독창적인 질문을 던지면 이를 이해하지 못하고 비웃기 일쑤이다. 또한, 인간이 자기 자신을 초월할 수 있도록 하는 핵심 동력인 종교마저도 종종 순응을 강요하는 도구로 사용된다. 만약 아이가 그리스도와 성인들이 순응하지 않았다는 사실을 눈치채게 된다면, 곧 그들은 그리스도와 성인들이 전혀 다른 세계에 속해 있으며, 착한 아이들은 자기에게 명령된 대로 행동해야 한다는 사실을 깨닫게 될 것이다.

이렇듯, 인간이 본능적으로 갖는 모방의 경향과 대중이 특출난 존재를 싫어하는 성향이 결합하면, 사고는 거의 필연적으로 말살된다. 그리고 그 자리에 남는 것은 인간 축음기human gramophone뿐이다.

군거성gregariousness은 모방성과 거의 유사한 본능으로 그것을 발전시키는 경향이 있다. 이는 미국에서 특히 두드러지게 나타난다. 초기 개척자들은 앵글로색슨 인종에게 타고난 협동 능력을 지니고 왔을지라도, 비교적 고독한 환경에서 살아야 했기 때문에 한동안 그것을 제대로 발휘하지 못했다. 그 결과, 기회가 주어지자마자 즉시 그 능력을 마음껏 발휘하도록 기질이 형성되었다. 어쨌든 그들의 후손들은 지구상에서 가장 사교적인 사람들이다.

도시와 마을의 프랑스인들은 일요일에 대성당 예배가 끝난 후à la sortie de la grand'messe — 뚜렷이 사교적인 표현이다 — 모인다. 그러나 설교 동안 이루어진 전방위적인 관찰을 보충하는 질문을 10분 정도 나눈 뒤, 그들은 자기들만의 세계quant à soi로 물러난다.

미국인들은 서로에게서 결코 충분함을 느끼지 못한다. 클럽만으로는 부족하여 점심 만찬, 각종 회의나 모임, 임원 교체나 신입 회원 환영 행사, 기념식, 총각 파티stag party 혹은 처녀 파티hen party 등으로 보충해야 하며, 단지 구실에 불과한 콘서트나 연극은 말할 것도 없다. 더 나은 것이 없을 때, 당신의 사교적인 미국인은 호텔 로비나, 내가 조롱하기에는 배은망덕하다는 말을 들을 수 있는 '흡연실smoker' 공간을 최대한 활용할 것이다. 왜냐하면 나는 그곳 덕분에 미국인의 몇 가지 단점과 수

많은 장점을 부분적으로 알게 되었기 때문이다.

영국에서 'joiner'라는 단어가 단지 목수를 지칭하는 데 쓰인다면, 미국에서는 그 발음 자체가 — 애정과 동시에 빈정거리는 뉘앙스를 풍기며 — 순전히 미국적인 어떤 것[사교 모임을 좋아하는 사람]을 의미한다.

민주주의가 획일성을 낳는다는 것은 잘 알려져 있다. 이는 소규모 민주주의 사회에서도 마찬가지다. 너무 개성이 강하면 오히려 규칙을 어기는 것으로 간주된다. 공통의 이익을 보호하거나 공통의 취향을 키우기 위해 사람들은 협회를 만든다. 그러면 자연스럽게 유사성을 발전시키고 장려하게 된다. 태도, 관점, 슬로건 등이 만들어져 서로 다른 사람들에게도 동일한 특징을 부여하게 되는 것이다. 집단의 결속으로만 촉진될 수 있는 것이 너무 많은 상황에서 반대하는 것은 이단적일 뿐 아니라 사실상 불가능하다.

정신적 저항 역시 거의 마찬가지이다. 격한 흥분이나 재난의 시기에 공동체를 휩쓰는 물결은 가장 강인한 사람들조차 눈을 멀게 하고 혼란에 빠지게 만든다. 그러나 보이지 않는 채지속되는 집단 의식의 영향 또한 같은 결과를 낳는다. 나는 미국에서 이주해온 프랑스인 동료들이, 이주 전에는 전혀 알지 못했던 주변의 흑인에 대한 편견을 그대로 받아들이는 모습을 여러 번 보며 흥미를 느낀 바 있다. 이것은 단순히 태도 연기나 위선이 아니다. 사교성이 어떠한 정도로 작용하든, 개인적인 사고, 즉 진정한 사고를 불가능하게 만드는 것을 보여주는 사례이다.

이와 관련된 예는 수없이 많다. 사교성이 미치는 영향을 보여주는 가장 두드러진 사례 중 하나는 시간의 구분에 대한 우리의 집착이다. 연감almanac과 시계가 군림하며, 이것들이 사라지면 우리가 알고 있는 문명은 붕괴할 것이다. 하지만 이를 통해 우리는 기차를 잡고, 쿠폰을 현금화할 수 있는 반면, 또한 그것들의 희생양이 된다.

모파상의 표현을 빌리자면, 활동하는 작은 '초들seconds'은 우리의 생명을 조금씩 갉아먹을 뿐만 아니라, 매년 또 하나의 생일을 바위처럼 우리에게 떨어뜨리고, 젊음에 반대되는 '나이'라는 개념은 거대한 환상에 불과하다. 오스카 와일드는 노인들의 비극은 그들이 젊다고 느낀다는 데 있다고 말한다. 즉, 마치 어떤 마법이 젊은이들에게 그들이 늙었다고 상상하도록 만들었을 때 젊은이들이 느낄 법한 감정을 실제로 느낀다는 것이다. 여기에는 어떤 악마적인 주문도 없고, 오직 시계와 연감, 그리고 모든 인간 문서에 기록된 연도가 있을 뿐이다. 만약 이것들이 제거될 수 있다면, 상황은 즉시 달라질 것이다.

당신이 나이 든 메릴랜드 출신 흑인 할머니에게 나이를 묻는다면 그녀는 웃으며 말할 것이다. "나이에 대해 생각해본 적이 없어요." 하지만 백인 남성이 기념일의 허위를 깨닫기 위해서는 천재에 버금가는 노력이 필요하다.

무지 또는 불완전한 지식으로 인해 발생하는 오류는 매일 만들어지고, 즉시 언론을 통해 퍼진다. 이들의 존재는 사고를 불가능하게 만든다. 사실이 명백히 잘못된 정보를 바로잡을 때까지는, 겉보기에 만족스러운 개념도 충분치 않은 정보에서 비롯된 결과라는 것을 깨닫게 된다. 사람들은 전쟁이 불가피하다고 말하다가도 국제연맹이 설립되면 더 이상 평화가 깨질 수 없을 거라고 말한다. 그러다가 군축 회의의 실패로 또 다른 공식으로 넘어간다.

어떤 간결한 문장이 나타나면, 사람들의 목격한 사실을 분류하고 싶어 하는 욕구로 인해 이 문장은 열광적으로 반복된다. 며칠 안에 이 문장은 언론에 의해 슬로건으로 변모하고, 실질적인 결과를 불러오게 된다. 예를 들어, "행복 추구"가 모든 미국 아이들의 역사 교과서에서 기본적인 권리로 언급되면서 수많은 이혼을 초래했는지 누가 알겠는가?

(b) 교육

교육을 사고에 도움이 되지 않고 오히려 장애물로 여긴다는 말을 하는 것이, 때로는 너무 역설적이라 불미스러워 보이는가? 한 개인을 교육받은 사람으로 구별할 때, 단지 매너나 언어, 혹은 정보의 양만이 아니라, 무엇보다도 타인의 사고에 저항하고 자기 주장을 방어하는 능력으로 구분할 수 있다는 사실은 명백하다. 탁월한 젊은이가 위대한 영국의 퍼블릭 스쿨public school, 파리의 리세lycée, 혹은 유명한 독일이나 폴란드의 김나지움gymnasium에서 교육받았다고 들었을 때, 우리가 놀라지 않는 것도 당연하다. 플라톤에서 허버트 스펜서에 이르기까지 거의 모든 철학자들은 그들의 철학 속에 '사고의 기술'과 교육에 관한 논의를 함께 담으며, 이 둘이 서로 긴밀히 연관되어 있음을 암시한다. 호레이스 만Horace Mann과 채닝William Ellery Channing은 미국에서, 오직 교육을 통해서만 자국의 민주주의를 진정한 의식으로 이끌어낼 수 있다는 확신을 가진 수많은 후예들을 배출했다. 사람이 많이 사고할수록 사고에 더 잘 적응하게 되며, 교육이란 체계적으로 '사고하는 습관'을 형성하는 방법이 아니라면 아무 소용이 없다.

바로 그렇다. 이론적으로 교육은 지적 탄력성을 높이기 위한 정신 훈련이다. 하지만 교육이 종종 정신을 훈련시키기보다는 억압하는 경우가 있지 않을까? 사람들은 자신이 받은 교육이나 자녀에게 제공되는 교육에 대해 대체로 만족하고 있을까? 오히려 항상 불평을 늘어놓고 있지 않을까? 라블레, 몽테뉴, 로크, 페늘롱, 루소는 물론 19세기 동안 등장한 수많은 교육학자들 모두가 교사에 반대했다는 점은 주목할 만하다. 이는 대부분 이 이론가들이 통제되지 않은 교실이라는 야생마 같은 것을 직접 경험해본 적이 없기 때문일 수도 있다. 하지만 주로 이들의 뛰어난 지적 능력 덕분에 자신이 의식하고 있는 단점들이 어린 시절 나쁜 교육 방법으로 인해 생겼다고 인식하기 때문일 것이다.

교사들은 — 개혁자들이 상상하듯, 학급이 무질서한 유치한 말을 넘어서는 무언가라는 어리석은 개념을 품고 있더라도 — 현재의 교육 방법이 좋지 않다고 일치된 견해를 보인다. 이들의 논쟁과 이를 증명하기 위해 사용하는 테스트와 통계 자료는 도서관을 가득 채우고 있다. 이러한 사실들을 고려하면, 현재의 교육이 사고의 기술이 되어야 한다는 기대를 충족시키지 못하고 있다는 결론을 피하기 어렵다.

그러나 우리가 말하고자 하는 바는, 교육이 이보다 더 나빠질 수도 있다는 것이다. 인상이 깊게 각인되면서도 은밀하게 스며드는 시기에, 잘못된 교육은 정신의 기생충을 만들어낼 수 있으며, 이는 시간이 지나면서 열등감 콤플렉스로 이어질 가능성이 크다. 혹은, 그것보다 더 심각한 문제로, 우리의 삶에 대한 전체적인 관점을 왜곡시킬 수도 있다.

모든 나라의 교육에는 결점이 있으며, 이를 논의하려면 도서관을 가득 채울 만큼의 연구가 필요할 것이다. 따라서 우리는 논의를 제한할 필요가 있다. 그러나 짧은 논의만으로도 미국의 교육이 지나치게 실용성을 중시하며, 그 결과 학생들의 마음속에 '교양이란 소수의 특권이거나 단순한 오락에 불과하다'는 환영phantasm을 심어준다는 점을 쉽게 보여줄 수 있다. 반면 프랑스의 교육은 정반대의 문제를 지닌다. 프랑스에서는 교양이 실천보다도 훨씬 높은 위치에 놓이며, 그 결과 순수한 지적 쾌락이 삶의 실용적 의무보다도 무한히 더 중요하게 여겨진다. 두 경우 모두, 올바른 사고 능력이 저해되며, 초기의 실수를 바로잡는 데 평생이 걸릴 수도 있다.

미국의 교육은 여전히 개척자pioneer 또는 개척자의 자손을 위한 교육의 성격을 띠고 있다. 거대한 미국 도시에서 사는 사람들에게는 이 말이 다소 의외로 들릴지도 모르지만, 그곳에서도 여전히 개척자들의 생활방식과 사고방식의 흔적을 찾을 수 있다. 예를 들어, 거리 이름이나 건물 번호를 표시하는 방식이 그렇다. 때로는 어딘가에서 주워 온 널빤지에 서투르게 적힌 주소판을 볼 수 있는데, 이는 개척 시대의 유물이다. 초문명화된 롱아일랜드의 가장 문명화된 지역에서도, 막대기 끝에 외롭게 매달린 우체통을 발견할 수 있다. 또한 미국에서 널리 퍼져 있고 큰 영향을 미친 "여성이 부족하다"는 개념은, 한때 실제로 여성이 부족했던 시절의 유산이며, 아내를 구한 이민자가 마치 로마 청년이 사비나 여성을 집으로 데려오듯* 뽐내던 때의 잔재임에 틀림없다.

미국의 학교들은 대부분 시골에 위치해 있다. 이는 미국의 초기 생활이 원래 농촌 중심이었고, 순례자들Pilgrims이 고향에서 보았던 학교들이 소도시나 웨스트민스터처럼 한적한 교외 지역에 자리 잡고 있었기 때문이다. 이 학교들은 무엇보다도 신체적 강인함과 그 정신적 대응물인 의지력을 기르는 것을 목표로 한다. 과거 조상들이 위험한 인디언들을 경계하며, 늘 장전된 총을 곁에 둔 채 숲에서 나무를 베던 바로 그 장소에서, 오늘날 그로턴Groton, 세인트 마크St. Mark's, 세인트 폴St. Paul 같은 학교의 소년들은 훌륭하게 체격을 키우고, 자립심을 기르며, 캠핑 생활을 열정적으로 즐긴다. 또한, 협력의 본능이 이 독립심을 약화시키는 것이 아니라 오히려 강화한다. 스포츠

---

* 로마 건국 신화에 나오는 이야기 중 하나로, 흔히 사비니 여인 강탈rape of the Sabine women로 불린다. 로마가 건국된 초기, 로마에는 남성들이 많고 여성은 부족했다. 이를 해결하기 위해 초대 왕인 로물루스는 인근의 사비니 부족 사람들을 초대하여 축제를 열었다. 축제 도중, 로마 남자들은 미리 준비한 계략을 실행해 사비니 여자들을 납치하여 자신의 아내로 삼았다. 당시 '강탈raptio'이라는 단어는 현대적 의미의 '강간'을 의미하는 것이 아니라, '납치'나 '회유'의 의미로 사용되었다. 납치된 사비니 여자들의 남편이나 가족들은 당연히 분노하여 로마에 전쟁을 선포하고 전투가 격화되는데, 이미 로마 남자들과 결혼해 가족을 이룬 사비니 여성들이 양측에 평화를 촉구하며 개입한다. 그들의 중재로 전쟁은 종결되고, 결국 로마인과 사비니인들은 하나의 공동체로 통합된다. 사비니 여인 강탈 이야기는 로마 건국 신화 속에서 로마 사회의 복잡한 기원과 민족들 간의 관계를 상징적으로 보여준다.

는 여전히, 그리고 자주 공공연하게, 학교 생활의 핵심 부분을 차지한다.

내가 처음으로 위에서 언급한 학교 중 한 곳을 방문했을 때, 거의 바로 영광스러운 야구공들이 은반 위에 놓여 있는 장식장으로 안내받았던 일을 잊을 수 없다. 그리고 그 '우상totem'들에 대해 무지한 내가 그 앞에서 정중하게 경의를 표한 기억은 아직도 생생하다. 미국에서 학교 소식이란 곧 스포츠 소식이다. 노트르담 대학Notre Dame은 분명히 가톨릭 대학이지만, 그 정체성보다도 오히려 '미식축구의 요새'로서 더 유명하다.

물론, 운동 능력은 일종의 예술이기도 하다. 여성들은 운동을 우아함으로 승화시키기도 하며, 만약 그렇게 한다면 설령 그들이 7세기의 색슨족 공주들만큼 무지하더라도 하나의 예술적 성취를 이루게 된다. 그러나 운동 능력은 결코 교양culture이 아니다. 그리고 미국에서 교육에 대해 끊임없이 제기되는 불만은, 지나치게 강한 스포츠 문화와 교양을 양립시키는 것이 불가능하기 때문에 발생하는 것이다.

사람들은 종종 내게 이렇게 묻는다.

"어떻게 당신네 젊은이들은 우리 젊은이들보다 더 많이 알고, 그것을 대화에서 더 효과적으로 활용할 수 있나요?"

내가 대답할 때 그들이 멍하니 쳐다보는 모습을 보는 것은 항상 놀랍다.

"프랑스에서 학교 생활이란 새벽 다섯 시에 일어나서 저녁 여덟 시까지 공부하는 것을 의미하기 때문입니다. 그사이 두 시간만이 휴식 시간이지요. 또한, 프랑스어에서 travailler[영어 의 work에 해당하는 의미를 지닌 동사]는 공부한다는 뜻이지만, 영어에서 to work는 미식축구장이나 조정 경기장에서의 활동 을 의미합니다. 프랑스 아이들은 성숙한 이마를 가졌지만 좁은 가슴을 가지고 있습니다. 반면 당신들의 아이들은 넓은 어깨를 가졌지만, 표정은 어린아이 같지요."

그러면 대화 상대는 곧장 묻는다.

"그렇다면 균형 잡힌 방식은 없을까요?"

내 대답은,

"있습니다. 그리고 그것은 스미스Smith, 배서Vassar, 브린마 Bryn Mawr 같은 학교, 또는 완벽한 텔렘Thélème*이라 할 수 있는 프린스턴 대학원에서 찾을 수 있습니다."

그러면 상대방은 다시 안도하며 말한다.

"아, 당신 덕분에 위로가 되네요. 당신네 젊은이들은 가슴이 좁다고요?"

---

* 프랑수아 라블레의 소설 『가르강튀아와 팡타그뤼엘』에 나오는 이상적인 공동체(또는 수도원)이다. 텔렘은 '네가 하려는 것을 하라'라는 간단한 규칙 아래 구성원들이 자유롭게 살아가는 이상향으로 묘사된다.

나는 다시 답한다.

"네, 하지만 1~2년간 군 복무를 하면 달라집니다. 우리는 젊은이들이 군대에 가는 것을 기쁘게 생각합니다. 그것이 단순히 국가의 군사주의나 호전성을 유지하기 위해서가 아니라, 그들이 거기에서 넓은 어깨를 갖출 기회를 얻기 때문입니다."

미국의 학교, 국가 생활, 언론에서 스포츠가 지배적인 현상은 더 중요하거나 당연히 중요해야 할 것들을 밀어내는 것뿐만 아니라, 그러한 중요한 것들이 불필요한 것으로 치부되거나 극도로 무례한 속어로 묘사되는 분위기를 만들어낸다. 중시되는 것은 분주하고 떠들썩한 삶이다. 마치 경합競合에서 이기거나 무언가를 성취하는 일, 또는 어디론가 도달하는 일이 인생의 본질처럼 보인다. 이러한 태도는 일정 범위에서는 삶을 바라보는 훌륭한 방식일 수 있지만, 그것이 문화는 아니다.

앙젤리에 교수는 한 학생에게, 라신의 비극과 빅토르 위고의 비극 중 어느 것을 더 좋아하느냐고 물은 적이 있다. 학생은 "위고의 작품이 더 생동감이 있기 때문에 좋아합니다"라고 답했다. 앙젤리에는 혼잣말로 "더 많은 다툼tussle이 있으니까"라고 중얼거렸다.* 사고의 깊이는 생명의 가장 고귀한 형태로, 그것이 다툼과 양립할 수 있는 것은 너무도 깊은 생물학적 관점에서나 가능하며, 이는 이 실용적인 책에서 다룰 수 있는 주제가 아니다.

간단히 말해, 경기장에서 가장 활동적이거나 주도적인 모습을 보이는 학생이 항상 가장 지적인 질문을 던지는 것은 아니다. 종종 그는 질문조차 하지 않으며, 그의 태도는 마담 드 맹트농이 생-시르Saint-Cyr 여학생들에 대한 경멸을 담아 들려주곤 했던 "그냥 알려주세요Tell us"라는 태도를 닮았다. 몇몇 미국 대학 교수들은 이것이 미국 대학 영어로 번역되면 "우리에게 답을 알려주는 게 *당신의* 일이에요"라는 대답으로 나타난다고 말했다.

학교는 인생에 들어서기 전에 반드시 거쳐야 할 장소이지만, 그곳의 교육이 곧 인생을 준비시켜 주는 것은 아니다. 이러한 환경에서는 소위 '문화'라 불리는 것이 필수불가결한 요건이 아니라 하나의 전문 분야로 취급될 위험에 처해 있다. 어쩌면 학문이 미적분학일지도 모른다.**

---

* 학생은 위고의 작품이 라신의 작품보다 더 '생동감'이 있다고 말했지만 앙젤리에는 그것이 단지 더 '격렬한 투쟁'을 담고 있을 뿐이라고 받아들였다는 의미다. 이는 진정한 생동감이라기보다는 본능적인 차원에서의 '분투tussle'로 더 잘 설명될 수 있다는 뉘앙스를 담고 있다.

** 문화가 필수적인 삶의 기반이 아니라 선택적, 전문적인 분야로 전락하는 상황을 비판하는 것이다. 즉, 만약 학교에서 가르치는 내용이 실제 인생 준비와는 거리가 있고, 문화가 단순한 전문 분야로 취급된다면, 학문이란 것이 결국 미적분학calculus처럼 단순히 기술적, 계산적인 지식에 국한될 수밖에 없다는 뜻이다.

이것이 바로 미국 대중이, 다른 분야에서 외국에 뒤지는 것은 참을 수 없어 하면서도, 사고나 예술 분야에서 뒤처지는 것에 대해서는 전혀 개의치 않는 이유다. 자신보다 이웃이 행성의 무게를 더 잘 측정하는 것에 대해 누가 걱정하겠는가? 이러한 무관심이 얼마나 극단적일 수 있는지는 미국 신문이 독자들에게 보도된 연설이 훌륭했는지 여부를 절대 말해주지 않는다는 사실에서도 알 수 있다. 웅변은 하나의 전문 영역일 뿐이며 수백만 명의 대중은 오직 사실에만 관심을 가진다. 그럼에도 미국인들은 웅변, 즉 우아한 말솜씨를 사랑한다.

나는 가끔 키케로가 미국에 갑자기 나타나 빌트모어 호텔에서 두 기자와 인터뷰를 하는 장면을 상상하며 즐거워하고는 했다. 한 기자는 프랑스나 영국 출신으로 학창 시절의 추억을 떠올리며 감격하고, 키케로ORATOR를 직접 만난다는 생각에 흥분을 감추지 못한다. 다른 기자는 미국인으로 금주법이나 영매술과 관련된 질문을 준비하면서, 저승의 아케론 강은 이제 모터보트로 건널 수 있는지, 엘리시온 들판이 적절하게 격자형으로 정돈되어 있는지 등을 진지하게 궁금해한다.*

결론적으로, 미국인의 마음속에서 문화라는 개념은 자주 '쓸모없음'이라는 환영에 의해 흐려지고, 그로 인해 사고한다는 것은 매우 어려운 일이 된다.

항상 그랬던 걸까? 이것이 변화할 수 없는 미국 특유의 성향

중 일부일까? 과거 미국의 신문이나 칼럼을 뒤져본 사람이라면 이 질문에 주저 않고 부정적으로 답할 것이다. 미국은 늘 젊은 국가, 젊은이들의 국가로 불려왔다. 한때 나는 이것이 단지 모든 상황을 포괄하려는 말장난일 뿐이라고 경계했지만, 점차 이 공식이 대체로 사실임을 깨닫게 되었다. 그러나 이것은 현대 미국에만 해당되는 진실이다.

초기 미국은 젊지 않았다; 오히려 성숙했다. 독립선언서에 서명한 사람 중 한 명도, 그 당시 영국 의회 의원들에 비해 너무 젊다고 여겨지지 않았을 것이다. 오히려 반대였을 가능성이 더 크다. 그러나 그들 중 어느 누구도 자신들의 펜실베이니아, 버지니아, 또는 메릴랜드 대학의 현대 후계자 중 한 곳의 캠퍼스에 발을 들여놓으면, 단순한 놀이를 진지하게 여기는 모습에

---

* 고대 그리스 신화에서 영웅들이 머무는 낙원인 낭만적인 상상의 공간인 엘리시온 들판이 미국의 실용적이고 체계적인 방식, 예를 들어 격자 모양으로 정돈된 도시의 모습과 비슷하느냐는 식의 우스꽝스런 호기심을 나타낸다. 이는 미국인의 세속적이고 현실적인 태도를 풍자하는 것으로, 고전적 이상이 미국인의 현대적 실용주의에 의해 훼손되었다는 비판적 시각을 담고 있다. 참고로 미국의 행정구역의 한 형태인 타운십Township은 1785년 조례를 통해 정의되었는데 일반적으로 정사각형 모양으로 6마일×6마일 크기의 구역을 가리킨다. 이는 총 36개의 구역section으로 나뉘며, 각 구역은 1마일×1마일 크기이다. 이 구획 제도는 서부 개척 당시 새로운 영토를 공공의 목적을 위해 체계적으로 관리하고 개발하기 위해 고안되었는데 본문에 나온 '격자형'이란 표현은 바로 이 타운십을 가리키는 것으로 볼 수 있다.

어깨를 으쓱하지 않을 수 없을 것이다.

미국은 경력 후반기에 들어서 젊어진 것이고, 역사적 의미의 미국은 지금과는 달랐다. 미국의 엘리트들은 이를 알고 있으며 한탄한다. 미국 전역에서 볼 수 있는 교육 확산을 위한 놀라운 노력은, 본질적인 것들이 위협받는다는 것을 느낀 사회의 본능적 반응이다. 그러나 지금까지는 이 다루기 힘든 대중의 저항이 너무도 강하다.

이 대중의 요구가 여전히 교육 방식을 결정하고 있으며, 대중이 그것에 맞춰지는 대신, 여전히 교육 방식이 대중의 요구에 맞춰지고 있다. 지금까지 어떤 시험이나 시도, 이론화도 이 터무니없는 상황을 변화시키지 못했다. 대중은 쉬운 방법을 원하며, 그래서 방법은 쉽게 마련된다. 대중은 즉각적이고 실질적 결과를 원하며, 그래서 실용성이 우선시된다.

쉬운 방법이라는 개념은 '미국화' 지지자들에게 교의dogma처럼 받아들여진다. 교육과 관련해서 늘 들리는 단어가 바로 '쉬운easy'이다. 몇 년 전 나는 뉴욕에서 *French Grammar Made Clear*라는 제목으로 출판된 교과서를 썼다. 그런데 이 책은 *French Grammar Made Easy*라고 수십 번이나 잘못 인용되었다.

프랑스어 문법은 결코 쉬울 수 없다. 라틴어 문법도 마찬가지다. 문법은 명확하고 흥미롭게 만들 수 있고, 만들어야 한다. 그러나 아무리 알마타데마*의 그림을 곁들이더라도 격 변화, 동사 활용, 문법적 양식을 없앨 수는 없다. 최고의 심리학적 접근법은 학생들에게, 자신보다 그리 똑똑하지 않은 수백, 수천 명의 사람들이 단순히 인내로 이 건조한 기초 단계를 정복해 왔다는 것을 설득하는 것이다. 사실, 시골의 평범한 신부들로부터 신학생으로 길러지기 위해 훈련받은 농가의 소년들은 일반적으로 3~4개월 만에 라틴어 형태론을 완벽히 익힌다. 한 번 이상 나는 종종 인근 성직자가 수업 중에 들러 그 어린 라틴어 학습생petit latiniste과 놀면서 튈르리 정원에서 참새를 가지고 노는 마법사처럼 다정하게 격 변화를 시험하는 모습을 보았다. 그 빨간 얼굴의 꼬마가 재빠르게 던져지는 격 변화나 시제의 한 조각을 놓치는 일은 드물다. 그에게 단순한 단어에 대해 열등감은 결코 심어지지 않는다. 그는 자신의 격 변화를 어렵다거나 쉽다고 여기지 않는다. 다만 모두가 배워야 하고 실제로 배운다는 사실로 받아들일 뿐이다.

반면, 요크 교육위원회에서 초급 라틴어 교육과 관련하여

---

* 네덜란드 태생의 영국 화가 로렌스 알마-타데마(Sir Lawrence Al-ma-Tadema, 1836~1912)를 가리킨다. 그는 고대 로마와 그리스의 생활상을 사실적이고 세밀하게 묘사한 작품으로 유명하다. 당시 대중들 사이에서 고전주의와 낭만주의에 대한 관심이 높았던 가운데, 알마-타데마의 작품은 고대 문명에 대한 향수를 불러일으키며 큰 인기를 끌었다.

발행한 지침을 읽어보라. 이를 작성한 사람은 라틴어 형태론이 마치 설형문자만큼이나 따분하다고 여기는 듯하며, 할 수 있는 일이라곤 이를 쉽게, 즉 극히 작은 단위로 나누어 가르치는 것뿐이라고 생각하는 듯하다. 첫 세 개의 명사 변화형을 익히는 데 몇 달이 필요하다고 가정한 다음, 학생들에게 긴 휴식을 주어 이후에 닥칠 최악의 고비를 대비하게 한다. 그리고 마지막 두 개의 명사 변화형을 배우게 되는데, '공부한다'보다는 '만지작거린다'는 표현이 더 적절할 것이다.

이처럼 무감각한 교육 방식에 의해 어떤 심리적 배경이 형성될 가능성이 있을까? 분명 라틴어 격 변화는 악몽이며, 특히 dies와 cornu는 나머지 세 격보다 더욱 두렵다는 인식이 자리 잡을 것이다. 내 스승은 어떤 지침도 알지 못했지만 전통을 가지고 있었고, 지극히 자연스럽게 이렇게 말했다. "dies와 cornu는 그야말로 간단하니, 다음 번 수업을 위해 격 변화 하나가 아니라 둘을 익히도록 하라." 그 결과, 공부에 소질이 없는 아이들조차 라틴어 격 변화를 두려워하지 않았다. 고전 과정을 거친 대부분의 미국 소년, 소녀들에게 물어보라. 그들의 머릿속에서 라틴어 형태론은 유럽에서 제대로 가르쳐지지 않은 그리스어만큼이나 모호하다.

미국인들은 자신이 카이사르의 책 한두 권, 베르길리우스의 책 한두 권, 키케로의 연설문 한두 편을 공부했다고 기억하지만, 라틴어 자체에 대한 인식은 그것이 마치 대학에서나 다루는 특수한 학문, 즉 산스크리트어처럼 일반인이 알 필요가 없는 것으로 여겨진다. 내가 깜짝 놀랐던 것은, 학문적 소양이 있다고 자부하는 미국 시인이 자신의 시 하나에 Pueribus!라는 제목을 붙인 것을 보았을 때였다.* 이것이 라틴어를 '쉽게' 가르친 결과이다.

그 실제 결과는 무엇인가? 네다섯, 혹은 여섯 해 동안 이른바 공부를 하고도 "라틴어를 아는 사람은 없다. 아무도 그것을 알 수 없다"라는 인식만 남게 된다. 더 심각하고 위험한 결과는, 그런 불가능한 작업에 시간을 투자하는 것이 터무니없다는 결론에 이르는 것이다. 젊은 미국 시민들에게 완전히 쓸모없는 반복 학습을 강요하는 것이 비합리적이며 심지어 비도덕적이라는 의심이 머지않아 자리 잡을 것이다. 그런 학생에게 튈르리 정원의 마법사가 되려 한다면, 그들의 지루해하거나 냉소적인 표정을 상당히 많이 보게 될 것이다. 열등감이 자리 잡고 있

---

* 라틴어에서 puer는 '소년'을 의미하며, 단수 주격은 puer, 복수 주격은 puerī, 복수 여격/탈격은 puerīs이다. 학문적 소양이 있는 시인이 고전 라틴어의 감각을 따르고자 했다면 '소년들에게'라는 의미로는 puerīs가 가장 적절한 형태이다. Pueribus는 문법적으로 전혀 틀린 건 아니지만, 제목으로 사용하기에는 라틴어 전통과 수사적 감각에 어긋나는 어색한 선택으로 여겨질 수 있다.

어 그 해로운 영향을 드러내고 있거나, 혹은 이미 그런 감정이 쫓겨나고, 고대의 지혜와 함께 '바보가 되기를 거부하는' 젊은 야만인의 태도가 자리 잡아 만들어진 결과일 것이다.

교육에서의 공리주의는 학문에 있어 이른바 쉬운 교육 방식만큼이나 문화에 재앙을 초래한다. 즉각적인 활용이 가능한 과학 분야를 선호하는 것은 공리주의 정신의 표출이다. 대부분의 학교에서 현대어를 순전히 실용적으로 가르치는 것도 그렇다. 고등학교에서 철학 교육이 부재하는 것 역시 같은 맥락이다.

그러나 겉보기에 순수한 문학적 노력조차도 공리적 목적에 종속되는 방식은 더욱 두드러진다. 나는 처음 몇 차례 학교 신문을 접했을 때 꽤 감명을 받았다. 한 명의 학생 편집장 아래에서 학생들이 직접 기사를 써낸다는 사실은 상당히 탁월한 성취로 보였다. 그러나 점차 깨닫게 된 것은 — 영어권 학생들이 프랑스 학생들보다 더 쉽게 시를 쓴다는 점에도 불구하고 — 그것이 문학 훈련이 아니라 언론 훈련이라는 사실이었다. 학교 신문은 좋은 신문이지만, 그것은 비판적인 칭찬에 불과하다. 좋은 신문은 문학이 아니며, 학교 신문은 본래 문학적이어야 한다. 학생 편집자는 에세이를 쓸 때 애디슨,[*] 코벳William Cobbett, 버나드 쇼를 염두에 두어야 한다. 그러나 실제로 그는 멩켄[**]의 모방자가 되려고조차 생각하지 않는다. 그의 기준은 작은 지방 신문이다. 만일 애디슨이 모방되었다면, 그 결과는

형편없을지라도 문학적이었을 것이다. 그러나 지금의 결과물
은 그럴듯해 보이더라도 문학이 아니다.

이와 같은 현상은 미국 대학의 창작 과정에서 생산된 단편
소설, 단막극, 시나리오에도 적용된다. 교육 방식은 훌륭하고,
고전 과정에서보다 훨씬 철저한 교수법이 사용되며, 학생들의
성공에 대한 열망과 노력 역시 의심할 여지가 없다. 그러나 그
결과는 어떤가? 예를 들면, 『워더링 하이츠*Wuthering Heights*』보
다도 확실히 기술적 완성도는 높다. 문장의 간결함, 속도감, 손
목의 감각적 기술, 균형은 독자를 압도하거나 거의 기가 죽게
만든다. 그러나 결국 이러한 특징이 강한 '상품 가치'를 지닌
작품을 만들어내고자 하는 열렬한 의지에서 비롯되었음을 깨
닫게 된다. 그리고 이러한 잘 만들어진 이야기들을 많이 읽을

---

* Joseph Addison(1672~1719). 18세기 초 영미권에서 큰 영향을 끼친 잡
  지 〈스펙테이터Spectator〉를 만든 저술가, 시인, 극작가, 정치가이다. 간
  결하고 명쾌하며, 독자들이 쉽게 이해하고 흥미를 느낄 수 있도록 가상의
  인물들을 통해 사회적, 도덕적 문제를 다룬 글들을 발표해 그 시대의 문체
  혁신을 주도했다. 오늘날의 〈스펙테이터〉는 애디슨의 잡지와는 직접적인
  연관이 없고 1828년 그 이름만 살려 창간된 것이다.

** H. L. Mencken(1880~1956). 언론인, 수필가, 문화 평론가, 문학 비평가.
  신랄함과 위트로 미국 사회의 위선, 미신, 그리고 무지를 예리하게 폭로하
  며 '볼티모어의 현자'라는 별명을 얻었다. 멩켄은 특히 정치, 교육, 대중문
  화에 대한 냉소적 시각을 통해 대중민주주의의 한계와 위험성을 지적했
  고, 자유로운 사고와 표현의 중요성을 강하게 옹호했다.

수록 그것들이 왜 '문학'이라고 부를 만한 가치를 점점 덜 가지게 되는지를 이해하게 된다.

문학은 그렇게 영리하지 않다. 문학은 삶과 씨름하며, 때로는 패배하기도 한다. 그러나 그 싸움 자체가 경외심을 불러일으킨다. 진정한 문학 교육을 받은 사람이라면 이를 이해할 것이다. 그러나 교육이 적대 세력에게 넘어가 상업적 방법론을 가르치기 시작한다면, 엘리트조차도 '공리주의의 기생충'에 잠식당하게 될 것이고, '아름다운 언어'로 사고하는 능력은 그만큼 희미해질 것이다.

미국의 소년들은 학교를 졸업할 때 교양culture이란 사치품, 즉 불필요한 것이라고 여기게 된다. 그들은 라틴어를 예술적 모자이크로 보도록 배우지 않았으며, 영어 작문을 자기 자신을 초월하는 노력으로 여기도록 가르침받지도 않았다. 상상력은 장려되기보다는 오히려 억제되었다. 문화적 측면에서 볼 때, 그들은 80년 전의 미국인들보다 훨씬 뒤처져 있다.

프랑스의 학교들은 미국의 학교들과는 정반대의 방향으로 학생들을 길러낸다. 프랑스에서 교육받은 젊은이들은 지적 성취 외에는 존중받을 가치가 없다고 확신하는 경우가 많다. 깊은 영적 현실이 이러한 사고에 균형을 제공하지 못하는 경우, 그들은 어린 시절 형성된 환영phantasm ― 즉, 두뇌의 자급자족self-sufficiency —으로 인해 현실적인 삶을 바라보는 데 어려움을 겪게 된다.

프랑스의 학교 열 곳 중 아홉 곳은 도시에 위치해 있으며, 가장 유명한 학교들은 파리에 있다. 이들 중 상당수는 여전히 과거 수도원 건물을 사용하고 있으며, 이것은 미국의 성채城砦 같은 학교들과는 극명한 대조를 이룬다. 이러한 중세 시대의 유적들은 갈로-로마 시대의 학교들을 계승한 곳이 많으며, 오랜 세월에 걸쳐 전승된 교양의 전통이 이 회색빛 벽에 스며 있다. 그러나, 키 높은 건물들 사이에 갇힌 좁은 운동장을 바라보면, 신체적 요구에 대한 무관심, 아니, 전혀 인식하지 못하는 무지를 단번에 깨닫게 된다.

실제로, 아직도 살아 있는 많은 프랑스인들은 감옥의 죄수들에게 허용되는 암울한 순환 산책 외에는 학창 시절에 어떤 신체 활동도 하지 못했다. 일주일에 두 번, 우울한 교외 산책을 다녀오는 것이 전부였다. 이폴리트 텐, 알퐁스 도데, 폴 부르제 같은 작가들의 어린 시절 회고에는 자기 연민이 가득하다. 그러나 그들은 인정한다. 비록 육체는 정체되어 있었지만, 정신은 끊임없이 활동하고 있었다고. 이 불쌍한 소년들은 사유와 표현의 발견에서 오는 흥분, 그리고 아이디어의 충돌 속에서 삶의 활력을 유지했다. 바로 이 점이 프랑스식 대화를 하나의 모험으로 만든다.

오늘날 리세lycée 학생들은 정기적으로 체육관을 이용하고, 일요일이나 목요일에는 실제로 축구나 테니스를 할 기회도 얻는다. 그러나 여전히 일과의 구성은 놀이에 2시간, 공부에 11시간이 배정되어 있으며, 경기장에서 빛나는 프랑스 챔피언이라 해도, 다른 분야에서 둔한 모습을 보이면, 감탄보다는 재미있는 구경거리로 여겨질 뿐이다.

프랑스에서 학교란 학생들이 아니라, 교사와 책을 의미한다. 오랜 세월 동안 프랑스 학교에서 가르친 책은 주로 라틴어와 그리스어 고전이었으며, 학생들은 이를 마치 모국어처럼 말하고, 적어도 글로 쓰는 법을 익혀야 했다. 그 외의 것들은 거의 주목받지 못했지만, 고대 역사 속 인물들은 친숙한 존재가 되었고, 정치학의 기본 개념은 따로 배우지 않더라도 자연스럽게 체득되었다.

오늘날 프랑스에서는 문학이 그 어떤 경쟁자도 제압했다. 과학이 아무리 우상화된다고 해도, 프랑스에서는 여전히 문학이 최우선이다. 이것은 학교에서도, 사회에서도 마찬가지다. 학생들의 책상 위에는 과학 서적과 역사 교재가 놓여 있지만, 그들이 가장 자주 손이 가는 책, 틈이 날 때마다 무의식적으로 찾게 되는 책은 랑송Lanson이나 데그랑주Desgranges, 즉 문학사의 교과서이다. 학생이 수학적 재능을 타고나고, 에콜 폴리테크니크École Polytechnique에 입학하기 위해 몇 년간의 혹독한 노력을 각오한다 하더라도, 문학사는 여전히 그에게 매력적인 분야로 남아 있을 것이다.

이처럼, 다른 나라에서는 성인 전문가들에게나 제공되는 지적 발전의 파노라마를 프랑스 학생들은 어린 시절부터 접하게 되면서 무엇을 얻을까? 그 결과는 좋은 것과 나쁜 것이 뒤섞여 있다. 우선 긍정적인 측면에서, 학생들은 철학적 사고 방식을 습득한다. 즉, 문학사 속에서 사상과 체계와 감정의 흐름이 서로 얽혀 있는 연관성을 발견하며, 이러한 사고 과정에 익숙해진다. 논리적 사고가 체득되며, 해마다 원인과 결과의 연쇄를 깨달음으로써 형성되는 명료성lucidity에 매료된다. 그러나, 그는 아직 위대한 문학 작품들을 깊이 탐구할 시간조차 갖지 못한 상태에서, 이미 그에 대한 '일반적 개념'을 주입받는다. 이 과정에서 그는 복잡한 현실을 단 하나의 공식으로 요약하려는 프랑스적인 강박을 습득하게 된다.

또한, 문학사 연구자들의 반半철학적인 전문 용어에 익숙해진다. 만약 그가 정신적으로 강한 사람이라면, 이 과정에서 배운 어휘는 유용한 도구가 될 것이다. 그러나 그렇지 못한 경우, 그는 단순히 배운 단어들과 피상적인 요약을 이용해, 교육받지 못한 사람들보다 우월한 듯 보이는 값싼 우월감을 가지게 될 뿐이다. 그리고 이것은 그에게 더 나쁜 것을 가져다줄 수도 있다. 바로, 불성실insincerity이다. 그는 속으로 알고 있다. 자신이

하는 말들 중 상당수가, 실제로는 구체적 출처를 제시할 수 없는 것들이라는 사실을.

프랑스 소년이 작가의 개인적인 발전에 대해 읽는 데에서 느끼는 기쁨은 더욱 빈번하다. 특히 루소에서 로티Loti*에 이르는 낭만주의 작가들은 그의 영혼을 사로잡는다. 감정으로 가득 찬 삶을 살며 영감에 의해 고양되는 것이 그에게는 가장 바람직한 목표처럼 보인다. 이러한 거대한 장애물이 처음부터 올바르고 합리적인 사고의 길목에 놓였을 때 어떤 혼란이 일어나는지 알고 싶다면 프로망탱Fromentin의 소설 『도미니크*Dominique*』를 읽어보라.

프랑스 교사들은 이러한 과장을 결코 바로잡지 않는가? 당신은 그렇게 물을 것이다. 특히 파리에서 프랑스 교사는 이 오류를 바로잡을 가능성이 낮다. 왜냐하면 그들 자신이 그것에 사로잡혀 있기 때문이다. 영국, 특히 미국 학교에서 책을 출판하는 교사들의 수를 세어 보라. 그들은 수업이 끝나면 학생들

---

* 19세기 말에서 20세기 초에 활동한 프랑스의 소설가이자 해군 장교로, 본명은 쥘리앵 비오Julien Viaud이다. '피에르 로티'는 그의 필명이다. 대표작으로 그가 체험한 이국적 사랑과 문화 충격을 다룬 『로티의 결혼*Le Mariage de Loti*』, 『국화 부인*Madame Chrysanthème*』 등이 널리 알려져 있다. 『국화 부인』은 뒤에 자코모 푸치니가 오페라 〈나비 부인〉을 만들 때 중요한 참고자료로 활용되었다.

과 함께 운동장에서 뛰어놀기에 바빠 책을 쓸 시간이 없다. 프랑스 교사는 책을 썼거나, 쓰고 있거나, 쓰기를 원하는 사람이다. 그가 쓴 것은 소설이나 희곡일 가능성이 크며, 그에게는 문학적 명성이 유일하게 추구할 만한 영광으로 여겨진다.

이러한 본보기와 함께 그들이 자연스럽게 표현할 수밖에 없는 관점은 문학가들이 진정한 영웅이라는 환상을 소년들의 상상 속에 점점 깊이 심어준다. 프랑스 학교에서는 "천재génie"라는 단어가 끊임없이 반복되며, 그 결과 학생들은 두 가지 확신에서 벗어날 수 없게 된다. 즉, 그것이 인생에서 가장 소중한 것이며, 동시에 자신은 결코 그것을 가질 수 없다는 것이다.

프랑스 소년은 천재의 살아 있는 전형을 열렬히 추구한다. 결국 그는 자신만의 천재를 찾아 보즈웰*처럼 따르게 된다. 그 사이 그는 자신의 교사의 영향, 때로는 학급 최고 학생top boy의 영향에 완전히 빠져든다. 이러한 학급 최고 학생은 프랑스의 독특한 제도로, 어떠한 스티어포스Steerforth**도 이를 제대로 설명할 수 없다. 학급의 '수석tête'과 '꼴찌queue'를 냉혹하게 구별하는 프랑스 어휘는 다른 어떤 언어에도 존재하지 않는다.

---

* James Boswell(1740~1795). 스코틀랜드 출신의 작가이자 변호사, 그리고 전기 작가로 유명하다. 특히 그의 대표작인 『새뮤얼 존슨의 삶The Life of Samuel Johnson』은 전기 문학의 고전으로 현재까지도 손꼽히며 새뮤얼 존슨을 그가 이룬 업적 이상으로 불멸의 존재로 만드는 데 기여했다.

이것은 비참한 '꼴찌'들에게 자신보다 우위에 있다고 여겨지는 존재들에게 굴종하도록 만들며, 자존감을 떨어뜨린다. 다른 나라에서는 스포츠 성취, 대담함, 또는 사업적 감각이나 조직 능력의 잠재력이 이른바 '열등한' 학생들에게 힘의 감각을 부여하여 그들을 구원한다. 그러나 프랑스 학교에서는 지적 우월성이 무조건적인 기준이며, 그에 상응하는 열등감이 한번 형성되면 영혼을 완전히 지배할 수 있다.

프랑스 사회 전체의 삶에서 이러한 것의 실질적인 결과는 너무도 분명하다. 프랑스인들은 사상에 대한 열정이 매우 강하여, 사상이 표현된 것만으로도 그 자체의 힘으로 실현될 것이라고 상상한다. 이를 제대로 분석해보면, 이 오류는 우리가 너무 우월해서 실천에 나설 수 없다고 생각하고, 대신 누군가 실질적인 인물이 그것을 해주리라 믿는 데에서 비롯된다는 것을 알 수 있다. 따라서 프랑스 대화에서는 개혁안의 화려한 비전과 명료한 설명이 늘 등장하며, 이에 수반되는 부패에 대한 날카로운 폭로도 빠지지 않는다.

나는 예전에 한 외국인을 사회 개혁을 논하는 친구의 살롱

** 디킨스의 『데이비드 코퍼필드』에 등장하는 인물로 겉으로는 매력적이고 카리스마 넘치지만 그 내면에는 도덕적 결함과 허망함이 자리 잡은 인물이다. 프랑스 학생들이 진정한 천재를 발견하고 그를 따르려는 주체적 탐구 태도와는 대조적이라는 점에서 비유로 등장한 것이다.

에 데려간 적이 있다. 이 젊고 진지한 방문자는 매우 깊은 인상을 받았다. 그는 말했다. "이 두 시간의 대화를 통해 가능한 것으로 드러난 계획들을 실천하기에는 평생이 부족할 겁니다." 다음 주 일요일 나는 같은 자리에 그를 다시 초대했다. 그 전주에 그렇게 긴급하게 느껴졌던 가능성 중 단 하나도 다시 언급되지 않았고 완전히 새로운 생각들이 등장해 그에 대해 열정적으로 논의가 이루어졌다. 이 젊은이는 놀랐고, 나는 그의 다음 반응이 걱정스러웠다. 왜냐하면 진지함은 번쩍이는 재치와 가까운 곳에서는 번성하지 않기 때문이다.

프랑스에 오래 머무르며 공적인 삶에서 여러 가지 단점을 직접 경험한 외국인들은 언제나 어리둥절해한다. "어떻게 그렇게 똑똑한 사람들이 그런 말도 안 되는 일들을 참고 지낼 수 있는가?"라고 그들은 묻는다. 시간이 지나면 그들 나름대로의 대답을 찾는다. 1908년 처음 미국을 방문했을 때 유명한 미국 정치인이 내 앞에서 내린 평가를 잊을 수 없다. "프랑스인들은 총명하지만, 지적이지는 않다." 이 말을 듣고 미국 영어에서 "총명bright"이라는 단어가 얼마나 포괄적인 의미를 가질 수 있는지를 떠올리며 위안을 삼았지만, 그 말에서 진실의 가시를 느꼈다. 프랑스인들은 문제를 비웃거나 냉소적인 발언을 할 수 있는 한, 부조리를 감내한다. 미국에서 지속적으로 이루어지는 언론 캠페인과 계몽 운동은 프랑스에서는 불가능하다.

프랑스인들이 정치인을 용인하는 태도는 동일한 범주에 속하며, 단순한 우연적 요소보다 사상의 우위를 두는 동일한 감각에서 비롯된다. 프랑스에서 정치인은 게으른 주인이 교활한 하인을 경멸하듯이 멸시받는다. 정치인을 공동체의 수탁자로 만들거나, 국가 행정 기구에 참여한 결과를 가시적으로 기대해야 한다는 스칸디나비아적 사고방식은 평범한 프랑스인의 사고방식에 존재하지 않는다. 그들에게 인생은, 설령 정부가 완벽하게 만들려 애쓰지 않더라도, 그리 힘든 것이 아니며, 유쾌한 경멸만으로도 개혁은 충분하다고 여긴다.

사상에 대한 선호, 특히 단순한 시각을 가능하게 하는 일반적인 사상을 선호하는 것은 프랑스적인 특성이며, 이것은 비극적인 결과를 초래할 가능성이 있더라도 변하지 않는다. 영국인은 거의 언제나, 미국인은 대부분의 경우 국가에, 나아가 자기 자신에게 닥쳐올 확실한 위험을 감지하고 즉각 논의를 중단하고 실질적인 조치를 취한다. '화산 위에서 춤추다'라는 표현은 명백히 프랑스적인 태도를 묘사하는 프랑스적인 문구다. 프랑스에서는 사실보다 사상이 더 중요하며, 교육이 '생존을 위한 투쟁'보다 '삶의 예술'을 선호하는 국민적 성향과 조화를 이루는 한, 이 편향된 관점은 계속될 것이다.

이제 아홉 살 혹은 열 살 난 소년을 떠올려보자. 위대한 시인조차 부러워할 정도로 수용력이 뛰어나고, 철학조차 그의 끊임없는 질문을 따라잡지 못할 만큼 탐구심이 가득한 아이 말이다. 그가 학교를 떠나면 어떻게 되는가? 미국에서는 건강한 체격에 온몸이 근육과 열정으로 가득한 청년이 된다. 반면 프랑스에서는 머리만 커지고 삶을 준비하지 못한 채, 개념을 현실로, 단어를 개념으로 착각하기 쉬운 가냘픈 젊은이가 된다. 둘 다 교육을 받았고, 기회를 가졌지만 결과는 다르다.

미국인은 언제나 지적 결핍 상태를 벗어나지 못하며, 자신감과 소심함 사이에서 갈팡질팡하며 그 모습을 드러낸다. 프랑스인은 종교나 애국심 또는 그 외 어떤 고양된 가치에 의해 구제되지 않는 한, 대개 인위적인 존재가 된다. 두 사람 모두 자신만의 생각을 가지지 못하고 주변의 생각을 답습할 뿐이다. 교육이란 본질적으로 '스스로 사고하는 기술의 실천'이 아니고서는 아무런 의미가 없으며, 이러한 결과를 초래한 책임은 교육에 있다.

6장

삶에 의해 약화되는 사고

(a) 사색하는 삶

사람들은 흔히 인생이 최고의 교육자라고 칭송한다. 사실, 인생이 즉각적인 보상이나, 더욱 흔하게는 즉각적인 징벌을 통해 우리에게 연속적인 교훈을 가르치는 과정이라는 점은 부인할 수 없다. 우리의 성공과 실패는 우리 안에 '안전 본능'을 형성하며, 우리는 그것을 '경험' 혹은 '지혜'라는 이름으로 미화한다. 또한 특정한 수준의 행동이 요구될 때, 즉 우리의 최선의 에너지를 이끌어내는 활동을 할 때, 그것은 최고의 경험과 같은 영향을 미치며, 그 짧았던 몇 년 혹은 몇 달을 돌이켜볼 때 우리는 그것을 향한 향수를 품게 된다. 어떤 사람들에게 '전선 Front'이라는 단어는 단순히 한 장소를 의미하는 것이 아니라,

그곳에서 자신의 영혼이 가장 충만했던 순간을 뜻한다. 이 높은 차원에서는 행동이 사고를 돕는 것에 그치지 않고, 연속적으로 사고를 창출하며 그것을 창조의 경지로까지 끌어올린다.

그러나 이러한 경험은 매우 드물며, 오히려 일상생활— 십억 명의 인간이 매일같이 반복하는 그 거대한 노력 —은 공통된 지적 자산에 거의 아무런 생각도 보태지 못하고, 오히려 개인의 사고 능력을 닳아 없애는 것이 현실이다. 플라톤은 이렇게 말했다. "경험은 더해주기보다는 빼앗아 가는 것이 더 많다. 젊은이가 노인보다 사상에 더 가까운 이유가 그것이다." 젊은 성자는 드물지 않지만, 늙은 성자는 경이로운 예외일 뿐이다.

우리는 사고에 헌신된 삶을 떠올릴 때, 고독과 자유, 여유로운 시간을 분리할 수 없다. 예를 들어, 스피노자는 한 칸의 방에서 생활하며, 신중히 선택한 단조로운 육체 노동을 통해 사색하는 수도승처럼 살아갔다. 데카르트는 파리를 떠나 한적한 헤이그 교외로 거처를 옮겼다. 보쉬에는 자기 정원의 끝에 자리한 오두막으로 은둔했다. 파스퇴르와 에디슨은 누구의 방해도 받지 않는 실험실에서 지냈다. 수도원에서 연구에 몰두하는 학자들, 매사추세츠의 조용한 마을에서 고독을 누리는 현자들, 순수한 창작만을 위해 예술가들이 형성하는 공동체 — 이들은 모두 우리가 사고에 가장 적합하다고 여기는 삶의 방식을 보여준다.

이들이 떠올리는 사회적 삶이란 최소한의 수준으로 축소된다. 그것은 마치 마르가레트*가 몽상에 잠길 때 배경에 흐르는 물레 돌리는 소리와 같아서, 우리 마음속에 약간의 삶의 기운이 느껴지게 하지만, 밤에 우리를 보호해주는 야경꾼과 나누는 정도 이상으로 사회적 상호작용이 강요되어서는 안 된다.

(b) 사고하지 않는 삶

스피노자의 삶이 보여주는 평온함, 안정감, 그리고 깊은 집중과는 완전히 대조적으로, 우리가 아는 대부분의 사람들은 자신들의 삶을 강제로 내몰린 노예, 허드렛일꾼이라 여기며 살아간다. 그들은 자신의 영혼조차 자기 것이라 부를 수 없다고 말한다.

수백만 명이 육체노동에 짓눌려 있다. 그 이유는 노동량이 지나치게 많기 때문이거나, 표준화로 인해 노동의 생명력이 사라졌기 때문이거나, 혹은 소위 노동 지도자들이 노동을 찬양하거나 폄하하는 것을 반복함으로써 노동자들이 자신의 일에 대한 자연스러운 애착을 불확실성과 때로는 혐오로 대체하게 만

---

* 괴테의 『파우스트』에 등장하는 마르가레트(흔히 줄여서 그레첸Gretchen으로 불린다)를 가리키는 것으로 보인다. 『파우스트』에는 마르가레트가 물레를 돌리며 사랑에 빠진 감정을 노래하는 장면이 나온다.

들었기 때문이다.

　수십만 명의 사람들은 자신들의 노동을 가치 있게 여기고, 그 속에서 존엄을 찾고 싶어 하지만, 불안정한 삶 때문에 그 욕구를 마음껏 펼칠 수 없다. 어떤 남자의 얼굴에서 때이른 피로의 흔적을 본다면, 열에 아홉은 과로가 원인이 아니다. 오히려 일이 없을지도 모른다는 불안감이 그의 눈을 움푹 꺼뜨리고, 입가를 경직시키는 원인이다.

　문학이나 예술에 소명을 느끼면서도 경제적 수단이 없는 사람들은 이러한 불안을 대표하는 고전적인 사례이며, 그럴 만한 자격도 있다. 그들이 유명해진 뒤, 역사가들은 으레 예술가와 작가는 다소 배가 고픈 편이 좋다는 무심하고 냉혹한 격언을 되풀이한다. 사실 부가 예술을 망칠 수는 있지만, 예술가는 어느 정도의 성공 없이는 살아갈 수 없다. 실패와 불안이 한 인간의 능력을 최고조로 끌어올린 사례는 없다. 오히려 그 반대가 더 흔하다. 그는 세상을 외면하며 염세주의에 빠지거나, 방탕에 몸을 던진다. 또는 성공을 향한 일반적인 길을 따라가 보려 한다. 즉, 사람들에게 잘 보이려 애쓰고, 인기를 얻으려 노력하며, 부유하고 영향력 있는 이들에게 아첨한다. 그러나 그렇게 하면 그는 자신의 존엄을 잃고, 사고의 질도 함께 떨어지게 된다.

　강제된 삶을 사는 것은 가난한 자들뿐이 아니다. 부유한 사

람들도 노예처럼 살아간다. 설교자나 모랄리스트*들은 부자들

---

* 프랑스 문학에서 모랄리스트moraliste 전통은 매우 강하다. 이 책에도 많은 '모랄리스트'들이 등장하고 있는 것에서 짐작할 수 있듯이 현재의 프랑스 문학에도 생생히 살아 있고 그들의 독특한 전통으로 오늘날까지 이어지고 있다는 것을 알 수 있다. 여기서 '모랄morale'이라는 개념은 일반적인 도덕 규범을 의미하는 것이 아니라, 인간의 본성과 사회적 행동을 통찰하고 분석하는 철학적, 문학적 태도를 의미한다고 볼 수 있다. 라 로슈푸코, 몽테뉴, 샹포르Nicolas de Chamfort 같은 초기 모랄리스트들은 인간의 본성을 관찰하고 그 속에 숨겨진 동기와 욕망을 파헤치는 데 집중했다. 이들은 인간이 고결한 존재라기보다, 이기적이며, 허영심이 강하고, 자기기만적이라는 사실을 날카롭게 지적했다. 하지만 이들의 목적이 단순한 냉소주의는 아니었고 그들은 인간의 본질을 이해함으로써 자기성찰의 기회를 제공하고자 했다. 라 로슈푸코의『잠언*Maximes*』은 "우리의 미덕은 대부분 위선이며, 사회적 인정과 자기만족을 위한 것이다" "우리는 자신이 사랑하는 사람보다, 사랑하는 감정을 더 사랑한다" 같은 냉소적인 통찰이 돋보이는 격언들로 가득하다. 몽테뉴의『수상록*Essais*』역시 인간의 모순적이고 복합적인 성향을 탐구하며, 선과 악을 명확히 구분하기보다 삶을 있는 그대로 이해하고 사색하는 태도를 보여준다. 모랄리스트들은 종교적이거나 윤리적 가치를 강요하는 것이 아니라, 사람들이 실제로 어떻게 행동하는지를 관찰하고 분석했다. 사람들에게 도덕적 잣대를 제시하는 것이 아니라, 사회 속에서 인간이 보여주는 행동 패턴을 예리하게 해부하는 것이 이들의 관심사였다. 모랄리스트들은 긴 논문이나 철학적 체계를 갖춘 단행본이 아니라 격언, 잠언, 수필, 회고록 등의 형식을 사용하여 인간의 본질을 꿰뚫는 식의 글쓰기를 선호했다. 모랄리스트들의 사상은 '도덕철학'이라기보다는, 삶을 관찰하고 분석하는 하나의 태도에 가깝다. 따라서 '도덕주의자'라는 말은 명백히 오해의 소지가 있다. 대안으로 '인간 본성 관찰자' '삶의 통찰자' '윤리 사상가' '도덕적 사색가' 같은 단어를 고려할 수 있지만 이 분야의 용어에 대한 번역어는 전문 학자들에게 맡겨져야 할 것이다. 이 책에서는 잠정적으로 원래의 단어를 음역하여 '모랄리스트'라고 표기했다.

이 가난한 사람들보다 덜 행복하며, 더 많은 걱정을 안고 산다고 말하기 좋아한다. 나는 한때 어느 카푸친 수도사가 "황금으로 된 십자가가 나무 십자가보다 더 무겁다"고 말하는 것을 들은 적이 있다. 이러한 비유들은 대성당의 웅장한 아치 아래에서 들으면 감동적일지 몰라도, 실제로는 그렇지 않다. 사람이 십자가에 못 박힐 정도의 거대한 황금 십자가는 존재하지 않으며, 만약 존재한다고 해도 팔아버려 자선단체에 기부할 수 있을 것이다.

냉정하게 말하면, 부자들은 가난한 사람들보다 훨씬 더 적은 걱정을 하며 살아간다. 이것이 현실이다. 그러나 그들은 다른 방식으로 억눌려 있다. 그들은 사회의 기대에 의해 내몰리며, 조직된 공허함의 삶을 사는 허드렛일꾼들이며, 오락에 종속된 노예들이다. 그들이 끊임없이 하는 불평은 "시간이 전혀 없다"는 것이다. 심지어 가끔은 병에 걸려 비로소 조금이라도 쉴 수 있어 다행이라고 생각한다. 그러나 그들은 고독을 두려워한다. 그들에게 오락entertainment의 반대말은 단 하나, 지루함boredom이다.

여행은 그들에게 세상의 외형적 모습을 가르쳐주며, 사교생활은 가장 재능 있는 자들에게 여러 잡다한 정보를 축적할 기회를 준다. 그러나 놀라운 점은, 그들이 인간 본성에 대해 얼마나 무지한지를 확인하는 순간들이다. 그들은 사고할 시간이 없으며, 진지한 대화나 진지한 독서에 대한 취향이 거의 없거나, 설령 있었다 해도 금세 잃어버린다. 결국 그들은 가장 원초적인 본능만으로 살아가며, 쾌락, 연애, 권력 속에서 행복을 찾는다.

그들이 어떤 일을 하든, 팔려는 노력이 사려는 노력보다 그들에게는 더 크다. 그러나 그들은 감정의 세계에서 이기심은 실체 대신 허상을 드리우게 된다는 사실을 깨닫지 못한다. 곧 그들의 가치 판단 체계는 왜곡되어 그들에게는 즉각적인 결실이 깊고 본질적인 기쁨보다 우선시된다. 사교계 인사란 올바른 판단력을 갖추지 못한 사람으로 그들의 머릿속은 하찮은 이미지들과 폭군처럼 지배하는 환영phantasms으로 가득 차 있다. 그리고 이러한 삶 속에서 가장 강력한 폭군은 바로 군거성gregariousness이다.

사람들, 또 사람들! 종종 저명한 인사들이 살롱이나 만찬석에 초대된다. 그러나 그들의 존재는 단순히 이렇게 과시하기 위한 것에 그친다.

"오! 나 그 사람 알아."

하지만 누가 진지하게 그들에게 귀를 기울이는가? 그들에게 말할 기회를 주려 애쓰는 주인을 누가 도와주는가? 그들의 희귀한 지성을 제대로 활용하려는 사람은 어디 있는가? 나는 메르시에 추기경이 한심하게 무시당하는 모습을 두 번이나 보았다. 미국인들은 한 방에 열두 명이 모이면 여섯 개의 대화를 동시에 이어가는 습관 때문에 얼마나 많은 정신적 성장의 기회를 놓치는지조차 인식하지 못한다.

요약하자면, 아이는 어른들을 보고 그들의 생각을 따라 하기 시작한다. 그 후 학교에 가서 교육을 받지만, 그 과정에서 자신만의 생각을 발전시키는 법을 배우기보다 타인의 생각을 주입받는 일이 더 많다. 학교를 졸업하면 돈을 벌거나 출세하거나, 또는 즐기며 산다. 그때부터 더 이상 사고는 중요하지 않다. 만약 사고라는 것이 실질적인 목표를 달성하기 위해 머리를 쓰는 것을 의미한다면, 사람들은 그 정도만 사고할 것이다. 결국, 우리의 삶은 본래 의도된 방향과 정반대의 길을 걸어간다. 우리는 사고로부터 멀어지는 삶을 살고 있으며, 그 과정은 우리가 열 살이 되는 순간부터 시작된다.

(c) 거대한 낭비

독서는 사고력을 돕는다고들 한다. 단순히 다른 사람의 생각을 빌려오는 행위인 독서는 곧 사고에 대한 갈망을 의미한다. 책이 부족하다는 것은 지적 단식과 같은 상태를 의미하는 것으로 여겨진다. 베이컨은 독서가 사람을 풍성하게 만든다고 했으며, 당고Dangeau는 루이 14세와 함께 식사하던 중 왕의 질문에 이렇게 대답했다.

"독서는 폐하의 자고새 요리가 제 볼에 하는 일을 제 정신에 해줍니다."

하지만 독서에도 여러 종류가 있다. '독서'라는 단어는 '지적인intelligent', 또는 '재치wit'라는 단어처럼 오랜 세월 동안 사용되면서 그 의미가 변해왔다. 독서라는 행위는 초기에는 일종의 신성하거나 의례적인 과정과 다르지 않았고, 의식의 일부로 여겨졌다. 오늘날 우리가 인쇄된 페이지를 빨리 훑는 방식은 고대인들에게는 충격과 경악을 불러일으켰을 것이다. 고대에는 글을 읽을 수 있는 사람이 많지 않았고, 독서에 필요한 점토판이나 두루마리 같은 것도 희귀했다. 따라서 올림피아 경기장에서 헤로도토스가 그렇게 했듯, 책을 가진 자는 그 보물을 다른 이들과 나눌 것으로 기대되었다. 책은 크게 소리 내어 읽는 것이 기본이었다. 심지어 개인적으로 책을 읽을 때도 그것이 일반적인 관습이었을 것이다. 오늘날에도 시골에서 혼자 책을 읽으며 입을 움직이는 사람들은 이 전통을 이어가고 있는 것이다.

이티오피아 여왕 칸다케의 내시가 가자Gaza로 가는 길에 이사야서를 소리 내어 읽지 않았다면 필리포스가 그것을 들을 수 없었을 것이다.* 성 암브로시오의 전기를 쓴 사람은, 이 대주교가 노년에 목 상태가 나빠지면서 독서를 포기해야 했던 일이 얼마나 괴로웠는지 언급하기도 했다. 이처럼 당시 사람들은 목적을 가지고 신중한 자세로, 오늘날 우리가 성경이나 준종교적인 문서를 읽을 때 느끼는 엄숙함과 비슷한 태도로 책을 읽었다. 독서에는 온 영혼이 요구되었고, 집중력을 산만하게 하거나 환영으로 방해받지 않은 온전한 정신력을 고귀한 과업에 쏟아부었다. 이러한 조건 아래 독서는 매우 효과적일 수밖에 없었을 것이다.

르구베Legouvé는 단순한 세속인이었지만, 라퐁텐의 모호한 구절에 대한 토론에서 철학자이자 학자인 쿠쟁Cousin을 능가했다. 쿠쟁이 그 이유를 묻자 르구베는 이렇게 대답했다. "나는 항상 라퐁텐을 소리 내어 읽는 반면, 당신은 대부분의 사람들이 그렇듯 우화들을 읽습니다. 내 목소리는 한 구절을 오해할 위험이 있을 때 나에게 경고해줍니다."

따라서 독서의 수준은 실로 탁월했다.

사람들이 읽었던 책의 질도 훌륭했다. 책은 희귀하고 값비싼 것이어서 무분별하게 수집한다는 개념 자체가 없었다. 심지어 인쇄술의 발명 이후에도 도서관의 구성은 초기에는 크게 변하지 않았다. 종교 서적, 시인, 철학자가 그 기초를 이루었고, 가벼운 읽을거리는 호메로스나 역사학자들이 제공했다. 왕의

---

* 사도행전 8장 26~40절.

도서관이나 부유한 수도원의 도서관도 장서가 수천 권을 넘지 않았다. 개인이 소장하는 책은 자연히 더 적었다. 스피노자는 60권도 안 되는 책을 소유했는데, 그 목록이 전해지고 있다. 100년 후 칸트는 300권을 모았지만 그중 절반은 여행기였다. 그는 다소 경박한 취향도 가지고 있었다.

사람들은 필연적으로, 그리고 전통적인 선택에 따라 오늘날 우리가 고전이라 부르는 것을 읽었다. 그러나 당시에 그것들은 그저 '좋은 책'이었다. 대부분의 책은 현대 학생들이 오늘날 대충 가지고 노는 것과 달리, 제대로 익혀야만 하는 어려운 언어로 쓰여 있었다. 라틴어는 숙달되어야 했고, 그리스어조차도 24세의 나이로 논문을 방어할 때 페타비우스[Denis Pétau, 1583~1652]가 사용했었다. 스테파누스의 『그리스어 사전*The-saurus Linguae Graecae*』은 인쇄소 뒷방에서 이루어진 그리스어 대화의 흔적으로 가득하다.

당시의 학문은 자격지심을 완전히 부정하는 결정적인 태도로 모든 것을 다루었다. 한 권을 공부하면 그리스도교 신앙의 경전을 알게 되었고, 아퀴나스의 책 몇 권을 마치면 신학을 알게 되었으며, 판데크트Pandects*를 정복하면 법학을 터득했다. 이러한 노력은 전혀 특별한 일이 아니었다. 마치 현대의 전기 수습공이 하루하루 배움을 쌓아가는 것처럼, 이들은 자연스럽게 지식을 축적해 나갔다.

따라서 많은 이들이 그 시대의 지식을 거의 다 소유했다고 믿었고, 그렇게 믿게 되었다는 것은 놀랍지 않다. 이는 허황된 상념에서 벗어나는 데 결정적인 역할을 했다. 마찬가지로, 젊고 미숙하다고 여겨질 만한 사람들이 존경을 받았다는 사실도 놀랍지 않다. 우리는 이제 48세의 사람을 젊다고 말한다. 이것은 우리가 현명함을 강요당해야만 하는 현대적인 개념에서 비롯된 것이다. 프랑스 혁명의 주역들은 결코 그들의 젊음 때문에 비웃음을 당하지 않았다.** 그러나 80년 후의 파리 코뮌 사람들은 그렇지 않았다. 1660년, 의사와 외과의 사이의 다툼을 전하던 기 파탱Guy-Patin은 플레시 대학Collège du Plessis의 수사학 교수이자 파리 대학 총장이었던 렝글레Lenglet에 대해 이렇게 말했다.

"그는 보베Beauvais 출신이며 스물여섯 살이다."

---

* 서기 530년부터 533년 사이 비잔틴 황제 유스티니아누스 1세의 명령에 따라 편찬된 로마법에 관한 법학 저작들의 집대성이자 요약본이다. 총 50권으로 구성되어 있다. 판데크타이Pandectae는 고대 희랍어로 '모든 것을 담고 있는'이라는 뜻이며 라틴어로는 '요약'이라는 의미의 디게스타Digesta라고 한다. 당시까지의 모든 로마 법률을 요약, 정리하여 법전화한 작업의 일부로, 후에 Corpus Juris Civilis('민법전' 또는 '시민법전')으로 알려지게 되었다.

** 1789년을 기준으로 로베스피에르는 31세, 당통은 30세, 생쥐스트는 22세, 자크 루는 37세, 마라는 46세였다.

그러나 그는 이 두 가지 사실을 동등하게 다루었을 뿐, 렝글레의 나이를 특별히 강조하지 않았다. 스물여섯이면 이미 어른이었으며, 우리가 어리석게도 '소년'이라 부르는 존재가 아니었다.

그러나 오늘날 출판은 광기에 빠졌고, 세계는 책의 홍수 속에 침몰할 위기에 놓였다. 루이 14세 시대에는 연간 70권의 책이 출판되었지만, 오늘날 프랑스에서만 매년 11,000권이 출간된다. 미국에서는 일요일 아침마다 신문과 잡지에서 쏟아지는 수십억 개의 단어를 생각하면 어지러움과 메스꺼움을 느낄 수밖에 없다.

"스스로 선택하라!" 죄책감을 느끼지 않는 편집자들은 이렇게 말할 것이다. "자신이 원하는 것을 알라! 우리는 이미 준비해 두었다." 분명 이것은 지혜로운 조언이며, 사고하는 기술 전체가 이 안에 담겨 있다. 그러나 그것을 따를 수 있는 사람은 사고하는 법을 아는 자뿐이다.

나머지 사람들, 수백만의 사람들은 그들 앞에 밀려오는 엄청난 인쇄물의 침공에 압도되거나 혼란에 빠질 것이다. 이러한 혼란 속에서 망상과 열등감은 활성화된 용액 속의 미생물처럼 번식한다. 아마도 그중 최악은 "모든 책에 대해 의견을 가질 수는 없지만, 그래도 의견이 있는 척은 해야 한다"는 생각일 것이다. 이것은 허울뿐인 판단의 장을 열어주고, 구호slogan에 종속된 수많은 노예들을 만들어낸다. 사람들은 읽지 않은 책을 읽은 척하고, 결국 다른 사람의 평가를 무분별하게 반복한다. 이보다 사고력과 사유의 능력을 더 파괴할 수 있는 것은 없다. 이처럼 인간을 자신의 영혼에서 철저히 분리시키는 도구는 없다.

사람들이 실제로 책을 읽는다면, 무엇을 읽을까? 분명 아퀴나스나 판데크트는 아닐 것이다. 많은 사람이 성경을 읽는다고 주장하지만, 그것이 사실인 경우는 얼마나 드문가! 천 명 중 서너 명이 시를 읽는다. 그리고 그들은 시인들과 마찬가지로 기이한 존재로 취급된다. 그러나 대중이 소비하는 것, 끊임없이 주목을 끌며, 광고로 대대적으로 홍보되고, 비평을 통해 과장되는 것은 소설이다.

서점은 소설로 가득 차 있으며, 우리의 책장은 소설에 질식당하고 있다. 시골에서는 독서할 시간이 조금이라도 있는 사람들은 소설을 읽고, 도시에서는 시간이 전혀 없는 사람들이 소설을 읽는 척하거나 대충 훑어본다. 그리고 이 소설들은 16세기 이후 인류에 대한 우리의 이해를 넓혀준 위대한 소설들이거나, 우리가 무시할 수 없을 정도로 명성을 얻은 현대 작품도 아니다. 그것들은, 독자들조차도 알고 있듯이, 순전히 쓰레기이며, 제목조차도 일주일이면 잊혀질 그런 책들이다.

"무슨 책을 읽고 있나요?" 나는 한 번은 영국인 친구, 고결한 인품과 상당한 업적을 가진 여성에게 물었다.

"소설이요."

"누가 쓴 건가요?"

"모르겠어요."(반은 죄책감, 반은 변명하는 듯한 가벼운 웃음)

소설은 시간을 죽이기 위해 읽힌다 — 이보다 더 신성 모독적인 표현이 현대 언어에 있을까? 그리고 '읽다'라는 단어는, 지난 몇 세대 동안 소설로 인해 인간이 철저히 쇠약해진 결과, 그 장엄했던 본래 의미를 잃었을 뿐만 아니라 그 자체의 뜻마저 변질되었다. 오늘날 이 단어는 흡연이나 카드놀이와 함께 반#신체적 휴식 행위로 언급된다. 독서를 통해 어떤 확고한 목적을 달성하고자 하는 개념은 완전히 배제된 것이다.

집단적 독서 행위 속에 숨겨진 진정한 목적은 **'생각하지 않는 것'**이다.

이것은 특히 정기 간행물을 소비할 때 명확히 드러난다. 나는 여기서 문예 비평나 잡지를 의미하는 것이 아니다. 사람들은 시골에서 우연히 〈르뷔 데 되 몽드Revue des Deux Mondes〉, 〈애틀랜틱 먼슬리〉, 또는 〈새터데이 이브닝 포스트〉의 오래된 책더미를 발견하면, 그 안에 얼마나 많은 실질적 지적 영양분이 보관되어 있는지를 깨닫게 된다. 더구나, 나는 이 책의 세 번째 부분에서 일간 신문이 어떻게 일류 사고 도구로 변할 수 있는지를 논할 기회를 가질 것이다. 그러나 신문을 그런 수준으로 끌어올리려면 특별한 필요성, 특별한 재능, 또는 특별한 교육이 필요하다. 대부분의 경우 신문은 아예 읽히지 않거나, 간신히 훑어보는 수준에 그친다. 종종 신문은 늦은 오후까지 깔끔하게 접혀 있으며, 하녀들이 마지못해 펼쳐보기 전까지는 그대로 방치된다. 또는, 그것이 안락의자 위에 놓인 방식만 보아도 신문이 얼마나 무심하게 대우받았는지를 알 수 있다.

신문이 사고력을 약화시키는 수단으로 기능하는 정도는 기차 안에서 평범한 신문 독자를 관찰하면 명확히 드러난다. 한 번은 필라델피아에서 뉴욕으로 가는 열차에서 통로 건너편에 앉아 있는 남자를 지켜본 적이 있다. 우리 둘 다 무릎 위에 〈필라델피아 레저Philadelphia Ledger〉를 올려두고 있었다. 나는 내 신문에 빨간색 표시를 몇 개 한 다음, 그를 관찰하기 시작했다. 그는 허드슨 강에서 한 여성이 수영으로 이룬 업적에 관한 기사를 읽었다. 그 기사는 상당히 길었기 때문에, 6면 3단에서 다시 이어졌는데, 그는 세 장의 큰 신문지를 넘기는 수고를 감당하지 못했다. 그는 '읽고' 있었던 것이 아니라 단순히 눈을 움직이고 있었을 뿐이었다.

그래서 그는 기름때 묻은 인어를 떠나 뉴저지 사건에서 '돼지 여인'의 반대 심문 기사로 눈길을 돌렸다. 그리고 그녀 스스로 "말, 말, 수다, 수다"라고 묘사한 무의미한 질문 공세에 정신이 혼미해지며, 안절부절못하거나 하품을 하기 시작했다. 그러나 그는 단 한 줄도 건너뛰지 않았다. 그는 신문의 모든 페이지를 그런 방식으로 읽어 내려갔다. 거의 혐오감이나 졸음의 경계에서, 가끔은 몸을 바로 세우고 창밖을 매섭게 응시하는 '매의 눈'을 보이며 순간적인 활기를 띠기도 했지만, 그 역시 결국 공허한 시선이었다.

시간이 지나자, 수영 선수가 다시 구석에 등장했고, '돼지 여인'이 다시 촘촘히 지면을 채웠다. 대통령의 의회 연설이 있었고, 사설이 있었으며, 곡물 시장 소식과 해운 및 스포츠 뉴스가 있었다. 모든 기사가 동일한 수준에서, 그리고 동일한 깊은 무관심 속에서 읽혀졌다. 그리고 터널에 가까워지자, 그는 놀라운 반사 작용을 보였다. 구겨진 신문을 내던지고, 벌떡 일어나 담배를 찾기 시작했다. 그는 '읽고' 있었던 것이다.

오랜 시간에 걸쳐, 진정한 관심 없이 수십 개의 서로 다른 대상들을 정신에 떠올리는 이른바 지적 과정이 지속된다면 어떤 결과가 초래될까? 우리가 독서를 통해 무엇인가를 제대로 파악하려는 가장 진지한 시도조차도 끊임없이 산만한 이미지들 즉, 방해 요소들에 의해 방해받으며, 그 결과 의식의 3분의 2가량이 독서 외의 것에 점유된다는 사실을 떠올려보자. 그렇다면 대부분의 사람들이 하는 독서는 결국 사고하지 않는 방법에 불과하다는 결론을 피할 수 없다.

이러한 상태가 몇 년간 지속된다면, 뇌는 말 그대로 젤리로 변할 것이다. 이제 이 과정이 한 사람의 평생 동안 지속된다고 상상해보라. 대부분의 남성과 여성은 18세에서 22세에 학교나 대학을 졸업한다. 이 시기까지는 학업상의 필요성 때문에 대부분 진지한 책을, 그것도 진지하게 읽을 수밖에 없었다. 교육의 관점에서 보자면, 그들은 올바른 방향으로 나아가고 있던 셈이다. 그러나, 세상과 문명이라고 불리는 것이 그들에게 가장 먼저 가르치는 것은, 걸작masterpiece은 따분한 것이고, 교과서나 백과사전은 지루하며, 반면 가벼운 문학은 자유를 상징한다는 개념이다. 그 순간부터 독서는 그들에 맞서 작용하는 파괴적인 힘이 된다.

무엇보다도 신문은 그들의 사고를 흐트러뜨린다. 신문의 단편적이고 무질서한 성격은 그들을 혼란스럽게 하거나, 끝없는 모순을 통해 소심하고 평범한 회의주의에 빠지게 만든다. 그들은 무책임한 헤드라인 편집자들의 장난감이 되어버린다.

이 시점에서, 나는 단 한순간만이라도 다음과 같은 한 남자의 얼굴을 떠올려 보고 싶다. 사업에 몰두하며, 지적 교양을 잃어버린 낙원Paradise Lost처럼 아련히 그리워하는 사람. 그는 하루에 고작 30분을 종교 서적이나 철학 서적을 읽거나, 혹은 진정한 시인을 탐독하는 데 할애할 수 있다. 얼마나 고귀하고 애달픈 얼굴인가! 그 30분 동안 놀라운 결과를 만들어내는 경우도 적지 않다. 우리는 그런 사람에게 경의를 표할 수밖에 없다. 그러나, 자신을 소멸로부터 구해낼 거의 영웅적인 사람을 우리는 얼마나 자주 만날 수 있는가? 반면, 수백만 명의 사람들은 오히려 기꺼이 그 소멸 속으로 빠져든다. 인쇄술이 이런 결과에 기여하고 있다는 사실을 떠올리면, 견디기 어려울 정도로 참담한 기분이 든다.

또 하나의 커다란 낭비 — 너무나 널리 알려져 있고, 불행히도 너무 불가피하여 더 이상 말할 필요도 없는 — 는 바로 대화이다. 베이컨은 다음과 같은 유명한 말을 남겼다. "대화는 준비된 사람을 만든다Conference makes a ready man." 그러나, 준비된다는 것은 대체 무엇을 위한 것인가? 고대인들, 그리고 오늘날 대부분의 동양인들은 할 말이 있을 때만 말하는 것이 원칙이었다. 또한 그들이 말할 가치가 있는 것과 없는 것을 평가하는 기준은, 그 시대 최고의 문필가들이 따르는 기준과 동일한 것이었다. 그 결과, 고대인들의 연설은 간결하고 힘이 넘친다.

문학적으로 보아 최고 수준에 속하는 작가는 아닐지라도, 예를 들어 골즈워디Galsworthy 같은 작가가 열정적인 사람들이 대화를 마무리할 때 나누는 두세 마디의 짧은 문장으로 대화를 압축하는 기법을 사용할 경우, 예상치 못한 강렬한 효과가 나타난다.

그렇다면, 흡연실에서 오가는 시시한 잡담, 클럽하우스에서 떠들어대는 공허한 소년들의 수다, 프랑스 살롱에서 약간의 재치로 포장된 경박한 가십, 그리고 앵글로색슨 사회에서 끊임없이 반복되는 진부한 농담을 떠올려보라! "말은 사고의 도구다"라는 말을 반복하는 것이 얼마나 허망한가! 실제로 그것은 단순히 신체적 욕구를 충족시키는 행위일 뿐인데! 만약 베이컨이 오늘날의 현실을 반영하여 자신의 명언을 다시 쓴다면, 그는 이렇게 말했을 것이다. "독서는 한 사람의 개성을 빼앗고, 대화는 그가 이미 개성을 잃었다는 사실을 증명한다."

제2부 전체를 통해 도달한 결론은 애석하게도 매우 암울할 수밖에 없다. 인간은 환영phantasm이나 열등감 콤플렉스 없이 태어나며, 관찰하고, 사고를 촉진하는 이미지를 수집할 수 있는 능력을 타고난다. 그러나 삶, 그리고 그것을 지탱하는 교육과 문학 같은 요소들은 — 얼핏 보기에는 도움이 되는 듯 보이지만 — 마치 4월의 서리가 꽃을 죽이듯이 실제로는 이 능력을 짓밟는다.

그 대신, 인간은 모방과 비천한 순응을 내면화한다. 인류는 마치 헤르쿨라네움Herculaneum*처럼 단단한 껍질에 덮여, 실제 삶의 흔적들이 망각된 채 묻혀 있다. 시인과 철학자들만이, 한때 어린 시절의 순수한 행복이 머물렀던 지하 공간으로 가는

---

* 이탈리아 나폴리 근처에 있던 고대 도시로 기원후 79년 베수비우스 화산 폭발로 폼페이와 함께 매몰되었다.

길을 결코 잊지 않는다. 그러나 수백만의 사람들은 오직 습관과 반복이라는 두꺼운 용암층만을 알고 있을 뿐이다. 소수의 사람들이 그들에게 무엇을 생각해야 할지 지시하면, 그들은 그대로 생각하게 된다.

제3부

사고에
도움을
주는
것들

7장
자신의 삶을 살기

(a) 외적 고독

많은 사람들이 외적 고독을 두려워하며 그것을 우울하거나 이기적인 것으로 여긴다. 몇몇 사람만이 진심으로 그것을 선호하지만, 거의 모든 사람은 그것을 떠올리며 즐거움을 느낀다. 그 이름 자체가 아름다운 울림을 가지고 있어서, 심지어 진부한 라틴 문구인 "오, 복된 고독이여, 오, 유일한 축복이여!o beata solitudo, o sola beatitudo!"조차도 그 매력을 해치지 못하며, 그 개념은 매혹적이다.

우리는 마담 드 세비녜Madame de Sévigné가 궁정과 친구들을 떠나 그녀의 브르타뉴 장원으로 은거했던 모습을, 보쉬에나 메러디스*가 정원 끝의 숨어 있는 별장에서 홀로 있던 모습을, 루소가 숲 속에서, 실비오 펠리코[**]가 감옥에서, 알랭 제르보[***]가 대양으로 떠난 보트에서 보냈던 고독을 부러워한다. 디킨스가 포스터[****]의 책에서 친구들 사이에 있었던 모습은 매력적이지만, 그의 끝없는 밤거리 방황에 대한 이야기를 들을 때 우

---

* 조지 메러디스(George Meredith, 1828~1909). 영국의 소설가이자 시인. 그는 한동안 세상과 거리를 두고 은둔 생활을 했던 것으로도 알려져 있는데 특히, 서리Surrey 지방의 시골에 위치한 'Box Hill'이라는 작은 오두막에서 은거하며 작품을 창작했다.

** Silvio Pellico(1789~1854). 이탈리아의 시인, 극작가. 오스트리아 지배하의 이탈리아 독립운동과 관련된 인물이다. 그는 1820년 이탈리아의 비밀 독립운동 조직인 카르보나리Carbonari와 연계되었다는 이유로 오스트리아 정부에 의해 체포되었으며, 10년간 수감되었다. 그의 수감 생활을 기록한『나의 감옥 생활Le mie prigioni』(1832)은 억압받는 이탈리아의 현실과 자유에 대한 갈망을 감동적으로 전달하는 작품으로 당시 유럽에서 큰 반향을 일으켰다.

*** Alain Gerbault(1893~1941). 프랑스의 항해사이자 탐험가, 작가. 제1차 세계대전에서 전투기 조종사로 복무한 후, 현대 문명의 속박에서 벗어나기 위해 단독 세계 일주 항해에 나섰다. 1923년 요트 파이어크레스트Firecrest를 타고 프랑스를 떠나, 700일을 바다에서 보내면서 1929년 세계 일주 항해를 마쳤다. 그는 항해 중 쓴 여러 권의 책을 통해 바다에서의 자유와 고독의 가치를 찬양했다. 세계 일주 항해에 태평양의 섬들이 빠졌다는 것을 알게 되어 다시 항해에 나섰다가 1941년 동티모르에서 열대병으로 사망했다.

**** John Forster(1812~1876). 영국의 잡지 편집인, 평론가, 전기 작가. 특히 찰스 디킨스의 전기『찰스 디킨스의 생애The Life of Charles Dickens, 1812~1870』(전 3권)로 유명하다. 그는 디킨스와 오랜 친구로 그의 모든 작품의 초고를 읽었다.

리는 더욱 귀를 기울인다. 그 그림 속에는 우리가 알지 못하는 것을 찾기 위해 어두운 거리를 거니는 한 사람만 있을 뿐인데, 우리는 즉각적으로 얻을 수 있는 그 어떤 것보다도 그 장면에 더 매혹된다.

사실, 가장 세속적인 사람들조차도 삶의 무의미함에 싫증을 느끼고, 같은 일의 반복에 지쳐간다. 그들은 더 나은 일에 쓰였어야 할 용기 있는 태도로 게임에 임하지만, 때로는 패배를 느끼며 "내 영혼을 내 것이라고 부를 수 없다"는 심오한 불평으로 스스로를 위로한다. 그들은 고독을 갈망한다. 그 고독이 파리의 여름 며칠간이나 봄철의 뉴포트에서 느끼는 것이라 할지라도 말이다. 그러나 언제나 그럴 여유가 있는 것은 아니어서, 콘서트에서, 한적한 교회에서의 단순한 예배에서, 몇 시간의 자동차 여행에서 느끼는 반쯤의 고립감이 이 참을 수 없는 압박을 덜어준다.

모든 사람 안에는 물건─ 그것이 실제로 일어나든 단순히 존재하든 간에 ─에 대한 반감이 자리 잡고 있다. 우리는 움직임 하나하나가 자유롭지 못한, 혼잡하고 어지러운 창고 같은 곳을 싫어하며, 마치 카르투시오회Carthusian 수도사가 자신의 독방 흰 벽에 단순한 검은 십자가만을 두는 것처럼, 물건들을 최소한으로 줄이길 원한다. 진공vacuum이라는 개념은 우리에게 혐오감을 줄 수 있지만, 주위와 위에 충분한 빈 공간이 있어 피난처라는 느낌을 만들어주면 우리는 자유롭고 행복하게 숨을 쉴 수 있다. 거기에서 우리는, 흔히 말하듯이 우리 자신을 발견한다. 거의 무시당하고 학대받는 개처럼 끌려 다니던 불쌍한 우리의 자아를 발견하는 것이다. 거의 말도 걸지 않고 주목도 받지 못한 채, 가고 싶지 않은 곳으로 끌려 다니는 우리의 자아는 마침내 이 모든 것이 얼마나 부자연스러운지 깨닫고, 잠시 동안이나마 단순히 살아 있는 것이 아니라 진정으로 살아 있게 된다.

사고의 기술은 자신의 모습 그대로 존재하는 기술이며, 이 기술은 혼자 있어야만 익힐 수 있다. 사회는 사회적 사고, 즉 흔히 슬로건으로 알려진 것을 만들어낼 뿐이다. 슬로건이란 말이긴 하지만 명령의 힘을 가진 말만을 만들어낸다. 반면 고독은 의식의 들뜬 상태, 즉 우리의 가장 내밀한 자아— 그게 무엇이든 간에 —를 자각하게 만든다. 이 결과는 결코 빗나가지 않는다. 어느 날 아침, 자신을 깨우기 위해 진한 커피 한 잔을 마시고 침대에 누워 있기보다는 소파에 두세 시간 누워서, 문제들을 단순화하고 또 단순화해 보라. 그러면 왜 데카르트가 아침 내내 침대에 누워서 자신의 발견을 했는지 이해하게 될 것이다.

만약 우리의 길이 다양한 불쾌한 요소들로 가득 차 있다면, 어떻게 고독을 확보할 수 있을까? 우리가 진정으로 고독을 갈망하지 않는다면, 이 질문에 답할 수 없다. 하지만 진정으로 고독을 갈망한다면, 고독은 찾아올 것이다. 인간이 혼자 남고자 하는 소원만큼 강력한 자력磁力은 없기 때문이다. 누군가를 기다리는 것이 홀가분하게 느껴지는 날이 올 것이다. 그날이 되면, 당신은 고독을 진정으로 사랑하게 되고, 더 이상 고독을 찾거나 기도하지 않아도 될 것이다. 고독은 당신이 있는 곳 어디에나 있을 것이다.

나는 뉴욕이라는 분주한 도시에서 가정과 가족이 있음에도 매일 아침 다섯 시간 동안 위층 방에 서 글을 쓰는 여성을 알고 있다. 또 자신이 사는 건물의 1층에 비밀의 방을 빌려놓고, 그녀의 가정부들조차도 그것을 알아차리지 못하게 한 또 다른 여성을 알고 있다. 겉으로는 가장 사교적인 웃음을 띠고서 집에 항상 머무르며 누구의 방문도 마다하지 않는 또 다른 여성을 알고 있다. 그럼에도 그녀는 고대와 현대의 진지한 문학을 읽으며 마치 무한한 여유가 있는 것처럼 보인다. 그녀는 결코 시간이 부족하다고 불평하지 않는다. 그녀의 전화기가 항상 울려야 할 텐데 어떻게 이런 일이 가능할까? 사람들이 이 여성이 진지한 책들과 함께 있고자 하는 소망을 두려워하기 때문이다. 그들은 감히 그녀의 번호로 전화를 걸 엄두를 내지 못한다.

(b) 내적 고독

우리는 그것을 집중concentration이라고 부른다. 외적 고독이 주위 사람들과 심지어 사물을 최소화하는 것이라면, 집중은 하나의 사고 과정을 방해하는 외부 이미지들을 하나씩 제거하거나 단번의 노력으로 쓸어내는 것이다. 이 사고 과정은 종종 자발적이다. 그때 우리는 그것을 몰입이라고 부른다. 일상적인 표현에서는 이런 종류의 정신적 상태를 하나로 묶어 "생각한다"라는 말로 적절히 표현한다.

우리의 뇌가 통제되지 않은 이미지의 소용돌이로 가득 차있을 때 우리는 생각하고 있다고 할 수 없다. 동일한 유형의 이미지들이 우리 관찰 아래 나타나는 순간, 우리는 생각하고 있다는 것을 알게 되고, 동시에 우리 사고와 무관한 대부분의 것들을 의식하지 않게 된다.

군중 속을 걸어가면서도 오직 내면의 비전에만 사로잡혀 있는 사람을 본 적이 없는가? 조지 티렐*은 주의를 기울이지

---

* George Tyrrell(1861~1909). 카톨릭 현대주의 운동의 주요 인물 중 한 사람. 신부였으나, 점차 현대 철학, 성서 역사 비평, 그리고 새로운 학문적 접근에 관심을 가지게 되었다. 이러한 입장은 당시 교회의 권위와 전통에 도전하는 것으로 간주되었으며, 결과적으로 그의 사상은 '현대주의'라는 범주에 포함되어 교황청의 강력한 비판을 받게 되었고 결국 예수회에서 파문되었다. 그의 사상은 이후 신학과 철학 분야에서 많은 논의의 대상이 되었다

않으면 자신이 앉아 있는 가시적 범위를 벗어나 버리곤 했다. 그를 홀로 두면, 불과 몇 분 만에 정신적으로 저 멀리 사라져 버리고는 했다. 연인들, 시인들, 예술가들은 비록 사람들과 함께 있어도 여전히 고독할 수 있다.

알퐁스 도데는 방문객에게 문을 닫은 적이 없었다. 다만, 그가 누구를 맞이하든, 곧바로 자신이 집필 중인 장에 대한 상세한 설명을 듣게 되었다. 도데의 정신은 자신의 생각을 말할 때 더욱 활발해졌으며, 그의 창작은 사람들의 존재에 의해 방해받기는커녕 오히려 촉진되었다. 한 가지 열정에 사로잡힌 사람들, 일종의 사도使徒들 같은 이들은 그들의 주된 목적 안에서 살아가며, 생각하기 위해 굳이 외적 고독을 필요로 하지 않는다.

사도 바울의 방랑하는 생애와 그의 글에서 나타나는 집중력과 응축성을 비교하면, 이 차이를 뚜렷하게 느끼지 않을 수 없다. 우리는 그가 자신의 편지를 리드미컬한 문장으로 받아쓰게 했다는 사실을 알고 있다. 비서나 통역자의 존재는 그를 방해하지 않았다. 그는 늘 사람들과 함께 있었고, 아마도 그것을 필요로 했을 것이다.

전쟁 중, 한 번은 생제르맹 테라스의 벤치에서 이상한 차림새의 사람이 내 옆에 앉았다. 그는 러시아 출신의 노동자로, 불과 몇백 개의 프랑스어 단어밖에 모르는 단순한 사람이었다. 그러나 이 언어적 결함에도 불구하고 그는 놀라운 웅변을 지니고 있었다. 그는 한 시간 이상 평화를 옹호하는 연설을 쏟아냈다. 당시 시대적 분위기와 맞지 않는 주장이었으나, 그의 열정은 내게 경탄을 불러일으켰다. 분명 나의 존재는 이 열정적인 사상 숭배자에게 단지 구실이었고, 그의 확신을 자극하는 도화선이었을 것이다.

많은 사람들은 직업적으로 집중력을 훈련받는다. 나폴레옹은 전쟁 전략에서 코메디 프랑세즈 현장으로, 전혀 다른 주제로 순간적으로 전환할 수 있었다. 그는 머릿속에 '서랍' 혹은 '지도책'이라 부르는 것을 가지고 있어, 필요할 때 언제든 적절한 정보를 꺼낼 수 있었다.

변호사들이나 영적 지도자들은 한 상담자에게서 다른 상담자로 옮겨갈 때 보여주는 한결같은 집중력으로 우리를 놀라게 하지만, 그들은 관련된 사례들에만 국한되어 집중하기보다는 차분하게 모아놓는 경향이 있다. 그러나 그들 역시 문을 두드리는 외부의 간섭에 깨지지 않는 내면의 고독 속에서 살아간다. 의심할 바 없이, 이런 사람들은 마치 사서司書가 거리의 행상인보다 책에 가까이 있는 것처럼 평범한 인간보다 사고에 더 밀착해 있다.

가장 자주 듣게 되는 불평 중 하나는 "집중할 수 없다"는 것이다. 유일하게 이보다 더 흔한 것은 "나는 기억력이 나쁘다"는 탄식일 것이다. 그러나 자세히 들여다보면, 집중할 수 없다는 사람들은 두 가지 유형으로 나뉜다. 하나는 머리가 무거워져 지적 노력이 무력화되는 경우이고, 다른 하나는 주의가 산만해져 대상을 스쳐 지나가기만 하는 경우다. 이들은 의식을 모으고 초점을 맞추려고 할 때마다 불필요한 이미지들이 몰려들어 그들을 조롱하고 혼란스럽게 만든다고 느낀다. 만약 이 혼란과 싸우려 하면 긴장이 유발되고, 결국 그들은 불편함을 피하려고 하면서 차라리 경박한 행동을 선택하게 된다. 이로 인해 수많은 사람들이 사고하는 것보다는 무언가 다른 일을 하려는 모습을 보인다.

나는 흥미로운 책을 읽어주는 수업 시간에 학생들이 불안해하며 안절부절못하는 모습을 본 적이 있다. 반면, 지루한 일상 과제가 진행될 때는 오히려 조용히 앉아 있는 경우가 많았다. 흥미로운 책은 그들이 다른 생각을 하지 못하도록 만들기에 싫어했던 반면, 기계적인 반복 업무는 최소한의 집중만 요구하며 오히려 상상의 자유를 허락했기 때문이다.

집중하는 법을 배울 수 있을까? 이 질문에 담긴 의구심 자체가 열등감이며, 많은 실패의 원인이 된다. 사실, 자신의 주의를 하나의 대상에 고정할 수 있는 능력을 지닌 열 명 중 아홉은, 끈기 있는 연습을 통해 그것을 습득한 사람들이다.

우리 정신의 본성은 이미 앞부분에서 설명했듯이 이미지들을 겹쳐 놓는 것이다. 가능한 한 많은 불필요한 요소를 제거하는 것은 오직 필요성이나 갈망을 통해서만 성공할 수 있는 노력이다. 집중력은 타고난 재능이라기보다 습관이다. 이 점을 아는 것은 자기 내면에서 사고하기를 원하는 이들에게 용기를 줄 것이다.

긴장은 물론 집중력을 방해하는 거대한 장애물이다. 사람들 앞에서 긴장하는 사람들, 다른 이들의 재치나 외모를 과장되게 의식하는 사람들, 상대의 태도나 기벽 때문에 불편함을 느끼는 사람들은, 타인과 함께 있을 때 집중하지 못한다고 해서 스스로를 탓해서는 안 된다.

올리버 골드스미스는 천사처럼 글을 썼다. 그의 『웨이크필드의 목사_The Vicar of Wakefield_』는 우아하면서도 논리적으로 완벽하다. 올리버가 불쌍한 폴Poor Poll*처럼 말했던 것은 그가 참을 수 없을 만큼 긴장되어, 압박을 견디기보다는 무언가 말을 해야만 했기 때문이다. 그는 다른 작가의 칭찬을 듣는 것이 고문이라고 고백하며 말했던 날만큼은 결코 불쌍한 폴처럼 말하지 않았다. 골드스미스는 언제나 짜증을 지니고 다니는 문학인들과의 교류를 피했어야 했다.

---

* 로버트 브리지스가 쓴 「Poor Poll」이란 시를 염두에 둔 비유인 듯하다. 1921년에 발표된 이 시는 존 밀턴의 『실락원』의 운문화를 시도한 작가의 대표작으로 여겨진다. 그 시에서 '불쌍한 폴'은 앵무새다.

만약 당신도 이런 불안감을 느낀다면, 빛나는 재능을 지닌 사람들보다 따뜻하고 단순한 사람들을 찾아라. 그리고 대화를 나누는 상대가 당신의 집중을 망가뜨리는 사람임을 경험적으로 알고 있다면, 미소를 짓고, 너그러움을 베풀되, 아무 말도 하지 말고 굳건히 침묵을 지켜라. 상대방의 음흉한 매력이 말로 다 소진되는 순간, 당신은 자신에게 기회가 돌아왔음을 깨닫게 될 것이다.

어떤 종류든 관심은 자연스럽게 집중을 만들어낸다. 이기적인 사람들은 자신의 즉각적인 이익에 집중하고, 이상주의자들은 자신의 이상에 집중한다. 우리는 누군가와 5분만 함께 있어도 그 사람의 관심사가 이익, 허영, 즐거움인지, 아니면 세계 개선을 향한 우리의 다채로운 열망 중 한 측면인지를 단번에 파악하게 된다.

이타적인 관심 자체가 보상이다. 그것은 의식적인 노력보다도 더 내면을 충만하게 만든다. 고결한 시각과 목적, 사소한 이익에 대한 무관심, 참된 그리스도교인의 자비심, 신비주의자의 끊임없는 관조 ― 이 모든 것은 지적 우월성을 부여할 뿐만 아니라, 그것을 가진 사람에게 일종의 낙원을 만들어준다.

만약 우리가 순전히 지적인 수준에서 사고의 문제를 바라본다면, 여기에서도 진정한 관심이 집중을 가능하게 하며, 심지어 순간적으로 그것을 창출한다는 사실을 발견할 것이다. 예를 들어, 문학 에세이를 써야 할 때는 멍하게 딴생각을 하는 소년도, 수학 문제를 풀거나 새로운 라디오 기기를 다룰 때는 한나절 동안이나 집중할 수 있다. 가벼운 소설밖에 읽을 수 없다고 생각하는 사람들도, 실제로는 소설보다 훨씬 읽기 쉬운 수많은 회고록에서 즐거움을 얻는다. 그들은 자신이 소설에 집중한다고 말하는 것을 우스꽝스럽게 여길지 몰라도, 궁정 연대기를 읽으며 집중한다고 말하는 데는 거리낌이 없다. 사실, 그들은 대부분의 역사가들만큼이나 집중하는 법을 알고 있다.

두당Doudan은 이렇게 말했다. "큰길에서 똑바로 백 걸음만 벗어나 보라. 한 방향을 고수한다면, 기막히게 그늘진 곳이나 샘물이 솟는 곳을 찾을 것이다." 나는 한때 연극을 유난히 좋아하는 프랑스 신부를 알았는데, 조용한 대성당이 있는 마을에서 그의 취미를 마음껏 누릴 수는 없었다. 처음에는 〈일뤼스트라시옹L'Illustration〉에 실린 희곡들을 읽는 것으로 시작했지만, 점차 방대한 희곡 컬렉션을 구축했고, 몇 년 후에는 현대 연극 분야에서 권위자로 인정받았다. 그의 책들은 단순히 충동 때문에 모은 것이었지만, 그가 사망한 뒤 그 컬렉션이 경매에 부쳐졌을 때는 문학계의 중요한 사건이 되었다.

수집이란 곧 전문화이며, 전문화란 집중의 또 다른 이름일 뿐이다. 결국, 우리는 어떤 것에 관심을 갖거나 그것에서 즐거움을 찾는 순간, 저절로 집중할 수 있다. 사고의 기술The Art of

Thinking이란 결국 어떠한 노력이나 불안 없이도 우리의 지성을 만족시키는 것이 무엇인지 찾아내는 과정이다.

그러나 우리가 행동할 때처럼 항상 사고에 있어 자신의 성향을 따를 수 있는 것은 아니다. 우리가 해결해야 할 지루한 문제들이 있으며, 지적 의무는 도덕적 의무만큼이나 수행하기 어렵다는 사실을 우리는 알고 있다. 우리는 셸리처럼 시를 사랑하면서도 역사를 싫어할 수도 있다. 하지만 우리는 셸리가 그랬던 것처럼 역사를 무시해서는 안 된다. 오직 천재만이 문화의 일반적인 규범을 무시할 수 있다.

그렇다면, 우리는 흥미를 느끼지 않는 주제에 어떻게 집중할 수 있을까? 이에 대한 답은 이후의 장에서 다루겠지만, 기본적으로 신문의 문제풀이, 다양한 질의응답, 그리고 십자말풀이 같은 연습이 집중력을 기르는 데 도움이 된다. 마담 드 맹트농은 "반복해서 같은 것을 주의 깊게 생각하는 것"을 숙고reflection라고 정의했으며, 이것은 우리의 집중 대상이 단 하나일 때, 그리고 그것이 우리의 정신적 현미경 안에 선명하게 놓여 있을 때 매우 유용한 지침이 된다. 그러나 많은 경우, 사물은 단순하기보다는 복잡하며, 우리가 단순히 검토examine하는 것이 아니라 발견discover하려고 할 때, 집중의 문제는 단순한 학교 수업에 대한 주의력과는 전혀 다른 양상을 띠게 된다.

우선 이해해야 할 점은, 우리가 지쳐 있거나 둔한 상태라면 집중은 불가능하다는 것이다. 너무 많이 자거나, 너무 적게 자는 것은 뇌에 공허함을 만든다. 너무 많이 먹거나, 너무 적게 먹는 것도 마찬가지다. 너무 많은 운동이나 너무 적은 운동 또한 집중을 방해한다. 만약 정신적으로 나른하다면, 스쿼시 같은 강한 육체적 운동이 당신을 깨어나게 할 것이라 기대하지 말라. 그것은 단지 신체적 활력을 자극할 뿐이며, 혈관이 들끓는 상태에서는 뇌로 혼란스러운 이미지들이 급류처럼 몰려들 뿐이다. 독서 또한 사고를 올바른 경로로 유도하는 데 별 도움이 되지 않는다. 이럴 때는 완전한 정적靜寂, 또는 평화로운 담배 한 개비, 혹은 열린 창가에서 십 분 동안 바람을 쐬는 것, 아니면 나무 아래를 혼자 산책하는 것이야말로 우리의 생각을 올바른 원천으로 되돌리는 가장 효과적인 방법이 될 수 있다.

마음의 평온이 찾아와 산만함의 나방들moths of distraction이 흩어졌을 때, 우리는 비로소 집중할 준비가 된 것이다. 그러나 그 순간조차도 우리는 완전한 공허空虛와 마주할 수 있다. 많은 지적 노동자들은 불필요한 요소를 제거하려는 노력이 필수적인 요소까지 없애버린 것 같은 기분을 느낀다. 그들은 스스로에게 이렇게 묻는다.

"나는 도대체 무엇을 생각하려고 했던가?"

"나는 무엇에 관심이 있는가?"

"나는 정말 무엇인가에 관심이 있는가?"

기억력이 뛰어난 사람들은 이런 메마름을 거의 경험하지 않는다. 약간의 자극만으로도 그들의 서랍이나 지도첩이 열리고, 데이터가 넘쳐나는 느낌을 받는다. 그러나 이런 재능을 가진 사람들의 대부분은 그 데이터가 오래전에 고착된 것일 뿐이며, 종종 다른 사람에게서 차용해 온 것을 결코 개선하지 않았다는 점에서 저주받은 것이다. 반대로, 살아 있는 자료들, 즉 인상, 직관, 감정 등을 다룬다고 의식하는 사람들은 어느 날은 자신의 정신에 꽤 만족하지만 다음 날은 혐오감을 느끼며, 이를테면 자연과 함께 동거하고 있는 셈이다. 그들의 지적 존재는 일종의 드라마와 같다. 바로 이러한 기억력의 부족이 오히려 연속성의 필요성을 느끼게 만든다. 그들은 스스로를 다시 하나로 합치려 애쓰며, 어린 시절부터 지금까지 이어진 의식 또는 잠재의식의 자연스러운 흐름 속에 머무르고자 한다. 그들의 기억은 지워지지 않는 칠판이 아니라, 오히려 몇 가지 주목할 만한 장면, 즉 주요 데이터가 자연스럽게 모여드는 관심의 정점들에 대한 의식에 더 가깝다.

미슐레나 칼라일 같은 역사가들은 분명히 그런 식으로 조직된 기억을 가지고 있었다. 기번의 『로마 제국 쇠망사』나 퓌스텔 드 쿨랑주의 『고대 도시La Cité Antique』 같은 책들의 주된 흐름은 순수하게 지적인 관심에 기초하면서도 결정화되는 효과를 낸다. 반면, 내가 너무 많은 빚을 지고 있어 경의를 표하지 않을 수 없는 몸젠Maumsen은 정확하고 오류가 없지만 다소 무기질적인 기억력을 가졌다.

우리의 노력은 마지막으로 생동감 있고 완전히 활동적이었던 그 순간으로 다시 이어져야 한다. 신문을 집어들 때마다 정치에, 즉 현대사에 대한 관심이 단순한 호기심에 그쳐서는 안 된다는 점을 기억해야 한다. 우리는 세계가 더 지혜롭고 덜 잔혹해지기를 원하며, 모든 민족의 이사야들이 예언했던 개선의 희망을 우리에게 주는 어떤 인물이나 국가가 있다면, 우리는 그 인물이나 국가의 진보를 따르고자 한다. 이러한 차원에서의 연속성이야말로 우리의 기억 조건이자 집중의 통로이다.

얼핏 보기에 집중은 우리 사고의 경향과 조화되지 않는 이미지들을 제거함으로써 얻어진다. 하지만 가장 뛰어난 집중은 적절한 배경을 상상함으로써 얻어진다. 이 배경은 조화로운 이미지를 증식시키는 것이다. 예를 들어, 미국의 고립주의를 이해하기 위해 그것에 집중하고자 한다면, 먼저 이 고립주의를 옹호하는 편협한 논리로 인해 생긴 짜증을 감정에서 비워내야 한다. 그런 다음, 미국의 광활함 ─ 그것을 가장 잘 실감하게 해주는 호수나 사막의 규모, 눈에 띄는 이웃의 부재, 자급자족의 능력, 일치 지향적인 경향, "외국"과 "외국인"이라는 단어들에 대한 놀라운 인식 ─ 같은 개념으로 상상력을 채워야 한다.

나는 예전에 뉴욕에서 나를 태운 루마니아인 택시 운전사가 자기 나라를 언급하며, 20년 전에 떠났던 나라를 마치 연옥에서 천국으로 바꿔놓은 듯 말하던 기억이 있다. 그는 필그림Pilgrim들, 즉 구대륙의 먼지를 털어내고 떠난 남자들― 전형적인 식민자들과는 정반대의 사람들 ―을 내가 이해하는 데 도움을 주었다. 그리고 그런 필연적 존재들이 다시 나로 하여금, 내가 몇 차례 살펴본 혁명 전 신문 속의 '아메리카인'이라는 단어의 반항적, 도전적인 울림을 이해할 수 있게 만들었다. 이 정도면 충분하다. 마지막으로 여행하지 않은 미국인에게 유럽이 여러 개의 입을 가진 배고픈 괴물로 보인다는 사실을 기억한다면, 나의 집중은 완성된다. 나는 미국의 고립주의 외에는 아무것도 생각하지 않으며, 그것을 너무 잘 이해해서, 가까이 있는 다른 이미지들만 없다면, 곧바로 동참하고 싶은 마음이 들 것이다. 이런 비전을 증식시키면 산만함은 더 이상 발붙일 데가 없을 것이다.

이것이 자연스럽고 생동감 있는 사고방식이다. 우리의 모든 개념은 이러한 이미지의 집합에서 나오며, 굳어가는 아이디어에 생명을 불어넣고 싶을 때 우리는 본능적으로 그것이 처음에 진화된 구체적인 환경을 떠올린다. 외워서 말하기를 싫어하는 연사들이 실제로 사용하는 방식도 다르지 않다. 그들 내면에서 펼쳐지는 영화와 같은 이미지의 연속은, 보다 추상적인 사고의 흐름과는 달리 산만함에 좌우되지 않으며, 식탁의 소란이나 마차 창밖의 회전하는 풍경도 그것을 거의 방해하지 않는다.

집중, 또는 말하자면 주의를 조율하는 또 하나의 확실한 방법은 펜을 들어 우리 마음이 지시하는 것을 적을 준비를 하는 것이다. 이 제스처 자체가 가장 산만한 정신조차 저항하기 힘든 어떤 강제력이 있다. 내가 작업 방법에 대해 물었던 성공한 작가는 이렇게 말한 적이 있다.

"나는 빈 종이와 연필을 들고, 완전히 텅 비어 있는 책상에 앉아요. 그러면 꽤 빨리 이야기가 떠오르죠."

안톤 체호프 역시 그런 방식으로 잡지에 실을 이야기를 썼다. 하지만 우리가 어떤 문제에 대해 명확히 하고 확고히 결정을 내리고 싶을 때, 빈 종이와 연필이 특히 유용하다는 것은 분명하다.

우리가 진정으로 관심을 가지는 것, 즉 외부의 자극이나 조언 없이 우리의 자아가 의식적이든 무의식적이든 집중하는 대상을 제외하면, 우리의 삶은 모호함 속에서 흘러간다. 대부분의 남성과 여성은 삶과 죽음, 종교나 도덕, 정치나 예술에 대해 모호한 상태로 죽음을 맞는다. 순전히 실질적인 문제들조차도 명확하게 알지 못하는 경우가 많다. 우리는 다른 사람들이 자기 자녀의 교육, 자신의 경력, 또는 돈을 어떻게 사용해야 할지에 대해 명확히 알고 있다고 상상한다. 이런 생각은 우리가 이런 중요한 문제들에 대해 결정을 내리는 데 필요한 것은 약간의 불확실성을 걷어내는 것뿐이라고 믿게 만든다. 그러나 그렇지 않다. 다른 사람들도 우리와 마찬가지로 끊임없는 모호함 속에서 살고 있다. 우리처럼 그들은 중요한 주제에 대해 사고하고 있다고 착각하지만 실제로는 그 주제에 대해 사고하는 것에 대해 생각할 뿐이다. 이 착각이 잠재의식 속에서 오랫동안 길러지면, 그 문제는 설득력 있는 답을 허용하지 않는다고 결론짓고, 결국 상황의 압력, 형식적인 조언, 또는 당시 유행하는 슬로건에 따라 행동한다. 놀랍게도 유언장이 실제로 본인의 뜻을 담은 경우는 드물다. 그들은 결코 자신이 어떤 결정을 내리고 싶은지 알 수 없었기 때문에 변호사나 친척이 문서를 대신 작성하는 것이다.

우리가 빈 종이 앞에 앉아, 떠오른 아이디어에 대해 찬반 양쪽의 논거를 두 개로 나누어 적어본다면, 진실이 번쩍하고 드러나는 순간을 경험하게 될 것이다. 어떤 고려사항들이 압도적으로 분명해지는 순간을 맞이하거나, 혹은 그와 다름없이 놀랍게도, 특정한 쟁점에 대해 조언을 구할 필요가 있음을 깨닫게 될 것이다. 그렇다면 누구에게 조언을 구해야 할까?

단순히 누가 적절한 조언자가 될지에 대해 막연히 생각하는 사고 속의 사고라는 착각으로 돌아가서는 안 된다. 대신 또 다른 종이를 꺼내어 조언자들에 대한 찬반 논거를 정리해 보라. 놀랍게도, 우리는 본능적으로 이 종이들을 하나의 봉투에 넣어 보관할 것이다. 그것은 제국의 운명을 결정짓는 서류철과 본질적으로 다를 바 없는 소중한 서류가 될 것이다.

로빈슨 크루소는 다른 어떤 방법도 사용할 수 없을 때 이 방법을 활용했다. 성 이냐시오 데 로욜라도 이 방법을 자세히 설명하며, 그것을 예수회의 영적 생활의 근간으로 삼았다. 거의 아무도 알지 못하지만, 비할 데 없는 조언자였던 앨버트 공[빅토리아 여왕의 배우자]이 남긴 50여 권의 대형 일기장에도, 빅토리아 여왕에게 건넨 제안들이 모두 사전에 글로 준비되어 있었다.

한 번만 이 방법을 시도해 보라. 결코 이 방법을 포기하지 못하게 될 것이다. 단, 이 습관은 폭군처럼 강압적인 습관이 될 수도 있다는 점을 미리 경고해 둔다. 당신은 단순히 집을 팔아야 할지 고민하는 순간뿐만 아니라, 심지어 여행 가방을 쌀 때조차 자동적으로 노트와 연필을 찾는 자신을 발견할 수도 있다. 모든 것에는 불편함이 따르며, 뒤에서 사고를 글로 고정하는 것의 단점에 대해 더 자세히 논의할 것이다. 그러나 결정을 내리는 것은 필수적이며, 차라리 알려지지 않은 괴짜가 되는 편이 뚜렷하게 흔들리는 풍향계weathercock가 되는 것보다 낫다.

전체적으로 집중은 단순한 방법으로 쉽게 재현할 수 있는 자연스러운 상태이다. 사람들이 노력하지 않기 때문에, 그리고 이와 마찬가지로 다른 많은 일들에서도 충분히 누릴 수 있는 기회를 제대로 활용하지 않기 때문에 집중은 오직 예외적인 것으로 여겨진다. 집중하려고 시도하는 사람들은 그 과정에서 실망하지는 않았지만, 때때로 자신에 대해 실망을 경험하기도 했다.

"나는 평범한 생각밖에 떠오르지 않아요."

"그렇다 해도, 그것이 당신 자신의 생각입니다. 아무 생각도 하지 않는 것보다 평범한 생각이라도 하는 것이 낫지 않을까요?"

"깊은 진리를 잠깐 엿보거나, 어떤 번뜩이는 깨달음을 느끼기도 하지만, 금방 사라져버려요. 마치 도깨비불will o' the wisps처럼 말이에요."

"당신은 축복받았습니다. 당신은 웅변가eloquent가 되지는 않겠지만, 빛을 발하는phosphorescent 사람이 될 겁니다."

몇 년 전, 나는 어느 저녁 만찬에서 한 미국 여성과 나란히 앉아 있었다. 그녀의 판단력의 미묘함은 나를 매료시켰지만, 짧은 비약적 사고가 계속 기대를 높였다가 다시 실망시키는 식이었다. 그럼에도 불구하고, 나는 지금도 주베르Joubert의 책을 펼칠 때마다 그녀를 떠올린다. 사교계 여성으로서는 대단한 성취가 아닐까? 그리고 몽테뉴조차도 이런 말을 남기지 않았던가.

"나는 어떤 문제에 대해 한두 번 깊이 파고들 수 있다. 그러나 그러고 나면 반드시 눈길을 돌려야 한다."

교회 시계를 한참 떨어진 거리에서 보며 시간을 읽으려 애쓰는 소년들은 그 요령을 알고 있다. 우리가 해야 할 일은, 우리의 능력 내에서 최선을 다하는 것뿐이다.

(c) 시간을 만드는 법

당신은 정말 시간이 없는가? 당신은 진실된가, 아니면 단순히 남들이 하는 말을 반복하는 것뿐인가? "시간이 없다!" ― 이것이야말로 궁극적인 빈곤의 상태이다. 어쩌면 당신이 생각하는 '시간이 있는 상태'란, 단순히 자신만을 위한 시간을 갖는 것이 아니라, 시간을 무한히 갖는 것, 즉 아무것도 할 일이 없는 상태일 수도 있다. 당신의 양심을 점검하고 스스로에게 솔직하게 답해보라.

공리Axiom. 매우 바쁜 사람들은 항상 모든 일을 할 시간을 찾아낸다.
반대로, 엄청난 여유를 가진 사람들은 아무것도 할 시간이 없다.

어쩌면 당신은 집중이 무엇인지조차 잘 모르는지도 모른다. 그렇다면, 당신의 모든 소유물을 팔고, 가장 소중한 사람들을 뒤로한 뒤, 앞 장을 다시 읽고 사흘, 혹은 세 시간만이라도 온전히 집중하는 연습을 해 보라. 그러면 자신이 정말로 집중할 줄 아는지 아닌지를 곧 알게 될 것이다.

그러는 동안, 몇 가지 질문을 스스로에게 던져보기 바란다.

1. 시간을 절약하는 방법에 대해

시간을 되찾을 수 있는 곳은 없을까? 일, 운동, 가족이나 친구들과의 시간에서 되찾는 것이 아니라, 실제로는 별로 즐겁지 않은 오락이나, 클럽에서의 무의미한 대화, 별로 유쾌하지 않은 주말이나 그다지 이익이 되지 않는 여행에서 시간을 되찾을 수는 없을까?

게으른 사람들에게 당신은 휘둘리지 않을 수 있는가? 도움이 소용없는 타성적인 사람들을 기쁘게 하고 싶다는 유혹을 당신은 이겨낼 수 있는가? 친절함과 연약함을 구분할 수 있는가? 좋은 일은 절대 거절하지 않지만, 속임수에는 절대 넘어가지 않을 수 있는가? 당신은 완전히 전화의 노예인가?

부스러지기 쉬운 시간의 조각들을 모으는 법을 당신은 아는가? 몇 분의 가치에 대해 충분히 인지하고 있는가? 라무아뇽 가문Lamoignons의 일원 중 한 명에게, 매일 저녁 식사가 대낮인 오후 3시에 이루어졌던 시절, 그의 아내는 항상 그를 몇 분간 기다리게 했다. 어느 순간, 그는 그 짧은 시간 동안 여덟, 열 줄의 글을 쓸 수 있다는 사실을 깨달았고, 이를 위해 편리한 곳에 종이와 잉크를 준비해 두었다. 그렇게 시간이 흐르면서 — 해는 짧더라도 분은 길다는 이 진리에 따라 — 여러 권의 영적 묵상이 탄생하게 되었다. 인류는, 기다림을 싫어해 지루해하는 다수와, 오히려 그것이 사고의 시간을 주기 때문에 기다림을 즐기는 소수로 나눌 수 있다. 물론 후자가 전체를 이끈다.

기차, 자동차, 택시에서 당신은 무엇을 하는가? 완전한 만족 속에서 아무것도 하지 않는다면 괜찮다. 하지만 불안해진다면 그것은 당신의 책임이다. 통근자였던 트롤럽*은 기차 안에서 그의 소설의 많은 장을 집필했다. 그의 글은 가치가 있으며, 요즘 유행하고 있기도 하다. 읽거나 생각하는 동안 당신은 다른 사람들로부터 떨어져 있을 수 있다. 사람들은 아마 그는 혼자 있는 시간이 많다고 말할 것이다. 하지만 어쩔 수 없다. 생각하

---

* Anthony Trollope(1815~1882). 영국의 소설가. 생업인 우편 행정 업무에 종사하면서 독자적인 집필법(15분에 250단어씩 기계적으로 저술하는 방식)으로, 마감에 쫓기지 않고 많은 작품을 창작해 베스트셀러가 되었다. 연재 소설을 쓰면서 적어도 한 편이나 두 편은 출판을 기다리는 원고가 있었다. 그 집필 방식은 현대 사회학 연구자들로부터 "시대를 앞섰던 사회과학자"라는 평가를 받았다.

려면 다소 떨어져 있어야 하고, 다른 사람들보다 위에 있을 수는 없다는 것을 받아들여야 한다.

가슴 주머니에 작은 책, 엘리엇 총장[하버드 대학의 Charles W. Eliot 총장을 가리킨다]이 추천한 작은 명저나, 아니면 당신이 직접 발견한 보석 같은 책을 항상 가지고 다니는가?

"그런 건 하지 않습니다"라며 의아해한다면,

"아! 실례했습니다. 내가 깜빡했군요. 물론 내가 말하고 싶었던 건 카드 한 벌이었어요. 내 부주의를 용서하세요."

당신은 몇 시에 일어나는가? 45분, 아니면 30분 정도 일찍 일어날 수는 없는가? 만약 잠들기 전 책 읽는 습관을 버린다면 — 이것은 모든 안과 의사와 모랄리스트들 중 몇몇이 반대하는 습관이다 — 충분히 가능할 것이다.

라틴어(고전) 교육이 왜 그토록 사람들에게 우월감을 주는지는 아무도 설명하지 못했지만, 실제로 그런 효과가 있다. 아침 시간을 활용하는 것에도 비슷한 신비가 있다. "아침의 참호를 깨끗이 치우세요. 지적인 작업을 위해서"라고 페늘롱Fenelon은 한 여성에게 편지를 썼다. 어쨌든 그것은 효과가 있다. 아침의 한 시간은 두 시간의 가치가 있으며, 이후 어리석은 시간들의 공허함이 당신을 압도하지 않을 것이다.

2. 시간을 허비하는 것에 대하여

"잊어버렸어" 혹은 "생각하지 못했어"라는 말을 자주 하는가? 이런 말들은 당신이 시간을 잃고 있다는 뜻이며, 스스로의 실수로 이미 지나온 길을 여러 번 되돌아가야 한다는 것을 의미한다. 우리들은 절대 잊어버리지 말아야 하며, 설사 잊어버린다고 해도 그것이 놀라움으로 다가와야 한다.

예지력과 질서를 갖추는 두 가지 습관을 가진다면 거의 잊어버리지 않을 것이며, 뒤적거리거나 다시 시작해야 하는 일이 적어질 것이다. 예지력이란 미리 상상하는 것을 의미한다. 예를 들어, 밤이나 아침에 필요한 물건들을 미리 상상하여 여행가방 위에 놓는다면 풀먼Pullman 열차* 안에서 15분을 쉽게 절약할 수 있다. 세관 검사를 대비해 잘 정돈된 주머니에 여행가방 열쇠를 준비해 두는 것을 예견하라.

만약 이민 심사관의 심문을 받을 가능성이 있다면, 여권에만 의존하지 말고 롱아일랜드에서의 주말이나 오페라에 대한 언급은 있지만 강연에 대한 언급은 없는 초대장을 미국의 초청자에게 미리 요청해 준비해 두라. 강연은 무신론이나 볼셰비즘을 의미할 가능성이 높기 때문이다. 만약 항해하기 4주 전에

---

* 객차 사이의 통행이 가능한 관통식 열차vestibuled train를 비롯해 고급 침대 객차 등을 만든 풀먼 사의 럭셔리 열차.

그 편지를 요청하는 것을 잊는다면, 편지는 당신이 배에 오른 후에 도착할 것이다. 만약 선실에 그 편지를 두고 내려왔다가, 다른 이민자들의 경멸 속에서 다시 가지러 가야 한다면, 아마도 그때는 이미 당신의 트렁크가 객실에서 옮겨져 다른 곳으로 이동 중일 것이다.

이러한 예지력은 기본적인 상상력을 활용하는 연습이다. 결혼, 노령, 질병, 죽음이나 광기, 실패, 불완전한 성공, 당신 자신의 실수, 타인의 배신이나 어리석음과 같은 더 중요한 가능성들을 미리 상상하는 데 주의를 기울여야 한다. 미래를 읽고, 우는 양이나 어리석은 양이 되지 말라. 그리고 상상력이 당신에게 보여주는 것들을 — 단지 그렇게 나쁘지는 않은 형태로 — 적어 두고 그 메모를 잘 보관하라. 놀랍도록 빠르게, 이사하거나 매각하거나 다른 중요한 '나감'과 '들어옴'에 앞서 준비해야 할 모든 일을 충실하고 명확하게 알려주는 노트가 당신 손에 쥐어질 것이다.

"지루하기 짝이 없어! 이건 물건들에 얽매이는 노예잖아!" 라고 당신은 외칠지도 모른다. 하지만 아니다! 이것이야말로 진정한 자유다! 독립성과 안정감이다! 내 노트는 일종의 보물이다. 내 실수들이 기록된 또 다른 두툼한 파일은 개인적으로 활용하기에 매우 유용한 자료이다.

질서는 예지력의 자매이다. 그것을 이해하려면 한 가지 예를 떠올려 보라. 누군가를 방문해야 한다는 사실을 미리 떠올리고도, 오래전에 빌린 책을 외투 주머니나 모자 옆에 미리 챙겨 두지 않는다면, 그 사람은 자연스럽지 못한 것이다. 현관의 벤치 위에 나가야 할 물건들이 흩어져 있거나, 책상 주위의 카펫 위에 기억해야 할 메모들이 놓여 있는 것은 어수선함이 아니라 질서order를 의미한다. 물건은 잊어버리지 않을 곳에 있어야 한다.

"친애하는 부인, 당신은 질서order와 깔끔함tidiness의 차이를 확실히 알고 계십니까?"

"당신의 내실boudoir은 확실히 완벽하게 정돈된 것처럼 보이지만, 토요일에 변호사로부터 온 그 중요한 편지는 어디 있죠?"

아! 도대체 어디 있는 걸까?

만약 우리가 그 우아한 보뇌르 뒤 주르*의 덮개를 열어본다면, 과연 무엇이 들어 있을까?

봉투 안에 들어 있는 편지들, 이미 꺼낸 편지들, 계산서, 초대장, 연주회 티켓, 오래된 프로그램, 그리고 기타 온갖 잡동사니들의 뒤엉킨 더미!

---

* bonheur du jour. 프랑스어로 '오늘의 행복'이라는 뜻인데 책상, 서랍장으로 쓰이는 부인용 가구를 말한다.

변호사의 편지를 찾기까지 얼마나 시간이 걸릴까?

그 섬세한 손가락들이 몇 번이나 "여기 있을 거야"라는 확신을 품고 서류 더미 속으로 들어갔다가, 마치 실망한 벌새처럼 조바심을 치며 다시 빠져나오게 될까?

이제, 조금 질서 있게 정리해 보자.

이 의자 위에는 개봉한 편지들을 놓고, 저 탁자 위에는 아직 열어보지 않은 편지들을, 청구서는 표준 사전 위에. 나머지 쓸모없는 것들은 쓰레기통으로!

"잠깐! 이 프로그램들 중 하나에 크래쇼Crashaw의 시 두 줄이 적혀 있어요. 그건 절대 버릴 수 없어요."

"여기 있네요. 어디에 둘까요?"

"아! 어디에 두지?『케임브리지 문학사Cambridge History of Literature』의 크래쇼 섹션?"

"아니요. 차라리 크고 튼튼한 봉투를 하나 가져와서 위쪽을 찢어 열고, 겉면에 '크래쇼'라고 적은 뒤, 이 프로그램을 그 안에 넣고 책장 위에 올려두세요. 곧 비슷한 봉투가 50개쯤 더 생길 겁니다. 그때쯤이면 남편이 감탄하며 말하겠죠. '이거 완전 제대로 된 사무실 같군!'"

이제 개봉한 편지들을 다시 살펴보자.

"붉은 색연필로 체크해 놓은 부분이 하나도 없네요. 놀랍군요! 결국 편지를 처음부터 다시 읽어야 하겠군요. 그런데 이건

다 쓸모없는 건가요? 그럼 왜 보관하고 있는 거죠? 전부 찢어서 쓰레기통으로 보내세요.”

“이 두 통은 체임버스 부인이 보낸 것이니 보관해야 해요.”

“좋아요. 커다란 봉투를 준비해서 ‘체임버스’라고 쓰고, 아까의 크래쇼 봉투 옆에 놓아두세요. 단순화하세요.”

“그리고 이 편지들은 답장을 보내야 해요.”

“맙소사! 이제야 왜 외국인들이 ‘미국인은 편지 답장을 하지 않는다’고 불평하는지 이해가 되는군요. 세상에서 가장 비즈니스적인 국민이면서도, 말이죠! 하지만 어쩔 수 없습니다. 당신은 숙녀lady예요. 편지에는 반드시 답장을 해야 합니다. 편지 봉투 15장을 준비하세요. 답장해야 할 편지 15장을 각각 해당 봉투에 넣으세요. 각 봉투에 받는 사람의 주소를 써놓으세요. 우표를 붙이세요. 부디, 프랑스로 보내는 편지에는 늘 그랬듯이 2센트짜리 우표가 아니라 5센트짜리를 붙이세요! 그리고 이제, 쌓여가는 답장을 보내지 않은 편지 더미를 볼 때마다 당신의 양심이 불편해질 것이고 결국 불편annoyance이 당신에게 덕목virtue을 가르쳐 줄 겁니다.”

“보세요! 보뇌르 뒤 주르가 텅 비었어요! 쓰레기통은 가득 찼고요! 그리고 당신 얼굴엔 놀랍고도 행복한 미소가 번지고 있어요. 이제 당신은 위선적인 깔끔함tidiness과 진정한 질서order의 차이를 알게 되었어요. 진정한 질서란, 모든 것이 제자리에 있는 상태를 의미하는 거예요."

그 제자리는 책장일 수도 있고, 봉투일 수도 있으며, 때로는 쓰레기통일 수도 있다.

"그런데 겨우 서랍 하나를 정리하는 데 30분밖에 걸리지 않았잖아요. 그러니까 원래 체계적으로 정리했다면 불과 30분을 절약하는 셈 아닌가요?"

그렇지 않다. 당신의 책상 속이 그렇게 뒤엉켜 있었다는 사실은, 당신의 머릿속도 마찬가지였다는 것을 의미한다. 더 나아가, 당신의 삶 자체가 그러했을지도 모른다.

당신은 단순히 시간을 낭비한 것이 아니다. 당신은 비효율적이었으며, 서투른 테니스 선수처럼 어설프게 공을 넘길 뿐, 강력한 스매시 한 방을 날리지 못하는 상태였다.

당신의 이상ideal은, 한 걸음도, 한 마디도, 한 동작도 헛되이 낭비하지 않는 것이어야 한다.

너저분함looseness은 우아함elegance의 정반대이며, 사실상 모든 면에서 난잡함slovenliness의 가장 가까운 친척이다.

질서가 없는 것 다음으로 시간을 낭비하고 삶을 약화시키는 가장 치명적인 방법 중 하나는 행동하기 전에 망설이는 것이다. 내 친구 중 한 사람은 독일의 포로수용소에서 4년을 보내고 나서 결정을 내리지 못하는 신경질적 무기력abulia 상태에 빠졌다. 어느 날 나는 그가 모자걸이 앞에서 자신의 모자를 어느 걸이에 걸어야 할지 1분 넘게 주저하는 것을 목격했다. 그 장면은 참으로 가슴이 아팠다.

건강이 나빠서가 아니라 에너지, 지능, 또는 체계가 부족해서 주저하는 경우는 짜증스러울 뿐이다. 어떤 사람들은 베르그송이 설득력 있게 권장했던 자동화를 배워 40분 만에 옷을 입을 수 있다. 반면, 어떤 사람들은 항상 같은 순서를 유지하여 자동화를 형성하지 못했거나, 제스처 정도에 불과해야 할 결정을 내리는 데 주저하기 때문에 옷을 입는 데 한 시간 반이나 걸리기도 한다. 그들은 뭘 해야 할지 몰라 두리번거리고, 때로는 창밖을 내다보거나 담배를 피우고 기운을 차리려 하거나, 두 개의 칼라나 넥타이 중 어느 것을 고를지 끝없이 망설인다.

프랑스의 한 오래된 단어, 지금은 북부 지역에서만 간혹 쓰이는 tourniquer라는 단어는 그것을 잘 표현한다. 이 단어는 명확한 행동의 영감이 떠오를 때까지 방향 없이 제자리에서 맴도는 사람을 의미한다. 물론 맴돌수록 영감은 더디게 찾아온다. 어떤 사람들은 단순히 평생을 이렇게 시작하려다 말고 다시 시작하지 못한 채로 인생을 허비한다.

포슈*가 한 유명한 질문, "무엇이 문제인가(혹은 "어떤 상황

---

* 1차 대전 때 서부 전선의 연합군 총사령관 페르디낭 포슈Ferdinand Foch를 가리킨다.

인가")De quoi s'agit-il?"라는 질문이 적힌 종이 한 장과 그 답을 적기 위한 연필만 있어도 이 불길한 매력을 깨뜨릴 수 있을 것이다. 하지만 만성적인 망설임은 어떤 대책도 찾지 않는다. 스스로에게 "먼저 생각해야 한다"고 말하지만, 그 생각은 결코 시작되지 않는다. 사실, "시작"이라는 말 자체가 두려운 것이다. "시작이 반"이라는 그리스 격언처럼 진실되면서도 용기를 북돋아주는 말은 없다. 작가들은 이 말을 누구보다 잘 알고 있다. 학교에서도 학생들에게 이 말이 얼마나 진실한지 가르쳐야 한다.

대학에서 롱사르Ronsard에 관한 논문을 써야 한다면, 바로 자신에게 가장 적합한 프랑스 문학 교수에게 가서 롱사르의 가장 뛰어난 부분, 가장 우아한 부분, 가장 그리스-라틴적인 부분 등을 보여주는 12개의 구절 목록을 받아 오라. 곧장 집으로 가서 이 구절들을 읽으며 관찰한 내용을 메모하고 자신이 어떻게 반응했는지 기록하라. 시간을 낭비하지 말고 이 메모들을 정리하라. 그런 다음 이 메모들에 살을 붙이듯 생각을 정리하고, 지체 없이 글을 써 내려가고, 더 이상 쓸 말이 없으면 그만두라.

이렇게 하면 유언장도 준비하고 작성할 수 있고, 동업 제안에 대한 답변도 작성할 수 있으며, 심지어 누군가에게 파트너십을 제안하도록 유도하는 마키아벨리적 작전도 세울 수 있다.

정면으로 문제에 접근하되 가장 과학적인 방법에 따라 해결하는 법을 배우라. 당신이 건너야 할 작은 대양에서 린드버그가 되라. 우리 삶은 그 자체로 완결된 수천 개의 짧은 드라마로 이루어져야 하며, 포커 게임처럼 빠르고 결정적으로 진행되어야 한다.

어떤 사업가들은 그들의 받아쓰기의 완벽함으로 인해 나에게 진정한 예술적 즐거움을 선사했다. 한 통의 편지는 장단점을 신속히 따져보고 결정을 내린 후, 바로 실행에 옮기는 것을 의미했다. 다른 사업가들은······

당신은 프랑스어나 독일어를 배우기 시작한 적이 있는가? 있다? 그렇다면 다시 시작하고 싶은 생각이 드는가? 절대 다시 시작하지 말라. 실험은 한 번으로 충분해야 한다. 주저의 악령은 사람들에게 언어를 배워야 한다고 말하는 것을 즐긴다. 차라리 『실베스트르 보나르의 범죄*Le Crime de Sylvestre Bonnard*』에 등장하는 러시아 왕자처럼 성냥갑을 모으는 것이 낫다. 그는 잃어버린 성냥갑 하나만 찾으면 되었고, 그 수색은 그의 삶에 보람을 주었다. 오늘, 바로 오늘 아침에 어떤 형태로든 사회봉사를 시작하여, 부끄럽지 않게 저녁 식사를 할 자격을 얻는 것이 훨씬 낫다.

따라서 시간을 "만들어낼" 수 있다는 오래된 문구는 기만이 아니다. 만약 시골로 떠나기 전, 항해 전에, 또는 학업에 들어가기 전에 해야 할 일들의 목록을 가지고 있고, 당신의 일정표가 한눈에 해야 할 일을 명확히 구분하여 보여준다면, 당신은 분명 바쁜 사람일 것이다. 그러나 동시에 사물에 대한 통제력을 느낄 수 있을 것이다. 당신이 집중하는 방법을 안다면, 즉 날카로운 정신의 날을 사용하는 법을 안다면, 시간과 도구를 이미 가지고 있는 상태에서 필요한 것은 단지 양질의 사고 재료뿐이다. 다음 장에서는 이러한 재료에 대해 다룰 것이다.

8장

더 높은 차원에서 삶을 살기

(a) 사고를 생성하는 이미지들

우리의 정신은 끊임없이 이어지는, 다소간 연결된 이미지들의 연속 속에서 활동한다는 사실을 기억하라. 이러한 이미지들은 앞서 말했듯이 우리의 정신적 성향을 특징짓는다. 고상한 미술관에서 상점의 그림 코너로 이동할 때, 우리는 품격 뒤에 따라오는 평범함을 즉시 감지할 수 있다. 모든 사람의 상상력은 하나의 화랑畫廊과 같다. 만약 그 이미지들이 개별적인 언행이나 태도를 통해 유추해야 하는 것이 아니라, 눈에 보이는 형태로 존재한다면, 우리는 상점에서 도자기 꽃병을 감정하듯이 동료들을 평가할 수 있을 것이다.

제1부 2장에서 다룬 바와 같이, 대부분의 인간 정신을 채우

고 있는 이미지들의 일반적인 저급성에 대해 다시 강조할 필요는 없을 것이다. 많은 경우, 인간의 정신은 동물의 사고 수준을 간신히 넘는 정도에 불과하다. 물론, 동물이 감수성이나 사랑의 능력에 있어 인간을 훨씬 능가하는 경우도 적지 않다는 사실을 기억해야 한다.

상습적인 주정뱅이의 정신이나 지적으로 계발되지 않은 농민의 정신은 기본적인 욕구와 관련된 이미지 외에는 거의 존재하지 않는다. 성적 도착자, ― 이들은 사람들이 생각하는 것보다 훨씬 많다 ― 심지어 번듯한 차림으로 거리에서 여성을 쫓아다니는 이들조차도 단 하나의 범주에 속하는 이미지들만을 머릿속에 담고 있을 뿐이다.

구두쇠, 현대적 표현을 빌리자면 '재산을 쌓는' 사람들 또한 특정한 유형의 이미지에 의해 최면에 걸린 듯한 상태이다. 야망에 가득 찬 속물들, 사회적 지위를 추구하는 이들은 내면의 스크롤 속에서 위원회 참석, 공식 만찬, 훈장 및 작위와 관련된 언론 기사들을 주로 떠올린다.

그러나 가장 흔한 유형은 자신의 보잘것없는 삶 속에 갇혀 있으며, 그 삶의 초라한 세부 사항에만 끝없이 몰두하는 남녀들이다. 제인 오스틴은 이러한 열등한 유형 중에서도 상대적으로 뛰어난 전형들을 묘사하는 데 있어 가차 없다. 우리는 매일 이들과 부딪치며 살아간다.

아마도 우리는 이처럼 만연한 평범함을 표현할 수 있는 단어를 각자의 어휘 속에 가지고 있을 것이다. 내가 어렸을 때, 작은 프랑스 시골 마을에서 자주 찾던 가게가 있었다. 그곳의 주인 파이야 씨는 농사도 짓고 있었으며, 신사다운 기질을 조금은 지닌 사람이었다. 그는 통통하고 키가 작은 중년 남성이었지만, 총총거리는 발걸음으로 민첩하게 움직이는 노인이었다. 나는 가게에서 원하는 사탕이나 젤리를 찾으면서, 옆방에서 그의 키 큰 아내와 마른 딸들이 나누는 대화를 듣곤 했다. 그러다 그가 불쾌한 듯 중얼거리는 말을 듣지 못하면 실망하며 가게를 나서곤 했다. 그는 늘 이렇게 말했다. "'tits détails, tits détails!" 원래는 petits détails(자질구레한 세부 사항들)이라는 말이었는데, 평생 동안 나는 그 말을 통해 내가 듣는 말의 95퍼센트, 그리고 내가 하는 말의 적지 않은 부분을 내면적으로 규정하는 데 평생 도움을 주었다.

우리는 스스로 원하는 대로 생각할 수 있을까? 혹은 우리의 사고도 우리의 호흡만큼이나 운명 지어진 것일까?

분명히 우리는 내뱉는 호흡을 피할 수 없듯, 생각하는 것도 피할 수 없다. 그러나 마치 우리가 고산지대의 소나무 숲에서 맑은 공기를 선택해 호흡할 수 있는 것처럼, 우리의 정신이 작용할 수 있는 고차원적인 이미지를 선택하여 그것에 집중할 수 있다.

무엇이 나로 하여금 '메인 스트리트Main Street의 가십' 대신 '유럽의 가십'을 선택하지 못하게 하는가? 세계의 사안에 진정한 관심을 가진 사람이라면, 역사의 위대한 등장인물들— 유럽의 오랜 민족들, 되살아나는 아시아의 이질적인 부활하는 민족들, 이제 완전히 성숙한 미국 —에게 생명력을 부여할 수밖에 없다. 나는 대영제국과 미국을 두 명의 이웃에 관해 이야기하듯 말할 수 있다. 물론, 이 두 나라에 대해 폭넓은 인간적 가치를 반영한 발언을 하기 위해서는 그들을 면밀히 관찰해야 한다. 그러나 만약 내가 "영국은 오랜 세계 지배 권력의 전통 속에서 자신의 엘리트 계층에게 책임을 짊어질 준비를 시킨 반면, 미국은 아직 자신의 새로운 힘을 완전히 자각하지 못한 채, 지도자가 되기보다는 친절한 국가로 남기를 원하고 있다" 라고 말한다면, 나는 하나의 생각을 표현하고 있는 것이다. 좁은 시야와 비교할 때, 광대한 무대가 미치는 영향이 바로 이런 것이다.

마찬가지로, 무솔리니라는 인물은 지금보다 20년 전 개인적으로 더 흥미로운 존재였을 수도 있다. 그러나 우리가 오늘날 그에 대해 날마다 접하는 것은 역사이지 그의 인격이 아니다. 또한, 국가 간의 이해관계, 야망, 경쟁은 씨족clan이나 가문 family 사이의 그것과 본질적으로 큰 차이가 없는데, 역사 공부를 처음 시작하는 학생들에게는 이 점을 분명히 가르쳐야 한다. 그런데도 국제 문제는 오직 소수의 특권층만이 다룰 수 있는 영역인 것처럼 여겨진다.

이는 사실과 거리가 멀다. 마담 드 세비녜도, 생시몽*도, 대부분의 회고록 저자들도 결코 깊은 정치적 통찰을 지닌 인물들은 아니었다. 그러나 그들이 동시대인들보다 높이 평가되는 것은, 그들의 관심이 보다 높은 차원의 것이었기 때문이다. 누구든 그 수준으로 올라갈 수 있으며, 그렇지 못한 것은 오직 자신의 책임이다.

1차 대전 중에는 수백만 명의 평범한 사람들이 이러한 높은 차원의 사고를 자연스럽게 실천했다. 그들은 과장됨 없이, 그러나 올바른 어조로 역사적 사건을 논의했다. 그 이유는 당시의 일상적인 화제가 바로 역사였기 때문이다. 그러나 전쟁이 끝난 후, 대부분의 사람들은 다시 단순한 이야기들로 되돌아갔고, 그에 따라 그들의 사고 역시 위축되었다.

그럼에도 불구하고, 깊고 넓은 사고를 위한 요소들은 매일 우리 앞에 펼쳐진다. 나는 1914년, 어느 화창한 일요일을 결

---

* 루이 드 루브루아, 생시몽 공작(Louis de Rouvroy, duc de Saint-Si-mon(1675~1755)을 가리킨다. 루이 14세 및 루이 15세 시대의 귀족이자 회고록 작가로 유명하다. 그의 대표작인 『생시몽 회고록 *Mémoires de Saint-Simon*』은 17~18세기 프랑스 궁정 생활과 정치, 사회적 분위기를 생생하게 기록한 작품으로 프랑스 문학사의 걸작으로 남아 있다.

코 잊을 수 없다. 사라예보 사건을 알리는 호외가 파리의 대로에서 판매되던 그날, 나는 역사를 논하는 사람들의 목소리를 몇 마디 들을 수 있었다. 그러나 대부분의 사람들은 이 역사상 가장 거대한 비극의 서막에서 얼굴을 돌린 채, 롱샹Longchamps 경마장에서 열린 그랑프리 대회에서 누가 우승했는지를 더 궁금해했다. 우리가 살고 있는 이 역사로 가득 찬 시대에, 매주 적어도 한 번은, 우리의 사고를 한층 높은 수준으로 끌어올릴 기회가 주어진다. 그러나 대부분의 사람들은 여전히 존스나 브라운에 대한 잡담을 이어갈 뿐이다.

전문 비평가들조차, 문학사에서 하찮은 인물들을 연구하는 것이 독창적인 연구 주제를 찾는 길이라고 착각하는 경우가 많다. 물론, 일부 이류 작가들이 중요한 흐름을 촉발하는 경우가 있다. 예를 들어, 서툴고 어리석게 그들은 아서 영Arthur Young이 낭만주의의 역사에서 의미 있는 운동을 주도했고, 샹플뢰리Champfleury는 사실주의의 등장에서 플로베르보다 더 큰 의미를 지닌다고 말한다. 그러나 영이나 샹플뢰리에 대한 책은 한 권이면 충분하다. 반면, 발자크, 플로베르, 바이런에 대해서는 도서관을 채울 수 있다.

만약 어떤 젊은 학자가 나에게, 아직 충분히 논의되지 않은 주제 중에서 가장 풍부한 탐구가 가능한 것은 무엇이냐고 묻는다면, 나는 망설임 없이 이렇게 답할 것이다.

호메로스, 플라톤, 베르길리우스, 밀턴, 라신, 알렉산드로스, 카이사르, 나폴레옹, 사도 시대Apostolic Age, 혁명, 죽음, 사랑.

그 판단 기준은 단순하다. 지적인 아이가 흥미를 느낄 만한 것인가? 아이들은 모방으로 망가지기 전까지는 자질구레한 세부 사항에 관심을 두지 않는다. 이와 관련한 경험적 증거는 충분하다.

나폴레옹에 관한 책 중에서 성공하지 못한 사례가 있었던가?

만약 마담 드 스탈Madame de Staël이 자신의 날카로운 지성을 처음부터 인간의 정념, 문학의 기초, 혁명, 독일 낭만주의 German Romanticism 같은 본질적인 주제에 끌리지 않았더라면, 그녀가 그렇게 깊은 영향을 미칠 수 있었을까?

생트뵈브Sainte-Beuve의 방대한 저작 중에서, 우리가 지금도 다시 읽는 부분과 건너뛰는 부분은 어디인가?

라파엘로의 그림을 모으는 대신 성냥갑 컬렉션을 더 선호하는 사람이 과연 몇이나 되는가?

일간지 저널리즘의 가장 큰 저주는, 그 사소한 주제들이 피상적인 접근을 유도한다는 점이다. 그러나 헤드라인이 더 깊고 풍부한 영역을 다루는 순간, 기자는 시인에게 자리를 내주게 된다.

위대함에 다가서는 사람과 한 시간이라도 같은 방에 있으면, 그 사람의 탁월한 사고에 전염되는 듯한 느낌을 받지 않을 수 없다. 물론 그러한 인물들을 늘 쉽게 만날 수 있는 것은 아니며, 우리가 그들과 조우할 기회는 제한적일 수도 있다. 그렇지만, 평균적인 역사, 문학, 자선 활동 또는 예술, 더 나아가 위대한 종교인이나 성인들의 역사를 알고 있는 사람이라면, 상상의 세계에 각 분야의 뛰어난 인물들을 불러들일 수 있다. 뒤에서 설명하겠지만, 우리가 외로움을 느낄 때 위대한 인물을 소환하여 동반자로 삼는 법을 배울 수 있다. 그러나 진지한 시간을 더 유익하게 보내는 방법은 위대한 인물들의 삶이나 사상을 연구하는 것이다.

플루타르코스의 『영웅전』은 전 세계의 엘리트들에게 일급의 정신적 양식을 제공해 왔으며, 그것이 단순히 재미있는 책이 아니라 고전으로 평가받게 되었다. 미국에서 많은 사람들이 기묘하게도 믿는 바와 같이 왕의 정부도 아니고, 현대 프랑스인들이 어리석게 상상하는 지루한 인물도 아닌 마담 드 맹트농은 자신과 오빠에게 늘 플루타르코스의 영웅들을 놀이와 대화 속에 끌어들이라는 위그노교도인 어머니의 요구를 받고, 그 명령을 기쁘게 따랐다고 말한다. 오늘날 프랑스 학교 학생들은 플루타르코스를 읽지 않는다. 그리스어 시험을 위해 커리큘럼에 포함된 부분만 겨우 읽을 뿐이다. 대신 프랑스 문학 교과서로 대체된다.

아이들은 비범한 것을 좋아하고 평범함을 싫어하기 때문에, 남의 삶뿐 아니라 자신의 삶에서도 뻔한 것을 경멸한다. 비록 뮈세Musset의 도덕적 모범이 데모스테네스Demosthenes보다는 못하지만,* 뮈세의 약점이 결국 시집 『10월의 밤Nuit d'Octobre』을 낳았기에, 아이들은 평범함을 우아하게 표현하는 방법도 있다는 결론을 내리고 그것을 모방해야 한다고 생각한다. 그가 책을 가방에 넣으면서 이례적인 진지함을 보일 때, 그의 머릿속은 이미 이런 생각으로 가득 차 있다. 이 소년의 생각이, 10년 후 그가 변호사나 금융가가 되어 돈, 성공, 여성에 주로 관심을 갖게 되는 때보다, 더 진정한 사고에 가까이 있지 않다고 누가 단언할 수 있겠는가?

우리의 욕망이 가져오는 사고의 평범함에 대한 해결책으로 위대한 인물들의 삶에 대한 묵상을 능가하는 것은 없다. 클레망소의 작은 책 『데모스테네스』를 열어보면, 저널리즘, 정치, 결투, 그리고 의회에서의 격한 논쟁 같은 것이 그의 삶을 피상적으로 만들 뻔한 상황에서, 위대한 애국자와 위대한 사상가를 항상 선호했던 그의 삶의 결과를 손으로 만지듯 느낄 수 있

---

* 알프레드 드 뮈세는 19세기 프랑스 낭만주의 시인으로, 그의 삶은 방탕한 생활과 연애 스캔들(특히 조르주 상드와의 연애)로 유명하다. 그의 문학적 성취는 인정받을 만하지만, 도덕적 모범으로 삼기에는 부적절하다는 의미로 보인다.

다. 클레망소보다 훨씬 아래에 있는 위치에서도, 나는 여러 차례 사회주의 선동가들이 단지 자신들의 행동이 위대한 혁명가들의 전통에 서 있다고 주장하는 것만으로도 예상치 못한 존엄성을 획득하는 것을 보았다. 위대함에 대한 언급만으로도 마법처럼 사람들에게 놀라운 영향을 미치는 이유는, 우리 모두가 위대함이 우리의 삶에 끼치는 확실한 영향을 깨닫고 있기 때문이다.

만약 어느 순간, 자신의 행동에 영향을 미치는 최근의 위대한 인물이 떠오르지 않는다면, 자신의 사고와 존재의 질에 대해 스스로 평결을 내릴 수 있다. **평범.** 반대로, 특정 정치인이나 이른바 지도자의 공개 발언을 분석해 보면, 그가 어떤 불가항력적인 위대함의 기억에 사로잡혀 있는지, 아니면 단순히 당시의 일반적인 이해관계에 움직이는지 알 수 있다. 미국은 링컨이 여전히 국회의사당 언덕 위에 생생한 존재로 남아 있다는 사실에 얼마나 많은 것을 빚지고 있는지 깨닫지 못한다. 그의 존재는 굳이 찾지 않더라도 어쩔 수 없이 다가온다.

확신이 안 서는가? 무감각한가? 링컨이나 플루타르코스와는 거리가 먼 상태인가? 아, 인생이란 얼마나 따분한지Ah! que la vie est quotidienne! 그래도 절망해서 초콜릿이나 소년들에 빠져 스스로 목숨을 끊을 필요는 없다.

분명히 당신은 자연을 좋아한다. 나는 당신이 혼자서 뉴포트의 절벽길을 걸으며 행복해하는 모습을 본 적이 있다. 당신은 음악을 좋아하고, 그림을 좋아하고, 자수를 열렬히 사랑한다. 로마라는 개념은 당신이 딜리오 호Duilio의 트랩을 건널 때마다 어떤 의미를 지닌다. 그것으로 충분하다. 만약 당신이 자신이 감당할 수 있는 최대의 즐거움을 주지 못하는 것을 대체로 배제한다면, 얼마나 탁월한 사람이 될 것이며, 당신의 마음은 얼마나 빛나는 정원으로 나타나겠는가. 그러나 우리의 본성의 신비 중 하나는, 식탁에 맛있는 음식이 가득 차 있을 때도, 우리는 허버드 할머니의 텅 빈 찬장*을 보고 울고 싶어 한다는 것이다.

(b) 도덕적 고양 – 고상한 사고의 조건

"위대한 생각은 마음에서 비롯된다"고 보브나르그는 말했다. 주베르도 이에 동의했다. "따뜻함이 없는 영혼에서는 빛도 나지 않는다."

현대 프랑스인들은, 낭만주의적 성향에도 불구하고, 사고의 산출을 순전히 지적인 과정으로 바라보는 그리스인들의 관점

---

* 1800년대 초반 영국에서 유행한 동요 「허바드 할머니의 찬장Mother Hubbard's cupboard」을 가리킨다. 내용은 다음과 같다. '허바드 할머니 찬장으로 가셨네, 불쌍한 강아지에게 뼈를 주려 했지만; 도착했을 때, 찬장은 텅 비어 있었고, 결국 그 강아지는 뼈 한 점도 얻지 못했네.'

으로 점점 되돌아가는 경향을 보인다. 그러나 그들은 종종 위와 같은 표현을 내뱉음으로써 자신들의 철학을 스스로 배반하곤 한다. 사실, 지성에 무한한 자유를 부여한다고 가정할 때 그것이 얼마나 황폐해지는지는 살아가면서 누구나 깨닫지 않을 수 없다. 반면, 우리는 언젠가는 지적으로 우리보다 열등한 사람들을 만나면서도, 그들의 생각에 경탄을 금치 못하게 되는 순간을 맞이한다.

로마의 교회 계단에서 누더기와 오물에 뒤덮인 채 살아간 프랑스의 거지, 성 라브르Saint Labre의 삶을 읽어 보라. 혹은, 프랑스 성직자들이 너무 부족하여 까다롭게 선발할 수도 없었던 시대에, 너무나도 지적 재능이 부족하여 성직 서품을 거의 거부당할 뻔했던 아르스의 가난한 신부, 장 바티스트 비안네Jean-Baptiste Vianney의 삶을 읽어 보라. 이 두 사람은 아무것도 알지 못했지만, 모든 것을 꿰뚫어 보았다. 그리고 그들의 세계관— 그들의 철학과 표현이라고 말하면 아마도 그들은 크게 놀랄 테지만 —과 그것의 표현은 최고의 품격을 지니고 있었다. 그들의 초상화를 보라. 그들의 눈빛과 얼굴에 서려 있는, 빛을 발하는 무언가를 볼 수 있을 것이다. 그것이 사고를 반영하는 것이 아니라면, 무엇이란 말인가?

사랑은, 그것이 진리에 대한 끌림이든, 순수하고 단순한 근원적 사랑이든, 언제나 지성을 열어주고 그것에 천재성의 자유를 부여한다. 모성 또한 그러한 방식으로 작용한다. 물론 동물들도 그것을 경이롭게 보여준다. 그리고 — 이것이 얄팍한 역설을 노린 것이 아님을 전제로 — 심지어 가식적인 여성들조차도 그것을 보여준다. 사랑이 흘러넘치는 한, 이러한 변모는 지속된다.

이와 마찬가지로, 영혼 전체를 채우는 강력한 이타적 충동도 같은 효과를 낳는다. 전쟁은 수천 명의 남녀들에게 그들의 유휴 상태에 있던 헌신의 힘을 발휘할 기회를 제공했다. 1908년경 스타니슬라스 대학College Stanislas의 벨지오조소관 Pavilion Belgiojoso에서 나를 찾아온 한 유명한 미국 여성과 만난 적이 있다. 그녀는 당시 절정에 달했던 시용Sillon 운동*에 대한 정보를 원했다. 그러나 나는 그녀가 그보다 더 절실히 필요로 한 것은, 자신의 영혼 속에 넘치는 에너지를 쏟아부을 기회라는 사실을 느낄 수 있었다. 나는 그녀의 갈라진 듯하면서도

---

* 프랑스 제3공화국 시기(1894~1910년경)에 존재했던 가톨릭 신앙과 민주주의를 결합하여, 노동자·농민·청년들에게 사회적·정치적 참여의 기회를 주려는 운동이었다. 그러나 1905년 프랑스 정교분리법 이후, 카톨릭 교회와의 긴장이 고조되었다. 1910년, 교황 비오 10세는 시용 운동이 과도하게 민주주의와 자유주의적 요소를 강조하고 있다며 경고했고, 이에 따라 시용 운동은 점차 쇠퇴의 길을 걸었다. 하지만 시용 운동의 정신은 이후 프랑스와 유럽의 그리스도교 민주주의 정당과 운동에 큰 영향을 미쳤다.

품위 있는 목소리로 이어진 간절한 질문들을 기억한다. 그녀가 던지는 모든 말은, 자신의 정신과 감정을 해방시켜 줄 무언가를 향한 억눌린 갈망을 드러내고 있었다. 그리고 전쟁은 그녀가 오랫동안 갈망해 온 그 기회를 제공했다. 그녀는 자신을 아낌없이 바쳤으며, 곧바로 그에 대한 보상을 받았다.

나는 1919년 캘리포니아에서 다시 그녀를 만났다. 그녀는 마치 행복한 결혼이 한 사람을 변화시키듯이 변모해 있었다. 이전에는 그녀를 동시에 기품 있게도, 측은하게도 만들었던 억눌린 열정이 사라졌고, 그 대신 강력하고도 충만하게 지성이 작동하는 모습과 설득력 있는 언어 구사의 능숙함이 자리 잡고 있었다. 그녀의 말 하나하나에는 충만함이 배어 있었다.

그녀의 경우는 수천 가지 사례 중 하나일 뿐이다. 진정한 의미의 선교사, 진정한 헌신을 보인 병원 근무자, 수없이 많은 유형의 사회 복지사들, 줄리아 워드 하우Julia Ward Howe, 플로렌스 나이팅게일Florence Nightingale, 로잘리 수녀Sister Rosalie와 같은 여성들 — 그들은 단순히 '행동하는 이상理想'에 헌신한 것처럼 보이지만, 그러한 헌신에 의해 그들은 정신적으로 변모했다. 마담 귀용Madame Guyon이 말했듯이, 이들은 자신이 추구하는 바에 대해 끝없이 글을 쓰거나 말할 수 있게 되었다. 지적 열등감은 사랑 앞에서 엷은 눈雪처럼 사라지며, 영혼의 해방은 완전하게 이루어진다.

이러한 해방의 기회는, 어느 곳보다도 미국에서 가장 풍부하게 주어진다. 미국에서는 협력적이고 공동체적인 개선을 향한 원시적 충동이 사그라들기는커녕 오히려 더욱 강력하게 작동하는 듯하다. 단 한 번이라도 자선 모금을 위해 직접 발로 뛰어본 사람이라면, 일반적인 통념과 달리 많은 미국 부유층이 단돈 1달러의 기부를 거절할 수도 있지만, 협력의 가치가 있는 아이디어를 제시할 경우 미국만큼 훌륭한 협력자를 찾기 쉬운 곳도 없다는 사실을 깨닫게 될 것이다. 자선은 단지 지적 관대함의 자연스러운 결과에 불과하다. 그리고 지적 관대함은 미국인의 본능이다. 그러므로 미국인이 순수한 사랑을 통해 발전할 수 있는 기회를 많이 가지는 것도, 미국 사회가 '이상적ideal'이라고 부르는 집단적 사고를 통해 예외적으로 높은 수준을 유지하는 것도, 전혀 놀라운 일이 아니다.

하지만 이러한 기회들이 정직한 욕망을 충족시키지 못하고, 모든 사람이 행복하며 단지 한 해 동안에만 보스턴 거리에서 5만 6천 마리의 길 잃은 고양이가 고통받는 모습을 발견하지 않았더라도, 우리는 도덕적 노력을 통해 사고의 영역으로 올라갈 수 없는 것일까? 잠시 당신의 의식의 흐름을 멈추고, 자신의 내면을 들여다보며 그곳에서 떠오르고 사라지는 이미지를 포착해 보라. 무엇이 보이는가? 하찮은 자존심은 물론이고, 그보다 더 자주 사소한 짜증이 자리 잡고 있을 것이다.

인간의 본성은 고결하지도, 너그럽지도 않다. 우리는 친절보다 모욕을 더 쉽게 기억한다. 낯선 나라나 가정에서 며칠 동안 예우와 친절만을 받으며 지낼 수도 있다. 그러나 단 한 번 불쾌함을 느끼거나 기분이 상하는 순간, 우리는 그 모든 행복을 잊고 하찮은 불만에 집착한다. 우리는 예민하고 늘 경계 태세에 있으며, 자기 이익에 사로잡혀 있다. 나이가 들수록 세상과의 거리감을 유지해야 함에도 불구하고, 오히려 더욱 기회에 민감해진다. 세월이 흐르며 습득한 의도적인 솔직함은 우리가 감추고 싶은 본성을 가리는 가면일 뿐이다.

조제프 드 메스트르Joseph de Maistre는 언젠가 악당의 영혼이 어떤지는 알 수 없지만, 선한 사람의 영혼이 무엇으로 이루어졌는지는 잘 알고 있는데 그것은 참으로 끔찍했다고 했다. 우리 모두가 속으로 인정하는 진실이다. 그러므로 우리의 정신이 고귀한 이미지들로 채워지지 못하고, 자질구레한 것들과 저속한 상념으로 가득하다고 해도 놀랄 일이 아니다. 진정한 사고는 결코 비열한 사고에서 싹틀 수 없다. 그러나 우리가 평범하거나 그 이하의 동료 대신 품위 있는 동료를, 나쁜 책 대신 좋은 책을 선호할 수 있는 것처럼, 열등한 생각을 누르고 더 나은 생각을 초대할 수 있다. 마치 똑바로 앉는 법을 배우거나, 심지어 사적인 공간에서도 지나친 태도의 자유에 굴복하지 않는 것처럼, 우리는 그다지 자랑스럽지 못한 영혼의 방문자들을 몰아낼 수 있다. 이러한 겸허한 존엄성의 시작은 보다 명료한 판단력과, 지성의 한 측면인 폭넓은 동정심으로 보답받을 것이다. 선한 사람들은 대개 올바르게 생각한다. 그들이 그렇지 않을 때는 부자연스러워 보이며, 우리 영혼의 저열한 부분, 언제나 외침을 준비하는 반란자들이 비열하게 승리하는 것이다.

(c) 책에서 얻는 고차원적 사고

제2부 6장 (c)에서 피상적인 독서의 위험성에 대해 언급한 내용을 참고한다면, 여기에서 어떤 논의가 이어질지 짐작할 수 있을 것이다. 대부분의 사람들에게 독서란, 시간을 죽이는 행위를 고상한 명칭으로 위장한 것에 불과하다. 이처럼 무의미한 독서는 지성의 탄력성을 빠르게 약화시킨다. 이것은 사고의 기술에 정면으로 반하는 행위이다. 책을 사고의 보조 도구로 사용하려면, 단순히 재미를 주거나, 머리를 잠들게 하는 것이 아니라 사고를 깨우는 책을 읽어야 한다.

그러한 책이란 어떤 것들인가?

이에 대한 답은 당신 스스로 가장 잘 알고 있으며, 나는 그것을 전혀 알지 못한다. 책이란 풍경과 같아서, 각각의 독자가 받아들이는 의식의 상태에 따라 다르게 보인다. 어쩌면 한 권의 책, 한 편의 팸플릿, 백과사전의 한 항목, 혹은 오래된 신문 기사 한 조각이 과거에 당신의 사고를 자극한 적이 있을지도 모른다. 사실, 그러한 책들은 여럿일 가능성이 크다. 혹시 당신이 극소수의 희귀한 인간, 즉 불과 몇 줄의 인쇄된 문장만으로도 사고의 세계를 구축할 수 있는 사람일 수도 있다. 라마르틴의 표현을 빌리자면, "그들의 사고는 스스로 사고한다."

어떤 사람들에게 사고를 촉진하는 요소는 시일 수도 있고, 역사, 철학, 과학, 혹은 인류의 진보일 수도 있다. 어떤 사람들은 책 한 권을 읽을 때는 쉽게 잠들어 버리지만, 책의 리뷰는 더 압축적이고 접근하기 쉬워서 관심을 가질 수도 있다. 만약 리뷰가 당신의 사고를 촉진할 수 있다면, 즉 그것이 당신의 정신 속에서 살아남아 그 출처를 잊어버린 후에도 여운을 남길 수 있다면, 리뷰를 읽어라. 셰익스피어의 인용구가 당신에게 마법 같은 영향을 준다면, 하루에 네 줄씩만 읽어라. 대수학을 읽어라. 위대한 발명가들의 전기를 읽어라. 위대한 사업가들의 삶을 읽어라. 당신만이 알고 있는, 당신에게 사고를 촉진하는 책을 읽어라.

어떤 사람들은 셸리의 작품 전체보다, 고전적인 톰슨*의 열 줄에서 더 많은 시적 감동을 받는다. 그 이유는, 그 열 줄을 유

---

* 18세기 스코틀랜드 시인 제임스 톰슨(James Thomson, 1700~1748)을 가리키는 것으로 보인다. 대표작 『사계*The Seasons*』 등으로 널리 알려져 있으며, 학교 교육에서 널리 읽혔던 작가이다.

년기에 읽었거나, 특히 감수성이 예민한 시기에 접했기 때문이다. 마찬가지로, 바그너의 오페라보다 17세기 미뉴에트의 고풍스럽고도 용감한 우수에서 더 깊은 낭만성을 발견할 수도 있다. 아무도 우리의 사고를 대신해 줄 수 없으며, 아무도 우리의 사고를 촉진하는 요소가 무엇인지 정해줄 수 없다. 우리에게 사고하게 만드는 책이란, 한 페이지를 읽고 나면 다시 덮을 수 없는 책이다. 그 내용에 매료되어 계속해서 읽어나갈 수밖에 없기 때문이다. 또는, 한 페이지를 읽자마자 무릎 위에 내려놓게 되는 책이기도 하다. 그 책이 던지는 말이 우리로 하여금 저항할 수 없이 의문을 품고, 반박하고, 보완하도록 만들기 때문이다.

책의 제목도, 범주도, 누구도 대신 정해줄 수 없다. 그리고 내가 여기서 말하려는 것이 당신으로 하여금 '나에게 가장 사고를 자극하는 책은 무엇인가?'라는 전적으로 개인적인 질문에 대한 자신의 답을 의심하게 만들어서는 안 될 것이다.

사고의 기회를 발견하는 방법은 책뿐만이 아니다. 월터 스콧은 자신과 전혀 관련 없는 주제의 책을 읽으면서도 소설의 영감을 얻었다. 칸트 역시 여행기 속에서 철학적 영감을 떠올렸을 것이다. 강연이나 음악회를 감상한 후, 그 경험을 곱씹어 본 적이 있는가? 때로는 논리나 음악을 평소보다 더 명료하게 따라가는 즐거움을 느낄 것이며, 더 자주 그 연설이나 모티프가 당신 깊은 곳에 숨어 있던 어떤 활동을 불러일으켜, 한 시간 동안 가장 개인적인 상태에 빠지게 할 것이다. 사고의 기술이란, 그런 순간을 더 자주, 더 쉽게 만들어 가는 것이다.

작가의 문체만을 목적으로 책을 읽어서는 안 된다. 뉴먼*의 전기들에 따르면 그는 매년 문체 때문에 제인 오스틴의 『맨스필드 파크』를 읽었다고 한다. 확실히 영어 문체의 대가였던 뉴먼은, 제인 오스틴의 언어가 가진 정교함을 인식했을지언정, 단순한 단어나 우아함 이상의 것을 원했기에 사람들이 작가의 문체라고 부르는 것, 즉 표현 방식의 몸짓 따위에는 관심을 두지 않았다. 우리가 단지 단어만 다루며, 그 걸작이 단지 여러 조각을 엮은 산문집에 불과한 독선가의 수준에 머물고 싶지 않다면, 우리 역시 그러해야 한다. 이 점에 대해 단호한 태도를 취하면, 우리 자신은 사물의 실체를 무엇보다 중요하게 여기는 강인한 사람들의 집단 속에 즉시 들어가게 될 것이다. 우리가 정말로 알고자 하는 것은 한 사람이 어떤 의미를 담고 있는지, 그것이 어디로 향하고 있는지, 그것이 우리와 우리의 동료들에

---

* 존 헨리 뉴먼(John Henry Newman, 1801~1890)을 가리킨다. 영국의 교회 지도자이자 신학자였으며, 카톨릭 교회로 개종한 후 교황 요한 23세에 의해 성인으로 인정받았다. 옥스포드 운동Oxford Movement을 이끈 인물 중 하나로, 영국국교회의 개혁을 강조했고 영어 문체에 관한 뛰어난 감각과 고급 영어를 구사하는 것으로도 유명했다.

게 어떤 유익을 줄 수 있는지이다. 만일 모든 것을 '영원의 관점sub specie aeternitatis'에서 바라보는 그리스도교적 습관이 이러한 태도를 더욱 완전하게 하고 지적 영역을 넘어서는 자비로움까지 더해준다면, 우리는 그로 인해 분명 더 큰 이익을 얻게 될 것이다.

그렇다면 우리는 어떤 책을 그렇게 읽어야 하는가?

사람의 사고력을 강화해 주는 데 결코 실패하지 않았던 원칙은 잘 알려진 격언이다. **"좋은 책을 읽지 말라 — 그러기에는 인생은 너무 짧다 — 오직 최고의 책만 읽어라."** 이 간단한 조언은 좋은 공기와 좋은 음식이 신체 위생에 불변의 원칙인 것처럼 확실하다. 하지만 현대인의 20명 중 19명은 이 원칙 앞에서 주춤한다. "또 명작이라니," 그들은 한숨을 내쉬며 말한다. "『아이네이스』, 『신곡』, 『실낙원』, 이미 물리게 들었잖아. 차라리 평범하게 사는 게 낫겠어, 지루한 건 싫으니까."

명작이 따분한 교과서이며, 둔한 선생이 해석해 주는 시험 준비물이라는 인식은 교육이 만들어낸 놀라운 산물이다. 차라리 무지가 더 낫다. 무지는 학교에서 훌륭한 문학과 유대감을 느끼지 못한다는 열등감을 만들어내지는 않는다. 하지만 위에서 언급한 원칙을 약간 수정한다면 이 잘못된 생각은 쉽게 사라질 수 있다. **"가장 큰 즐거움을 줄 수 있는 책만 읽으라."**

19세기 런던에 살았던, 재정 형편이 넉넉하지 않지만 문명에서 빛나는 무언가, 특히 연극, 아름다운 배우들, 재능과 우아함을 즐기는 데 일가견이 있던 한 사무원에 대한 이야기를 떠올려 보자. 이 사람은 당연히 연극을 보러 다녔지만, 낮 시간대의 여가 시간에는 희곡을 읽었다. 시대와 나라를 막론하고, 그리고 그 장르가 무엇이든 간에 자신에게 즐거움을 주는 작품들을 읽었다. 이 독자는 자신의 즐거움을 어떤 다른 고려사항보다 우선하는 태도를 분명히 가지고 있었다. 그의 인상들에 대해 우리는 잘 알고 있다. 우리는 다른 어떤 사람의 정신적 배경보다 이 완벽한 딜레탕트에 대해 더 잘 알 수 있다.

이 사람은 오직 자신을 즐겁게 하고, 자신이 느낀 즐거움을 분석하는 데 집중한 덕분에 적지 않은 독창성을 이뤄냈다. 만일 그가 그 당시에 많은 사람들이 여전히 읽던 유명한 설교를 읽어야 한다고 자신을 강요했더라면, 그의 삶은 덜 즐거웠을 뿐 아니라 별 가치 없는 것이었을 것이다. 그의 이름은 찰스 램이었다. 우리가 그가 즐겨 읽은 문학을 들여다보면, 그것이 바로 극문학의 진수였음을 발견하게 된다. 교사나 교육 방식이 남긴 결함 때문에 명작에 대한 편견이 너무나 강한 나머지, 우리는 곧바로 맥이 풀리고, 익숙한 혐오감만 남게 된다.

그럼에도 불구하고 램은 16세기 극작가들의 작품을 읽으며 평생 훌륭한 시간을 보냈다. 그것은 쓰레기 같은 책들로는 결코 얻을 수 없는, 열등감에 얽매이지 않고 누릴 수 있는 그 어떤 시간보다도 훨씬 나은 시간이었다.

몇 년 전, 나는 몬트리올에서 보스턴으로 가는 풀먼 객차를 타고 여행한 적이 있다. 이상하게도 목적지에 도착할 때까지 승객은 단 세 명뿐이었다. 내 맞은편에는 맥길 대학의 학생으로 보이는 여학생이 앉아 있었는데, 그녀를 배웅하러 나온 두 명의 다른 여학생들과 나눈 대화를 들으니 3학년 학생인 듯했다. 통로 건너편에는 또 다른 승객이 있었는데, 깔끔한 옷차림에 준수한 외모를 가진 젊은 미국 남성이었다. 너무나 매력적이어서, 그에게 천재성뿐 아니라 자잘한 장점들까지 덧붙여 상상하고 싶어질 정도였다. 이 반신demi-god의 젊은이는 책을 읽고 있었다. 맥길 여학생은 잠시 그를 바라보다가, 그들의 시선이 마주치자 작은 미소와 함께 조심스럽게 물었다. "독서하세요?" 그러자 잠시 침묵이 흐른 뒤, 꽤나 세련되지 못한 음성으로 대답이 돌아왔다. "네. 내가 원하는 건 사내아이가 나오는 사랑 이야기인데, 그 아이가 아주 악동처럼 굴었으면 좋겠어요." 그러고는 그 책을 통로 너머로 건네주었고, 여학생은 읽기 시작했다. 그 목소리는 다소 실망스러웠고, 책도 별반 다르지 않은 듯 보였다. 그럼에도 불구하고 여학생은 계속 책장을 넘기며 훑어 나갔다. 잠시 뒤, 교수로서의 양심이 나를 찔러 왔고, 나는 그녀에게 조용히 몸을 기울여 물었다.

"혹시 『허영의 시장 *Vanity Fair*』을 읽어 본 적 있나요?"

그녀는 고개를 들어 약간 붉어진 얼굴로 대답했습니다.

"디킨스요?"

"아니요," 나는 대답했다. "새……"

"아! 새커리 말이군요! 아뇨, 그건 필독서 목록에 없었어요."

내 여행 가방 속에 『허영의 시장』이 있었다면, 그것을 무작위로 펼쳐 소녀에게 읽어 주며, 그녀가 베키 샤프가 피트 경의 시내 저택과 그의 불멸의 청소부를 처음 만나는 장면을 보고 기뻐하는 모습을 지켜볼 수 있었을 것이다!

"학생은 아직 『허영의 시장』을 읽어본 적이 없군요. 그 책은 정말 흥미진진한 작품이에요." 나는 말했다. "그런데 학생은 지루하기 짝이 없는 사춘기 연애 소설에 한 시간을 낭비했어요."

그녀는 확실히 아주 지루해 보였지만, 내 말에 설득당하지는 않았다. 명작이 단순히 "필독서 목록에 있는 책"으로 여겨지는 한, 하찮은 책들이 언제나 선호될 수밖에 없다. 위대한 책에서 감동을 받느니, 차라리 책을 읽으며 지루해하는 편이 낫다고 여기는 것이다.

과제, 시험 문제, 학자들의 주석 등이 이러한 현상의 주요 원인이다. 하지만 한 번 위대한 책이 '필독서'라는 꼬리표를 떼게 되는 순간, 그것은 원래의 가치 — 매혹적인 독서 경험 —를 되찾는다.

또 다른 기차에서의 에피소드가 이 사실을 내게 단적으로 증명해 주었다. 파리에서 오를레앙으로 가는 기차 안에서였는데, 내 맞은편에는 시골 출신으로 보이지만 지적으로 보이는 한 남자가 서류를 정리하고 있었다. 내 쪽 구석자리에는 그의 딸로 보이는 열두 살쯤 된 검은 옷을 입은 소녀가 앉아 있었다. 그녀는 아마추어 장정가가 검은 천으로 제본한 작은 네모난 책을 읽고 있었다. 나는 그 누구도 그렇게 몰입하여 책을 읽는 모습을 본 적이 없었다. 마치 고풍스럽고 단정한 작은 존재가 그 책 속으로 사라지려는 듯했다.

어느새, 그렇게 몰입해서 책을 읽을 수 있다는 사실이 내 호기심을 자극하여 참기 힘들게 만들었다. 나는 아버지와 잠시 대화하는 척한 후, 갑자기 그 소녀에게 돌아서서 물었다.

"뭘 그렇게 재미있게 읽고 있니?"

소녀는 마치 아주 먼 곳에서 소환된 것처럼 얼굴을 들었다.

"선생님, 이건 로마사 책이에요." 잠시 뜸을 들이고 "이제 곧 율리우스 카이사르가 나와요et je vais arriver à Jules César!"

"어떻게 곧 카이사르 부분이 나온다는 걸 알지?"

"아, 이 책을 여러 번 읽었거든요!"

나는 "et je vais arriver à Jules César!"라고 말할 때의 그 소녀의 강조를 잊을 수 없다. 크리스마스를 앞둔 기대감, 졸업식, 첫 유럽 여행, 사교계 데뷔 — 그 어떤 것도 그토록 강렬한 강조를 이끌어내지는 못할 것이다.

나는 단번에 그녀의 배경을 그려볼 수 있었다. 광활한 밀밭과 포도밭 사이의 거센 바람이 부는 시골 농가. 큰 벽난로가 있는 살롱. 벽난로 선반 아래, 먼지가 쌓인 기도서 몇 권, 원예서, 요리책, 측량 안내서, 가정법률서, 라루스 사전, 낡은 연감 몇 개, 그리고 저 멀리 한쪽 구석에 검은 천으로 제본된 로마사 Histoire Romaine.

현대적인 소설이나 잡지들로 가득한 도서관에서라면, 이 작은 책은 아이들에게 마치 검은 수도사처럼 위압적으로 보였을 것이다. 하지만 가정법률서나 측량 안내서 옆에서는 로마사가 다시금 빛을 되찾았고, 카이사르는 수 세기 동안 그러했듯이 다시 한 번 낭만적인 영웅으로 자리 잡았다.

놀랍게도, 그 작은 소녀는 공주들이 수 세기 동안 품어왔던 꿈과 동경과 존경을 고스란히 체현하고 있었다. 그녀가 기품 있어 보였던 것도 당연한 일이었다.

이것이 고전이 하는 일이다 — 교사들의 잘못된 가르침으로 인해 죽어버리지 않는다면, 그리고 무엇보다도 하찮은 책들과 나란히 놓여 비교당하는 일이 없다면 말이다. 우리 아이들이, 우리가 속수무책으로 바라보는 가운데 소비하는 저열한 책들은 결코 위대한 책들이 선사하는 고양감을 — 나아가, 그 자연스러운 즐거움을 — 줄 수 없다. 그러므로, 만약 당신이 진정한 사고의 힘으로 활력을 얻고 싶다면, 그리고 독서를 하는 동안 단 한순간도 지루함을 느끼고 싶지 않다면, 인류가 책을 가지게 된 이래 최고의 인물들이 해왔던 일, 즉 최고가 아닌 것들은 단호히 배제하라.

만약 당신의 내면에서 이에 반발하는 무언가가 있다면, 당신은 지금 이 책을 읽을 만한 상태가 아니며, 사고의 기술Art of Thinking을 원하지 않는 것이거나, 혹은 단순한 정신적 사탕들만을 바라는 것일 뿐이다. 그렇다면 굿바이.

그러나, 떠나기 전에, 당신에게 조금이라도 매력을 느끼게 하는 위대한 책들의 목록을 작성해 보라. 그리고 몇 달 동안의 경험을 통해, 그중 어떤 책이 당신에게 순수한 기쁨을 주는지를 확인하라. 그 스무 권 혹은 서른 권의 책들이 당신의 도서관이 될 것이다. 즉, 그것들은 당신의 사고의 원천이자, 즐거움이 될 것이며, 사람들로 하여금 당신이 누리는 독서의 기쁨을 부러워하게 만들 것이다. 그리고 결국 그것들은 당신의 자부심이 될 것이다.

그렇다면 현대 문학을 포기하고 과거의 유산 속에서만 살아야 한다는 말인가? 결코 그렇지 않다. 지금, 여기hic et nunc의 문제만큼 사고를 자극하는 것은 없으며, 만약 당신이 자신의 시대에 속하지 않는다면 과연 어느 시대에 속할 수 있겠는가? 우리는 현대 시인과 소설가들을 읽어야 하며, 예술의 최첨

단 흐름을 따라가야 한다. 1840년경 런던에도 『피크윅 페이퍼스 *Pickwick Papers*』가 애디슨Addison의 〈스펙테이터Spectator〉와 너무 다르다고 읽기를 거부한 고집스러운 노인들이 있었을 것이다. 그들은 손해를 본 것이다. 마찬가지로 오늘날 싱클레어 루이스나 아널드 베넷을 무시하는 것도 어리석은 일일 것이다. 비록 80년 후 그들이 20세기 초의 디킨스처럼 보이지 않을 가능성이 크더라도 말이다. 그러나, 오늘날 쏟아지는 산업화된 문학을 모두 따라가려 한다면, 압도당해 길을 잃고 말 것이다. 그렇다면 선택할 방법은 없는가?

방법은 수십 가지가 있겠지만, 간단한 기준이 하나 있다. 출간 후 3개월, 즉 겨우 12주 만에 잊혀지는 책들은 과감히 배제하라. 그렇게 걸러내고 나면, 읽을 만한 책이 얼마나 적은지 놀라게 될 것이다. 사람들은 출간 당시 큰 관심을 끌었던 많은 책들이 사실은 출판사의 상업적 전략과 인위적 마케팅의 결과라는 점을 깨닫지 못한다. 대중은 마치 책 자체가 모든 것을 해낸다고 믿지만, 실상 책이 아니라 출판사가 주도한 현상일 뿐이다. 그 효과도 길어야 한두 주를 넘기지 못하고 10주만 지나도 그 열기는 완전히 사라진다.

지난 몇 년간 출간된 책들 중 여전히 서가에 남아 있어 가끔 손길이 가는 미국 작가들의 목록을 작성해 보라. 그들이 바로, 훨씬 양질의 독서를 위해서라도 결코 버려서는 안 될 작가들이지만, 그 수가 얼마나 적은지 바로 깨닫게 될 것이다. 대중적 명성notoriety은 단순한 홍보보다야 낫지만, 진정한 명성fame에는 한참 못 미친다. 어떤 사람이 당신이 아직 유명해지지 않은 책들을 읽지 않는다고 비난한다면, 그는 출판사 광고문을 인용하는 것일 뿐이므로, 그에 걸맞게 흘려들으면 된다.

위에서 논의한 모든 내용은 문학에 해당된다. 문학, 특히 고급 시high poetry는 교양 있는 독자라면 반드시 접해야 하며, 생각에 가장 쉽게 접근할 수 있는 길을 제공한다. 그러나 문학만이 유일한 분야는 아니다. 철학, 과학, 현대사, 그리고 이른바 도덕 과학moral science은 모두 세계와 인간에 대한 설명을 제공하며, 사고를 자극하는 강력한 도구가 된다. 사실, 이러한 분야들은 사고를 가장 간결한 형태로 정리하는 일반화로 곧바로 이끈다. 물론, 문학처럼 철학, 역사, 과학에도 반드시 읽어야 할 고전이 있다. 플라톤이나 다윈이 없는 서재는 상상할 수 없다. 하지만, 이 분야에서는 단순히 과거의 고전을 읽는 것을 넘어, 가장 최신의 연구 성과를 반영한 정보를 찾는 것이 허용될 뿐 아니라 필수적이다. 과거의 역사는 현재의 역사를 조명하는 한에서만 의미가 있다. 오늘날의 정치와 경제, 현대 지도자들의 성향과 사상, 정당의 흐름 등을 지속적으로 탐구해야 한다. 세계 지도를 펴고 국경과 그 문제들을 책을 읽듯이 이해할 수 있어야 한다.

철학도 마찬가지다. 영원한 문제들이 오늘날 어떤 위치에 있는지가 과거의 위대한 해답들보다 더 중요하다. 종교적 문제역시 최신 사상가들의 논의를 통해 연구해야 하며, 사회 개혁에 대한 계획들도 마찬가지다. 무엇보다 과학 철학은 필수적이다.

위대한 책, 위대한 인물, 위대한 문제와 위대한 교의, 중요한 사실과 그 교훈들 — 이 모든 것은 자질구레한 것들'tits détails 과 정반대에 있으며, 결국 고차원의 사고를 낳을 수밖에 없다. 우리가 바쁠수록, 선택 기준은 더욱 엄격해야 한다. 많은 사업가들이 높은 수준의 교양을 갖추고 있는 것을 보면 놀랍기까지 하다. 이것은 단순히 바쁜 일상과 피로가 품위와 결합되어 있기 때문만이 아니라, 그들의 삶에는 하찮은 정신적 활동이들어설 여지가 없기 때문이다.

아이들에게 최고의 환경을 제공하고자 하는 부모들은 쓰레기로 분류될 수 있는 모든 것을, 마치 그것이 독약인 것처럼, 아이들의 손이 닿는 곳에서 치워야 한다. 재능 있는 사람들이 최선을 다하고자 하면서, 『로빈슨 크루소』나 『아라비안 나이트』, 또는 페로의 동화보다 못한 책을 유아실에 놔둬서는 안된다는 사실을 깨닫지 못한다는 것은 놀라운 일이다. 자녀들이너무 똑똑해지는 것은 원치 않는가? 18세기의 조숙한 12세 꼬마 숙녀들처럼 되는 것을 바라지 않는가? 창문을 열고 이번 주말 잔디밭에서 아이들이 나누는 대화를 잠시 들어보라. 그러면 안심하게 될 것이다. 단지, 아이들이 우아함을 천박함보다 선호할 수 있도록 가르칠 수 있다면 그보다 더 다행인 일은 없을 것이다. 조제프 드 메스트르는, 어머니가 라신의 시를 자신의 어린 시절에 읽어주었고, "그렇게 일찍부터 이처럼 달콤한 음료를 귀에 담았기에, 이후로 시큼한 것을 거부하게 되었다"고 회고한다. 참으로 드문 결과이다!

(d) 사고를 위한 독서 방법

이 장의 제목은 고대인이나 심지어 고전 시대의 사람들에게는 이해할 수 없는 말처럼 들렸을 것이다. 그들에게 독서란 곧 사고를 의미했다. 따라서 다시 한 번, 졸린 시냇물 소리를 무심히 듣듯이 읽는다는 생각과 습관은 정신적 퇴보의 시대에 속한다는 점을 강조하지 않을 수 없다. 따라서 사고를 원하는 사람이라면 이들을 배경에서 제거해야 한다. 나는 종종 쇼펜하우어의 『여록과 보유 *Parerga and Paralipomena*』에 나오는 격언을 차용하고 싶었던 적이 많다. "읽지 말고, 생각하라!" 또는 그것을 이렇게 바꿔보고 싶었다. **"절대 읽지 말고, 항상 공부하라."** 너무 가혹한 말인가? 흥미를 느끼지 못하는 내용을 공부해서는 안 된다는 것, 그리고 공부란 단지 자신이 가장 흥미로워할 내용을 가장 즐거운 방식으로 끌어내기 위한 것이라는 점을 깨닫는다면 그렇지 않을 것이다. 화가가 아름다운 얼굴을 그냥 흘낏 보는 대신 자세히 연구하듯이 말이다.

우리의 미네르바 여신의 뜻, 즉 우리를 매료시키지 않는 분야에서는 어떠한 지적 성취도 이루어질 수 없다는 사실은 아무리 반복해도 지나치지 않다. 희극에 끌릴 때는 대수학을 다루지 말고, 희극보다 익살극에 더 끌린다면 희극을 접어두고 익살극을 공부하라. 오직 그것만 **공부하라.** 그러다 보면 스카팽*의 대사를 암기하는 것보다 『인간 혐오자*Le Misanthrope*』를 연구하는 데 더 크고 깊은 즐거움이 있다는 것을 곧 깨닫게 될 것이다.

이 원칙을 정립한 후에는 어떻게 읽어야 할까? 자신이 원하는 대로 읽으면 된다. 빠르게 읽는 것이 좋다면 빠르게 읽고, 천천히 읽는 것이 좋고 더 빨리 읽고 싶지 않다면 천천히 읽어라. 파스칼은 우리가 너무 빠르거나 너무 천천히 읽는 경향이 있다고 말하지만, 그는 지나친 속도만을 문제 삼는다. (경솔하게 너무 빠르게 읽는 것은 어리석지만, 진지하게 읽는 경우 빠르게 읽음으로써 유익할 때도 있다.) 몽테뉴는 형식적인 독서 방식에 대해 불평한다. "나는 앉아 있으면 생각이 잠든다"고 그는

---

* 몰리에르의 『스카팽의 간계*Les Fourberies de Scapin*』의 주요 등장인물인 꾀바른 하인.

말한다. "그래서 나와 내 생각은 걸어다닌다." 정직한 노력은 단지 느긋하게 진행되고, 호기심은 메르쿠리우스* 중 한 명의 날개로 날아간다. 열정적인 독서는 단순히 날아다니는 것만이 아니라 뛰어넘기도 한다. 하지만 그렇게 하는 이유는 선택할 수 있기 때문이며, 이것은 높은 지적 성취이다.

당신은 열차 시간표를 어떻게 읽는가? 당신의 목적지까지 건너뛰어 읽고, 그때는 주위에 무관심해지고, 오직 기차의 출발, 도착, 연결편만 골똘히 생각한다. 교차로에 있는 자전거 여행자가 자동차 여행자에게 빌린 지도도 마찬가지이다. 여행자는 온 정신을 이 읽기에 쏟는다. 친구가 기다리고 있는 편지에서 금융 정보를 읽을 때도 마찬가지이다. 철학자의 돌**을 만드는 공식이라도 마찬가지이다. 강렬한 호기심에서 비롯된 독서는 우리가 항상 어떻게 읽어야 할지에 대한 모델을 제공한

---

* Mercurius. 로마 신화에 등장하는 12인의 최고신Dii Consentes 중 하나. 상업, 도적, 통신, 여행을 주재한다. 그리스 신화의 헤르메스에 대응한다.

** philosopher's stone. 연금술에서 수은과 같은 값싼 금속을 금이나 은으로 변환할 수 있는 신비한 물질. '틴크제tincture'나 '가루powder'라고도 불렸다. 연금술사들은 그것이 생명의 영약을 만들어 젊음을 되찾고 불로장생을 가능하게 한다고도 믿었다. 철학자의 돌은 연금술의 신비로운 용어에서 중심적인 상징으로, 최고의 완성, 신성한 깨달음, 지고의 행복을 의미했다. 철학자의 돌을 찾기 위한 노력은 지고의 과업Magnum Opus 이라고 불렸다.

다. 단어 하나하나를 똑같은 주의를 기울여 페이지를 차례로 읽어나가면 단어에만 주의가 집중되고, 단어에 대한 주의는 사고를 일으키지 않으며, 매우 빠르게 산만해진다. 따라서 존경할 만한 노력도 부적절한 양심에 의해 헛되게 된다.

내 친구 앙리 브레몽[Henri Brémond. 문학 연구자, 철학자, 신부, 모더니스트 신학자]은 매우 진지한 주제를 다루는 저명한 프랑스 작가인데, 항상 내가 생각하는 전형적인 능동적인 독자의 모습을 보였다. 그는 자신을 위해 책을 쓰고, 자신의 즐거움을 위해 준비한다. 조금이라도 지루함의 위험을 감지하면 그 문제를 멀리서 연구하며, 마치 선장이 빙산을 관찰하듯이, 서둘러 그리고 불쾌하게 보고서를 작성한다. 반대로, 어떤 주제나 주제의 측면이 그를 매료시키면, 그는 그것에 애정을 담아 다가가며, 그 주제와 정교한 대화를 나눈다. 그러나 이 대화는 당신과 나를 위한 것이 아니다. 우리 같은 독자들은 그다지 중요하게 여겨지지 않는다. 우리는 작가가 자신의 책상에서 선반으로, 또는 선반에서 책상으로 분주히 움직이는 도서관에 들어가는 것을 허락받아, 그가 내뱉는 유머러스하거나 감탄스럽거나 짜증 섞인 발언을, 당시의 유행 양식에 따라 한 권의 책에서 다음 권으로 전환한 것을, 엿듣게 된다. 우리의 존재가 문득 기억날 때나 가끔 던지는 한 번의 윙크를 얻을 수 있을지도 모른다. 그는 유쾌한 작가일 뿐만 아니라 완벽한 독자이다. 그는 결코 천천히 읽지 않고, 결코 지루하게 읽지 않으며, 결코 졸린 상태로 읽지 않는다. 마치 몽테뉴처럼, 항상 걸으며, 지루한 책을 읽을 때처럼, 책이 매력을 잃는 순간 그것으로부터 날아갈 준비를 하고 있다. 그런 독서 방식과 우리가 흔히 알고 있는 '진지한 방법', 즉 뒤 벨레du Bellay*가 "의자를 따뜻하게 유지하는 것"이라고 불렀던 방식 사이에는 깊은 간극이 있다. 그러나 앙리 브레몽의 방식이 옳다.

이러한 원칙이 모든 종류의 책에 적용될 수 있을까? 시인을 인명사전Who's Who 읽듯이 읽어야 할까? 때로는 그렇다. 티셴도르프Tischendorf는 한때 신약성서를 그런 식으로 읽었으며, 그동안 두 명의 로마 가톨릭 고위 성직자들은 그가 원고에 접근하는 것을 막기 위해 쾌활한 이탈리아식 수다를 늘어놓고 있었다. 그러나 이것이 자주 가능한 일은 아니라는 점은 분명하다.

시詩는 여왕처럼 독서의 속도를 정하며, 우리는 여왕이 지시

---

* 뒤 벨레 가문은 프랑스에서 12~16세기에 알론Allonnes 지방을 지배했던 대가문이다. 오랜 역사 동안 저명한 인물들을 무수히 배출했는데 저자가 언급한 '뒤 벨레'는 16세기 프랑스의 시인이자 문예 이론가인 조아킴 뒤 벨레(Joachim du Bellay, 1522~1560)를 가리키는 것으로 보인다. 조아킴 뒤 벨레는 프랑스 르네상스 시대의 문학 운동인 라 플레이아드La Pléiade의 주요 인물 중 한 명이었다.

하는 대로 나아가야 한다. 모든 언어의 경구적 지혜가 담긴 글들도 마찬가지이다. 분명 우리는 정보를 얻기 위해 읽는 것과 인격 형성을 위해 읽는 것, 즉 우리가 사용을 위해 원하는 것과 발달을 위해 필요한 것을 구분해야 한다.

정치사, 문학사, 예술사, 철학사, 종교사, 과학사 등 모든 형태의 역사적 지식— 즉, 백과사전에서 잘 요약될 수 있는 내용이거나 쉽게 교과서로 축약될 수 있는 정보 —은 후즈후에서 공작 부인이나 여배우에 대한 정보를 찾는 속물적인 태도와 다르지 않게 읽혀야 한다. 그러한 책들은 저자의 사상이나 문체에 주의를 기울이는 것이 아니라, 오직 내용에만 집중하여 최대한 빨리 내 것으로 만드는 방식으로 읽어야 한다.

정보 서적— 설령 그것이 기번Gibbon, 매콜리Macaulay, 몸젠Mommsen과 같은 위대한 역사가들의 저작일지라도 —은 존중받을 가치가 있지만, 어디까지나 도구로 사용해야 한다. 만약 우리가 필요한 것이 단 20페이지의 정보라면, 30페이지를 읽는다고 해서 양심적인 독자가 되는 것은 아니다. 그것은 단지 수동적인 태도일 뿐이다. 만약 어떤 주제에 대해 이전에 익혔던 지식을 되살리는 것이 목적이라면, 굳이 전체 장을 처음부터 끝까지 다시 읽을 필요는 없다. 가능하다면 우리가 남긴 노트로 대체하는 것이 좋다.

아이들에게 "책을 주의 깊게 보라"고 가르치지만, 사실 그들은 생각해야 한다는 것과 맹목적으로 읽는 것을 피해야 한다는 것을 함께 배워야 한다. 그들은 한쪽 눈을 감고, 다른 한쪽 눈은 반만 뜨고 읽을 수 있어야 한다. 즉, 책이 단순한 힌트 제공자prompter의 역할을 하도록 하여, 실제로는 자신의 기억을 통해 읽어야 한다. 한 페이지 전체를 읽을 필요가 어디에 있는가? 두 줄만으로도 충분한 내용을 전달받을 수 있다면 말이다.

어떤 책들은 목차Table of Contents만으로도 충분히 읽을 수 있다. 책의 목차는 당연히 그 책의 주제를 개략적으로 보여준다. 그러면 먼저 스스로에게 물어보라. 내가 이 주제를 다룬다면, 어떻게 논지를 전개할 것인가?

그 후, 목차를 살펴보라. 만약 목차가 "제10장 에머슨, 제11장 니체"처럼 출판사와 저자 모두가 부끄러워해야 할 코미디 수준에 그치는 것이 아니라면, 몇 페이지를 빠르게 훑어보는 것만으로도 그 책에서 기대할 수 있는 바가 무엇인지, 어디에서 유용한 정보를 찾을 수 있는지, 그리고 어떤 부분에서 저자와 의견이 충돌할지를 즉시 알 수 있을 것이다. 이런 방식으로 읽으면 독서가 지루하지 않다. 머릿속에 희미한 개념이 남아 정리되지 않은 채로 남는 일도 없다. 책이 살아 있는 저자처럼 느껴지며, 실제로도 그래야 한다.

책들은 제대로 만들어지지 않았다. 만약 저자들이 정말 독자들에게 도움을 주고자 했다면, 그들은 독자를 향해 뽐내는 것이 아니라, 봉사하는 방법을 상상해 내는 것에 더 많은 노력을 기울였을 것이다. 저자들은 종종 자신들이 사용한 통계 자료나 도표가, 그것들을 바탕으로 여러 페이지를 풀어놓는 것보다 훨씬 직접적으로 독자에게 와닿을 것이라는 점을 분명히 인식한다. 그러나 그들은 독립적이지도 않고 실용적이지도 않아서, 그런 정보를 있는 그대로 독자에게 제공하지 않는다. 페기*는 타이포그래피적 장치를 사용하여 자신의 뜻을 더욱 명확히 전달하려 했기 때문에 엉뚱하게도 '괴짜'로 여겨졌다. 그리고 최근까지도, 단락 끝에 세미콜론[;]을 사용하는 것은 의미가 분명하더라도 이단異端으로 간주되었다. 출판사들은 너무 자세한 목차를 책에 해롭고 독자에게 과도한 도움을 준다며 기피한다. 이것이 바로 책의 개념 자체가 근본적으로 수정되어야 하는 이유다.

많은 경우, 책을 직접 읽는 것보다 비서나 친구의 요약을 듣는 것이 훨씬 더 유익하다. 그 이유는 요약을 들으며 질문을 던지는 것이야말로 가장 강력한 지적 활동이기 때문이다. 그 순간, 상대방은 더욱 경계심을 가지며 사고하게 된다. 이러한 방

---

* 프랑스의 작가 샤를 페기(Charles Péguy, 1873~1914)를 가리킨다. 그는 전통적인 문장 구성이나 구두점 사용에 얽매이지 않고, 독자에게 자신의 뜻을 보다 명확하게 전달하기 위해 독창적인 타이포그래피적 장치를 실험적으로 도입했다.

식을 자주 활용하는 바쁜 사람들은 그들의 지식량으로 우리를 종종 놀라게 한다.

에드워드 7세는 거의 책을 읽지 않았음에도, 영국, 프랑스, 독일 문학에 관한 최신 지식을 보유하고 있었다. 그는 면도하거나 옷을 입을 때, 또는 담배를 피우면서, 지적인 사람들에게 질문을 던지거나 중요한 부분만을 그에게 읽게 했다. 진정으로 왕족다운 지식의 고속도로를 확보한 것이다. 라 브뤼예르*는 그것을 두고 "왕의 자녀들은 아무것도 배우지 않고도 모든 것을 안다"고 표현했다.

구두口頭 교육은 가장 인간적이며, 가장 유익한 학습 방식이다. 미국에서 시도되고 있는 "커뮤니티 학습community learning" 이나 학생들을 학자들과 자연스럽게 접촉하게 하는 방식은 올바른 방향이다. 사람들은 때때로 '단순 주입식 암기자mere crammers'라 불리는 이들이 얻는 결과에 놀라곤 하는데, 이는 학생의 마음을 그 어느 때보다 활발하게 만드는 방법의 우월성 덕분이다. 시험 전 주에 서로 '퀴즈'를 주고받는 두 학생은, 인생에서 처음으로 정신적 경계심이 무엇인지를 깨달을지도

---

* 장 드 라 브뤼예르(Jean de La Bruyère, 1645~1696). 프랑스의 문필가, 윤리학자, 풍자 작가로, 17세기 프랑스 문학을 대표하는 인물 중 하나다. 그는 특히 인간성과 사회를 통찰력 있게 분석한 작품 『성격론Les Caractères』으로 유명하다.

모른다. 일반적인 교육 시스템에서는 잠이 오는 분위기가 교양이라는 명목으로 정당화되는 경우가 많다. 그러나 입시 준비 과정에서 진행되는 강도 높은 질의응답 방식이 일반 학교에서 도입된다면, 별도의 학습 보충 기관은 필요하지 않을 것이다.

이러한 방식으로 교육받은 사람이라면, 20세가 되기 전까지 현대를 이루는 백과사전적 지식의 핵심을 이해할 수 있어야 한다. 그는 자신만의 기억법을 터득했거나, 혹은 전문가에게서 그 방법을 배웠어야 한다. 그는 또한 노트를 정리하는 습관을 익혔어야 한다. 생트-뵈브Sainte-Beuve가 말했듯이, 노트를 남기지 않고 읽는 것은 마치 체리를 아무 생각 없이 먹어치우는 것과 같다. 이런 접근 방식이 보편화된다면, 결국 인류는 더 이상 거대한 다수의 미성년자들로 이루어지지 않을 것이다.

이처럼 과감하고 단호하게 책에 묻는 질문—"이 책은 무엇을 내게 알려줄 것인가?"—은 신속하게 정보를 얻는 데 이바지한다. 그러나 정신적 성장이나 교양을 쌓는 것은 이러한 거친 방식으로 이루어지지 않는다. 그것은 더 많은 시간, 더 많은 애정, 그리고 비판적 사고와 겸손이 필요한 과정이며, 이것은 단순히 언어로 정의되기보다는 경험을 통해 자연스럽게 깨닫게 되는 것이다.

영혼의 미묘하고 심오한 작용을 다루는 작가들— 시인, 극작가, 도덕론자, (『아돌프Adolphe』 같은 소설을 활용하는 경우도 포함하여) 심리학자, 종교적 또는 영적 저술가 ―은 자연스럽게 그들 주변에 경외의 분위기를 형성하며, 우리는 그것을 곧 감지하게 된다. 그들의 첫 문장만으로도 우리는 이곳에서 질풍노도sturm und drang의 방식이 허용되지 않는다는 것을 깨닫는다. 단순한 지적 이해가 아니라 공감, 존중, 그리고 조급하지 않은 태도가 요구된다. 예를 들어, 중세 연구자가 시토회 수도사, 베즐레Vézelay,* 그리고 단선율 성가에 대해 모든 지식을 갖추고 있다고 하더라도, 덜 박식한 사람이 성모 찬송가의 천상의 반향이나, 서로 다른 두 개의 궁륭을 연결하는 아치 아래의 신비로운 빛이 12세기 수도승들의 영적 삶을 느끼게 해준다고 말하면 그것을 이해하지 못하고 고개를 갸웃할 수도 있다. 그러나 그러한 감각을 이해하려면 음악과 건축에 대한 다채로운 경험이 쌓여야 하며, 동시에 영적 아름다움에 대한 감수성이 있어야 한다.

반면, 그런 표현이 담긴 문장은 지적 세계에 들어와 머물며, 그것이 완전히 이해될 때까지 독자의 사고를 확장시키고 형성할 수도 있다. 리듬, 이미지, 사상은 몇 마디 말 속에 담길 수 있으며, 이것은 인생의 사건들이 잠시 중단할 수는 있어도 완

---

* 프랑스 중부 부르고뉴 지역의 고도古都로 중세 자유도시 중 한 곳. 대성당과 주변의 언덕이 1979년 유네스코 세계문화유산으로 등록되었다.

전히 끊을 수 없는 명상의 계기가 될 수 있다. 나는 창밖에서 몇 명의 가난한 아이들이 반복해서 부르던 발라드의 한 구절을 결코 잊지 않고 있다.

어느 날 사랑은 우리에게 상처를 준다.
Un jour l'amour nous blesse.

그 아이들의 목소리는 인생 그 자체처럼 무심하고 조롱조였지만, 그들이 약박의 장음 부분을 강조하는 방식에는 한 번 귀에 스며들면 영혼에서 지워지지 않는 미묘한 연민이 스며 있었다. 단순한 정보 전달을 위한 언어와 이런 종류의 시적 표현 사이에는 깊은 간극이 존재한다. 시가 온전히 이해되려면 다시 생각하고 다시 느껴야 하며, 이것은 우리가 숙고하는 것에 개인적인 무언가를 덧붙이지 않고서는 불가능하다. '창조적 비평Creative Criticism'이라는 개념은 바로 위대한 사고의 재구성을 의미한다. 창조적 비평은 가장 수준 높은 문학과 마찬가지로, 우리가 4부에서 다룰 고차원적인 사고와 동등한 위치를 차지한다.

(e) 이해와 비판적 독서

우리가 읽는 것은 무엇이든 우선 이해해야 하며, 이해한 후에는 비판적으로 검토해야 한다. 이해는 독서의 첫 번째이자 필수적인 단계지만, 대부분의 독자들은 이 과정을 기꺼이 밟으려 하지 않는다. 그들은 눈에 보이는 것만 이해하거나, 이해했다고 생각하고, 그 외의 것은 저자의 실수나 기괴한 표현으로 치부해버린다.

나는 언젠가 한 번, 엘리자베스 배럿 브라우닝[Elizabeth Barrett Browning, 1806~1861]의 「오로라 리Aurora Leigh」에서 철학이란 "신과의 공감sympathy with God"이라는 구절(II, 293)을 몇 명의 독자들에게 보여준 적이 있다. 그러나 단 한 명만이 이 문장을 특별하다고 생각했다. 나머지 사람들은 리듬에 휩쓸리거나, 피상적인 추상성에 현혹되었을 뿐이었다. 그들에게 "신과의 공감"이라는 개념에 집중해보라고 요청하자, 처음에는 다들 "다소 억지스럽지만 완벽히 이해할 수 있다"고 대답했다. 그러나 그 뜻이 정확히 무엇이냐고 묻자, 대부분 설명할 수 없음을 인정했고 두세 명만이 그 의미를 듣고 싶어 했다. 누구도 추측해보거나 의미를 파악하려 시도하지 않았다. 그들의 태도는, 일상적인 언어 외의 어떤 언어를 사용한다면 이해받기를 기대하지 말아야 한다는, 교양이 부족한 사람들의 전형적인 반응을 보여준다.

조간신문처럼 쉽게 읽히는 시를 원하는 사람과, 문화를 추구하거나 갈망하는 사람 사이에는 큰 간극이 있다. 학자들은 사라진 고전 작가의 단편 한 조각을 가지고 수년을 소비하며, 그 한 문장에서 흥미로운 의미를 읽어내거나 추론해낸다. 나는 앙젤리에Angellier가 한 시간 동안 허버트*의 난해한 구절을 붙잡고 씨름한 끝에, 결국 그 문장을 깊은 의미로 가득 차게 만들면서도, 시나 철학의 풍부한 언어에 익숙한 독자들에게는 분명하게 이해될 수 있도록 풀어내는 모습을 본 적이 있다.

프랑스 리세lycée의 교수들이 세네카의 20줄을 두 시간 동안 분석하는 전통은 최상의 지적 훈련이다. 처음에는 그것을 낯설게 여기던 외국인들도 시간이 지나면 그 가치를 인정한다. 그리고 이 훈련을 거친 학생들 역시 곧 그 장점을 인식하게 된다. 만약 당신이 두 개의 언어를 알고 있다면, 하루에 단 네 줄이라도 진정으로 지적이고 예술적인 번역에 도전해보라. 완전히 이해하려는 습관이야말로 당신에게 최고의 보상이 될 것이다.

"너무 느리고, 너무 어려워요." 당신은 이렇게 생각할지도 모르겠다. 하지만 우리는 지금 생각하려고 노력하고 있지 않은가?

비평이란 이해하려는 노력의 또 다른 측면일 뿐이다. 어원

---

* George Herbert(1593~1633). 영국의 시인이자 성직자로 그가 남긴 시들은 17세기 형이상학적 시인들metaphysical poets의 선구적 작업으로 간주된다.

적으로 비평criticism은 "판단하다"라는 의미를 가지고 있으며, 실제로 우리는 비평가를 단순히 헐뜯는 사람이 아니라 유능한 판단자로 여긴다. 구술이든 인쇄된 것이든 타인의 주장에 저항할 줄 아는 능력, 사상, 시, 교리나 예술 작품에 대해 자신의 의견을 갖고 그것을 명확하게 표현할 수 있는 능력은 흔하지 않다. 대부분의 사람들은 누군가 자신의 의견을 말할 때까지 판단을 미룬 뒤 그 의견을 그대로 되풀이할 뿐이다. 이와 같은 약점은 일상적으로 **"사람들은 생각하지 않는다"**라는 말로 언급되곤 한다. 이 네 단어는 대부분의 사람들을 양떼로 만들어 버리는 정신적 비겁함이나 타성을 표현한다. 이런 수동성에 일찍부터 체계적이고 지적으로 대응한다면, 그것은 결코 과신하는 태도를 낳지 않고, 청년기 정신의 가장 중요한 형성 시기에 강인함을 기르게 할 것이다.

교사는 문학 분석이라는 학교 과제를 가장 큰 비중에 놓아야 한다. 학생은 가치 있는 문학 작품과 마주하고 그 구조를 분석한다. 이것은 작품을 읽고 또다시 읽으며, 그것을 탄생시킨 핵심 사상을 파악하고 그 사상이 전개되는 동안 어떻게 유지되는지 관찰하는 것을 의미한다. 학생이 처음으로 어떤 학업적 목적에서 벗어나 이러한 작업을 수행하고, 적당한 주의를 기울이는 것만으로 충분히 해낼 수 있다는 것을 깨닫게 되면, 그는 단숨에 어른으로 성장하게 된다. 많은 사람들은 이런 뜻밖의 성장이 주는 경이로운 느낌을 평생 기억한다. 역사는 문학보다 학생의 초기 경험에서 더 멀리 떨어져 있기 때문에 교사가 더 나은 기회를 제공할 수 있다. 위대한 시대나 유명 인물에 대한 평가, 국가의 발전이나 쇠퇴에 대한 평가가 그것이다. 속담이나 일반적으로 옳다고 여겨지는 의견을 검증하는 것 역시 유익하다.

학생은 데카르트와 쇼펜하우어가 철학의 근본 태도로 간주했던 습관, 즉 아무것도 진리나 아름다움으로 받아들이지 않고 모든 것을 문제로 간주하는 습관을 익혀야 한다. 체스터튼G. K. Chesterton 또한 익숙한 사물을 낯설게 보이기까지 응시하라고 조언한다. 즉, 스스로 그것을 실제로 보기 전에는, 어떻게 그것을 보라는 암시에 휩쓸리지 않도록 해야 한다는 것이다. 아마도 그는 대부분의 사람이 한 번쯤 경험했을 법한 일을 기억하고 있는 것이다.

우리는 기차 안이거나 자동차를 타고 있다. 특히 달빛 아래 풍경은 낯설게 보이며 우리는 신선한 관심으로 그 특징들을 관찰한다. 그러다 문득 어떤 사물이, 우리가 잘못 보고 있었다는 사실을 일깨워준다. 우리의 시야 속에 있던 부분은 결코 낯선 것이 아니었고, 단지 우리가 다른 곳에 있다고 착각했을 뿐이다. 순식간에 언덕, 나무, 오두막들이 작게 느껴지며, 우리는 그것들을 습관에서 비롯된 경멸의 눈길로 바라본다. 이렇게 우리는 충분한 시간과 에너지를 들여 사물들을 있는 그대로 다시 살펴보기 전까지, 삶과 사고에 대한 전체적인 시각을 잃어버리게 된다.

우리에게 비판적인 주의를 기르는 습관을 심어주어, 가치 있는 것을 처음 접했을 때 우리가 발휘할 수 있는 가장 예리한 인상을 얻게 해야 한다. 당신은 친구들로부터 그가 쓴 어떤 작품도 읽을 기회가 없던 한 외국 작가, 이를테면 고리키Gorky라는 이름을 언급하는 걸 들은 적이 없는가? 그로 인해 당신의 열망은 더 강렬해졌을 것이다. 그러다 우연히 한 잡지에서 그 작가의 일기 중 봄의 귀환에 대한 20페이지 분량의 단편을 발견하고, 어린아이의 죽음에 관한 아름다운 서술과 한 노주교의 방문 이야기를 읽게 된다. 이 20페이지 동안 당신의 열망은 이러한 짧은 분량을 최대한 활용하고자 하는 강렬한 열망으로 인해 더욱 깊어진다. 이 장 전체에는 마치 음악이나 아마도 향수香水 같은 신비로운 매력이 깃들어 있다. 그 후, 당신은 고리키의 다른 글을 읽지 않으려 한다. 그 마법을 깨고 싶지 않기 때문이다. 이 한 챕터를 마치 부적처럼 소중히 여긴다. 고리키의 모든 책을 읽은 사람조차 당신처럼 고리키를 소유하지 못했음을 깨닫는다.

이처럼 우리가 읽고, 생각하고, 느낄 때 비평은 마땅히 해야 할 일이 된다. 이것은 우리가 존경해야 할 것과 의심해야 할 것을 균형 있게 판단하는 것이다. 위대한 작가나 사상가를 이러한 시험대에 올려놓는다고 해서 그들을 모욕하는 것은 아니다. 오히려 반대다. 당신은 화가가 갤러리에서 자신의 분야의 걸작들을 감상하는 모습을 본 적이 있는가? 군중 속에서 그 화가가 보여주는 눈빛은 얼마나 다른가. 세부사항 하나하나를 살펴보는 그의 눈빛은 화가 특유의 예리함을 가지고 있다. 그러다 화가는 갑자기 눈을 감고 마치 완벽한 그림 속으로 자신을 투사하려는 듯한 노력을 기울인다. 셰익스피어에 익숙한 학생이, 처음에 산문으로 극을 쓴 라신을 시인이라고 부르는 것을 주저한다고 해서 두려워할 필요는 없다. 만약 추가적인 검토를 통해 그 학생이 프랑스 극작가가 감정을 그려내는 데 있어 지닌 완벽함을 깨닫게 된다면 말이다.

이해하는 것이 곧 비평이며, 비평이나 판단은 그저 사고의 다른 이름일 뿐이다.

(f) 신문 읽는 법

어떤 사람들은 신문을 터무니없이 경건하게 대하며, 마치 모든 글자가 중요한 것처럼 처음부터 끝까지 꼼꼼히 읽는다. 반면 어떤 사람들은 신문을 경멸하며 이렇게 말한다. "신문에는 아무것도 없어. 읽는 건 시간 낭비야."

또 다른 부류― 그 수는 많지 않다 ―는 붉은 색연필과 커다란 가위를 들고 신문 더미 옆에 앉아 거침없이 신문을 대한다. 절반가량의 신문은 곧바로 내던져지고, 나머지는 신속하지만 열정적으로 훑어보며, 붉은 색연필이 여기저기 칼럼에 지그재그로 선을 긋는다. 불과 한 시간도 채 지나지 않아 일곱에서 여덟 개의 신문이 모두 검토되고, 붉은색으로 표시된 페이지들만이 탁자, 소파, 피아노 위에 흩어져 있다. 그다음에는 큰 가위가 등장한다. 몇 분 만에 신문 스크랩이 깔끔하게 정리되어 한 무더기가 만들어지고, 구겨진 신문지들은 하녀가 치울 때까지 한쪽으로 밀쳐진다.

그러고 나면, 이 독자는 천천히 스크랩을 훑어보며 깊은 사고에 잠긴다. 이 순간, 보통의 신문 독자가 짓는 무심한 표정과 이 사색적인 이마 사이에는 극명한 차이가 있다. 얼마 지나지 않아 신문 스크랩은 사라지고, 다양한 자료철 속에 조심스럽게 정리되어 있다.

당신은 같은 사람을 하루 중 나중에 다시 볼 수도 있다. 그는 여전히 사색에 잠긴 듯, 깊은 생각에 빠져 있다. 그의 머릿속에서는 아침에 읽었던 내용들이 다시 떠오르고 있다. 당신은 그를 저녁에 또 마주칠 수도 있다. 그 주변에는 관심을 가지지만 조용히 귀를 기울이는 사람들의 작은 모임이 형성되어 있다. 그는 꾸밈없고 명료하며, 힘 있는 화법을 구사한다. 가끔 누군가가 그에게 질문을 던진다. 그러면 다른 사람들 모두가 "나도

저 질문에 답할 수 있으면 좋을 텐데"라고 생각하게 만드는 질문이다. 그는 망설이지 않고 명쾌하게 대답한다. 그의 말에는 당신이 아침 신문에서 얼핏 스쳐 보았으나 별로 중요하게 여기지 않았던 사실들이 포함되어 있다. 그러나 그의 입에서 나오는 순간, 그 사실들은 막대한 의미를 지닌 역사적 전개의 핵심 열쇠로 변한다.

그때 당신은 속으로 이렇게 말한다. "이 사람은 생각하는군."

그를 사고하도록 돕는 것은 무엇일까? 그것은 단순히 신문을 그 본래의 의미대로 대하는 것이다. 즉, 신문을 역사의 한 페이지로 읽는 것이다. 만약 당신이 그 난잡한 문장들 속에서 역사를 찾으려 한다면, 당신은 역사적 사고를 하게 될 것이다. 그러나 사회 소식, 경제 뉴스, 스포츠 기사에만 관심을 둔다면, 당신이 하게 될 대화는 다과회, 주식 시장, 경기장과 다를 바 없을 것이다. 사고는 이루어지지 않는다.

"알겠어요. 그러니까 신문을 교과서처럼 다루라는 말씀이군요?"

바로 그렇다. 1914년 이후 날마다 신문에 실린 사건들은, 세계적으로 중요한 수많은 사건을 요약해 놓은 교과서와도 같다. 지금 우리가 목격하는 정치적 드라마는 전례가 없는 수준이다. 유럽이 점진적으로 균형을 회복하는 동안, 아시아는 우리에게

극적인 교훈을 보여주고 있다. 동시에, 다양한 필요에 의해 미국은 오랫동안 망설여온 세계의 전면부로 서서히 끌어올려지고 있다. 과거에는 이러한 변화가 한 세대에 걸쳐 이루어졌지만, 지금은 단 1년 안에 목격할 수 있다.

실제로 신문은 그 어떤 교과서보다도 풍부한 자료를 담고 있다. 그리고 매일 신문을 훑어보면서도, 그 안에 사고의 질을 결정하는 이미지들이 무궁무진하게 존재한다는 사실을 깨닫지 못하는 사람은, 실로 눈먼 자들이다. 그러나 놀랍게도, 이른바 현명한 사람들과 어리석은 사람들 모두가, 신문을 제대로 이해하지 못하면서도 경멸하는 태도를 공유한다.

앞의 두 개의 단락은 다음을 설명하기 위한 것이었다.

1 — 더 높은 차원의 이미지를 받아들이기 위한 삶과 정신의 준비.

2 — 그러한 이미지들을 저장하는 과정.

이제 우리는 다음 단계로 넘어간다.

3 — 이러한 축적된 지식과 이미지를 마음 속에서 정교하게 가공하는 과정.

9장
마음속 자료 정리하기

(a) 우리의 지식 재검토하기

유명한 프랑스 화가 카쟁Cazin의 아들이자, 그 역시 주목할
만한 예술가였던 사람이 내게 들려준 이야기가 있다. 그의 아
버지는 그를 데리고 종종 풍경을 연구하러 나갔다. 두 사람은
가끔씩 잠시 멈춰 서서, 때로는 단 1분 동안 주변을 바라본 후,
등을 돌린 채 서로가 받아들인 인상을 시험했다. 짧은 시간 동
안 본 풍경에서 각자가 인식한 색조의 가치를 비교하는 것이
다. 아버지 카쟁의 기억력은 경이로울 정도였다. 그는 몇 달이
지난 후에도 평범한 시선으로는 구별하기 어려운 미세한 반색
조half-tint들까지도 선명하게 기억해냈다. 이러한 훈련은 그가
르콕 드 부아보드랑Lecoq de Boisbaudran에게서 배운 것이었으

며, 로댕Rodin도 포함된 여러 예술가들이 그것을 익혔다.

　예술가들이 색조를 기억하는 방식과 마찬가지로, 우리 모두는 일반적인 정보에 대해서도 같은 훈련을 할 수 있다. 이런 연습은 단순한 기억을 넘어 정신의 활력을 열 배로 끌어올린다. 마론첼리Maroncelli는 실비오 펠리코의 『나의 감옥 생활*Mie Prigioni*』에 덧붙인 글에서, 감옥 생활 초기에 책, 펜, 종이 없이도 정신을 풍요롭게 유지했던 경험을 설명한다. 그는 펠리코와 함께, 때로는 각자, 때로는 둘이서, 역사, 문학, 철학 등 다양한 주제에 대해 떠올리고 논의하며 지식을 정리했다. 서로 보완하며 회상해보니, 자신들이 기억하는 것이 예상보다 훨씬 많다는 사실에 놀랄 정도였다. 그들의 지식은 혼란스러운 상태에서 점차 체계적으로 정리되었으며, 동시에 정신도 자유로워졌다. 그들은 펜과 잉크 없이도 긴 시를 창작할 수 있었고, 그 작품들은 결국 자유를 되찾을 때까지 오로지 그들의 기억 속에서만 존재했다. 마론첼리의 설명을 통해 알 수 있듯이, 그들은 원시적인 방법에 의존하면서도 내면의 힘을 새롭게 발견했다. 이것은 볼셰비키 감옥에서 경험한 이들의 증언과도 유사하다.

　이러한 과정은 우리 모두가 실천할 수 있으며, 짧은 공백의 시간이나 30분을 가장 유익하게 활용하는 방법이기도 하다. 우리가 학창 시절 배운 것에 대해 막연한 동경과 함께 거부감을 느끼는 이유는 대체로 한 가지 원인에서 비롯된다. 학교를 졸업할 때 우리는 지식과 가까운 상태였고, 그것이 기쁨이었다. 그러나 그 이후로도 지식과 가까워지고 있다는 느낌을 거의 받지 못하면서, 이것은 오히려 열등감 환영phantasm of inferiority으로 변한다. 그러나 그때 완전히 이루지 못했던 것을 다시 채울 기회가 생긴다면, 그 열등감은 즉시 사라지고 지적 활력이 찾아온다. 많은 부모들이 자녀의 카이사르에 대한 공부를 돕다가, 오래전에는 미처 발견하지 못했던 우아함을 새롭게 인식하며 감탄하는 것도 같은 원리다. 만약 대학에서 다시 카이사르를 읽었다면 같은 경험을 했겠지만, 대부분은 그렇지 않았다. 학교에서 작별을 고한 후, 그것은 기회가 주어질 때까지 즐거움의 배아胚芽 상태로 남아 있었다. 이것은 우리가 학교에서 배운 거의 모든 지식에 적용될 수 있는 이야기다.

머릿속에서 배운 것들을 정리하고, 필요할 때 짧은 독서를 통해 보완해보라. 그러면 곧 교육이란 무엇인가를 깨닫게 될 것이다. 우리가 인생에서 가장 깊은 인상을 받는 시기는, 아직 경험이 많지 않아 모든 것이 강렬하게 남는 시기다. 그 시절에 깊은 감명을 받은 책은 없었는가? 잊지 못할 시 한 편이 있지는 않은가? 누군가로부터 듣거나 배운 시구가 머릿속에서 여전히 시 그 자체의 본질로 자리하고 있지는 않은가?

언젠가 한 사람이 지갑에서 조심스럽게 접어둔 잡지에서 오려낸 시를 꺼내는 모습을 본 적이 있다. 그는 그것을 마치 부적처럼 지니고 다녔다. 당신 역시 결코 잊을 수 없는 시가 있을 것이다. 잠시 시간이 날 때, 눈을 감고 그러한 시를 되새기며 음미해 보라. 그것은 마치 소중한 기억을 되살리는 것과 같은 기쁨을 줄 것이다. 이 습관은 기차 안에서, 따분한 호텔에서, 선상에서, 지루한 시간을 환하게 밝히는 꽃다발과 같은 역할을 한다.

이와 마찬가지로, 우리 모두는 정신적 삶에서 중요한 전환점이 되었던 순간들, 즉 우리의 약한 부분을 강하게 만들거나 불안했던 마음을 평온하게 해준 행복한 위기들happy crises의 순간을 기억하고 있다. 우리는 그러한 감정을 다시 불러올 수 있다. 그 순간이 우리 영혼 속으로 다시 들어오면, 우리 내면의 모든 감각이 다시 깨어나고, 이것은 마치 빵 부스러기가 샴페인에 닿을 때 보이는 섬세한 거품처럼 생기를 띠게 된다. 우리는 단순히 과거의 사건들을 되돌아보고 있다고 생각했을 뿐인데, 어느 순간 우리 개성의 가장 창조적인 부분과 다시 연결되고 있음을 깨닫게 된다.

우리는 기억할 가치가 있는 과거의 여행을 떠올리며 유익한 시간을 보낼 수도 있다. 오늘날 사람들은 너무 이르게 너무 많이 여행한다. 하나의 경험이 또 다른 경험을 쫓아내며, 13세의 철학자들이 완전히 무심한 태도로 그 사실을 말하는 것을 듣게 된다. 하지만 겉보기에 덜 행운아처럼 보이는 이들이 오히려 더 행운아일 수 있다. 샬럿 브론테는 바다에서 50마일 떨어진 곳에서 태어났지만 24세가 되어서야 처음 바다를 보았다. 그러나 그 광경은 그녀를 압도했고, 1년 뒤 그녀는 누군가가 첫사랑을 회상하듯 그 경험을 이야기했다. 처음 외국에 발을 들였다는 것을 깨달았을 때, 낯선 언어를 들었을 때, 멀리 떨어져 다소 자신감이 떨어지고 약간 길을 잃은 듯한 기분을 느꼈던 순간은 결코 잊혀져서는 안 된다. 처음 움브리아Umbria* 마을, 지중해의 소나무로 둘러싸인 만, 혹은 장엄한 새벽의 애리조나 사막이 우리에게 말해준 모든 것은 소중히 간직해야 한다.

예술적 아름다움 또한 소중히 여겨야 한다. 기차의 속도를 계산하고 선로의 충격을 세는 대신, 루브르 박물관의 방 한두 곳을 떠올리며 완벽한 30분을 보낼 수 있다. 약간의 연습만으로도 밀로의 비너스나 알렉산드리아의 카타리나**의 혼례 장

---

* 고대 이탈리아 반도 중부 지역에 살았던 원주민 집단과 지역, 언어를 가리킨다. 로마 제국의 확장과 함께 로마 문화에 융합되었고 언어는 소멸되었다.

** 성 카타리나는 초기 그리스도교 순교자로 뛰어난 지혜와 미모로 많은 전설과 신비로운 이야기를 남겼다. 특히 예술에서는 '성 카타리나의 신비로운 결혼Mystic Marriage of Saint Catherine'이라는 주제로 자주 묘사되는데, 이는 그녀가 그리스도와 영적으로 결합했다는 상징적 의미를 담고 있다. 잔 다르크에게 충고를 준 성인 가운데 한 사람이기도 하다.

면을 선명하게 떠올려 예술 작품이 남긴 감흥의 잔영을 다시 느낄 수 있다. 약간의 시간을 들이면, 그리스의 고요함이나 이탈리아의 눈부신 우아함이 차례로 느껴질 것이다. 어떤 노력도 없이 당신은 단지 정신적 연습을 하고 있는 것이 아니라, 러스킨이 예술에 대해 쓸 때 느끼는 상태에 도달하게 될 것이다.

위대한 삶이나 위대한 업적은 어떤 고독도 채울 수 있다. 성인의 삶, 특히 그리스도의 삶은 수천 명의 사상가의 내면을 채워주었다. 프랑스의 영적 삶을 다룬 작가들은 그러한 명상을 묘사할 때 독특한 표현을 사용한다. '성인의 삶에 대해 이야기를 나눈다s'entretenir de la vie des Saints'는 표현은 그러한 고귀한 영혼들에 대해 자신과 대화를 나누는 것과 그것을 통해 스스로를 살아 있게 유지하는 것을 의미한다. 이보다 더 풍부하고 더 정확한 심리학적 표현은 없을 것이다.

고대인들은 이러한 실천의 미덕을 깨닫고 있었다. 플루타르코스는 그리스도교 작가들 이전에 그것을 대중화하는 데 가장 큰 기여를 했는데, 그는 사제이자 도덕가였으며 그의 이야기는 그의 교리를 설명하는 생생한 예시가 되었다. 예술가들이 위대한 행동가들보다 우선시되기 전까지 고전 시대를 특징지었던 역사에 대한 열정은 단순한 정치적 흥미보다는 예외적인 개인들에 대한 존경심에서 비롯되었다. 마담 캉팡Campan의 매력적인 회고록에 따르면, 루이 15세의 막내딸 마담 루이즈는 카르

멜 수녀회에 입회하기 전에 프랑스 역사를 전부 듣고자 몇 달 동안을 바쁘게 보냈다고 전한다. 캉팡 부인이 "이 공주가 할 수 있는 유일한 영웅적인 행동이 있었는데, 그녀는 그것을 해 냈다"고 덧붙였을 때, 우리는 이 독서를 통해 얻은 고귀한 사례들이 이 보기 드문 왕녀의 결심에 영향을 미쳤음을 알 수 있다.

역사란 이런 남자와 여자들의 존재가 없으면 단지 밋밋한 획일성에 불과하다. 그러한 사람들에 관심을 가지는 사람은 누구나 알 것이다. 비록 죽었어도, 우리 주위의 자동인형들보다 그들에게는 더 많은 생명이 있다는 것을 말이다. 그들에 대해 생각하는 것은 대부분의 사람들에게 자연스러운 충동일 것이다. '식자층highbrow'이란 말이나 그것과 같은 동의어들이 양들을 무리 지어 순응으로 몰아넣지 않는다면 말이다. 내가 설명하려고 했던 정신적 연습 하나하나는 노력이라기보다는 그것을 시도한 이에게 가장 활력을 주는 휴식이었다.

(b) 숙고

이것은 일반적으로 사람들이 '생각한다'고 부르는 행위다. 어떤 사람이 말을 하거나, 글을 쓰거나, 어떤 일을 처리하거나, 다른 사람의 말을 듣고 있지 않거나, 또 잠들어 있지도 않다면, 그 사람은 생각하고 있는 것으로 여겨진다.

그러나 숙고reflection는 그보다 더 능동적인 것이다. 앞서 말했듯 마담 드 맹트농은 숙고를 "하나의 동일한 대상을 여러 번 주의 깊게 생각하는 것"이라고 정의했다. 이 단순한 언어 표현은 19세기에 유행했던 과학적 용어들만큼이나 숙고라는 개념을 잘 전달하고 있다.

물론 마드무아젤 드 맹트농의 정의에는 이의를 제기할 여지가 있다. 이 정의는 단순히 한 가지를 여러 번 언급하는 것을 숙고라고 암시하는 듯하지만, 실제로는 어떤 명제에 대한 다양한 측면이 숙고 과정에서 분명히 나타나기 마련이다. 그러나 하나의 대상이 마음을 사로잡고 있음을 나타낸다는 점에서 맹트농 부인의 정의는 타당하다.

우리는 모두 숙고가 무엇인지 알고 있다. 숙고는 처음에는 자발적으로 일어나지만, 점차 더 신중하고 의식적인 과정이 된다. 아이가 두려움이나 끌림을 인식하는 순간, 그는 머릿속에서 자신이 두려워하는 것으로부터 벗어나거나, 원하는 것을 얻기 위한 방법을 궁리하기 시작한다. 이것은 언제나 이미지 또는 일련의 이미지들을 떠올림으로써 이루어진다. 즉, 머릿속에 앞으로 벌어질 가능성이 높은 장면을 그림으로써 사고를 전개하는 것이다. 마침내 하나의 시퀀스sequence, 하나의 시나리오 scenario가 다른 가능성들보다 더 개연성이 높다고 여겨지게 되면,* 지성은 더 이상의 가능성을 탐색하는 일을 멈춘다. 이 중

단interruption이 바로 우리가 결정decision이라고 부르는 것이다. 즉, 최종적으로 선택된 이미지가 우리의 의지력volitional power 들을 행동으로 옮기게 하는 것이다. 전반적으로 숙고의 목표는 처음 사고를 시작했을 때는 존재하지 않았던, 그러나 마음을 만족시키는 무언가를 발견하는 것이다. 이러한 발견과 과학적 발명 사이에는 본질적인 차이가 없다.

"당신은 어떻게 중력의 법칙을 발견했습니까?"

누군가 뉴턴에게 이렇게 물었다.

"그것에 대해 항상 생각했기 때문이다."

뉴턴의 대답이었다.

사람들은 종종 자신들이 생각하고 있다는 사실을 인식하지 못하기 때문에, 최고의 사고는 자신이 생각하고 있다고 여기지 않을 때 이루어진다. 그 결과, 사고의 연속적인 단계들을 잠재

---

* 영화에서 시퀀스sequence란 여러 개의 장면scene들이 모여 하나의 완결된 이야기 단위를 이루는 구성 요소이다. 이를 조금 더 자세히 설명하면 시퀀스는 단일 장면보다 큰 단위로, 여러 장면이 이어져 하나의 목표, 주제, 혹은 내러티브 흐름을 형성한다. 예를 들어, 추격전 시퀀스에서는 도입부, 클라이맥스, 결말이 각각의 장면으로 구성되어 있지만, 전체적으로 하나의 긴 추격 이야기를 전달한다. 시퀀스는 영화의 전체 스토리 내에서 특정 부분을 강조하거나 전환점을 만드는 역할을 한다. 감독과 편집자는 시퀀스를 통해 영화의 감정적 흐름과 리듬을 조절한다. 하나의 영화를 여러 시퀀스로 나누면, 각 시퀀스는 영화의 큰 플롯(시나리오) 내에서 소설의 장이나 챕터처럼 기능하며, 전체 이야기를 체계적으로 구성한다.

의식 속에서 회수하는 것은 드물다. 그러나 우리가 잠재의식을 엿볼 때마다 이미지들의 연쇄chain of images를 볼 수 있다.

아침에 일어났을 때, 전날 밤에는 불분명했던 문제가 선명하게 해결되어 있는 경우가 종종 있다. 만약 우리가 잠들기 전 마지막으로 떠올린 이미지들을 기억할 수 있고, 그것을 아침에 우리가 만족하게 된 결론과 비교할 수 있다면, 그 사이에 존재했던 중간 단계의 이미지들이 어떻게 연결되는지 쉽게 찾아낼 수 있을 것이다.

따라서, 숙고는 자연스러운 상태이지만, 기본적으로 두려움 또는 욕망에 의해 촉진될 때에만 강하게 작동한다. 이 충동이 피상적일 경우, 그것이 만들어내는 상상적 반응 역시 너무 피상적이어서 거의 인식되지 못한다. 이것이 바로 우리의 일상적인 정신 상태이다. 그러나 만약 우리가 숙고, 또는 우리가 흔히 말하는 명상meditation에 대한 취향을 터득했거나, 혹은 어떤 외부적 동기가 우리에게 그것을 익히도록 강하게 몰아붙인다면, 우리는 스스로의 타성inertia과 싸워야 한다. 경건한 사람들이 아침에 하는 명상이 책에 의존하여 이루어지고 아직 자기 것으로 체화되지 않은, 즉 쉬운 영어로 말해 자기중심적egotistical 인 상태가 아니라면 그것은 그들에게 짐이 된다. 그렇지 않다면, 우리는 책이든, 어떤 영적 지도자든, 누군가가 우리 대신 생각해 주기를 기다리는 것이다.

아이들은 학교에서 반드시 체계적인 사고 훈련을 받아야 한다. 몬테소리Montessori 교육 방식에서는 아이들이 일정 시간 동안 자신의 작은 얼굴을 가리고 깊이 생각하는 시간을 갖도록 한다. 마담 드 맹트농 역시 침묵의 시간들silent times을 권장했으며, 앞서 언급한 교육법에서도 그러한 시간을 최대한 효과적으로 활용하는 방법을 다루고 있다. 이 경험 많은 교육자는 생시르Saint-Cyr의 여학생들이 문제 해결을 스스로 하려 하기보다, "제발 답을 알려 주세요Please tell us"라는 말을 훨씬 자주 했다는 점을 지적했다. 그들은 심지어 놀이를 하면서도 답을 알고 싶어 했으며, "생각해 볼게요Let me think"라고 말하는 경우는 드물었다.

30명의 학생들에게 어떤 흥미로운 문제를 제시한 뒤, 그들이 각자 어떻게 설명할 것인지 질문해 보라. 대부분의 학생들이 손을 번쩍 들 것이다. 그러나 고개를 저으며, 이 질문에 대한 답을 시끄러운 토론 없이 각자의 공책에 써보도록 요구하라. 몇 분 후, 보다 총명한 학생들의 얼굴에 미소가 떠오르는 것을 볼 수 있을 것이다. 그 미소는 이렇게 말하고 있다.

"방금 내가 말하려던 것이 바보 같은 소리였다는 걸 선생님이 이미 알고 계셨군요."

반면, 다른 학생들의 얼굴에는 아무런 변화도 없을 것이다. 만약 이 30명 중 단 한 명이라도 실제로 사고를 한다면, 당신은 그럭저럭 운이 좋은 것이다.

나는 이러한 연습이 학생들에게는 고통스러운 일이지만, 반드시 실행되어야 하며, 일정 시간이 지나면 습관이 될 수 있음을 직접 보아 왔다. 학생들에게 한눈에 읽기 어려울 정도로 약간 난이도가 있는 라틴어 텍스트(예를 들어 오비디우스의 아름다운 한 부분)를 주고 다음 조건들을 제시하고 라틴어 번역 연습을 시켜 보라.

(1) 처음 45분 동안은 한 글자도 적어서는 안 된다.
(2) 이 45분 동안 사전을 사용할 수 없다. 다만, 주어진 텍스트를 분석하고, 난해한 문구를 문맥을 통해 스스로 해석해야 한다.
(3) 45분이 지난 후, 8분 동안만 사전 사용을 허용한다.
(4) 그런 뒤에야 번역문을 작성할 수 있다.

나는 이 방법이 실패하는 것을 본 적이 없다. 이 방식은 숙고를 강제하기 때문이다. 그러나 젊은 정신은 본능적으로 그것을 거부하여, 처음에는 고통스러운 시련처럼 느낀다. 어린 손가락들은 참을 수 없이 연필과 사전을 향해 가려 한다. 그들에게 익숙한 습관대로 빨리 처리해버리고 싶기 때문이다.

대부분의 학생들은 에세이 쓰기를 싫어한다. 왜냐하면 그들에게 에세이 작성은 항상 불쾌한 경험이었기 때문이다. 그들은 몇 줄을 쓰고 나면, 단순히 글을 써야 한다는 부담감 때문에 머릿속이 텅 빈 것 같다고 느낀다. 만약 처음부터 에세이를 한 단어라도 적기 전에, 그 전체 내용을 머릿속에서 완성해야 하며, 단순하지만 명확한 언어로 말할 수 있어야 한다는 점을 배웠다면, 이러한 문제는 결코 경험하지 않았을 것이다.

그 주제에 대해 소리 내어 생각하다 보면, 가치 있는 어떤 것에 대해 자신의 입장을 정리하는 것만큼 흥미로운 일이 없으며, 그 결과를 글로 옮기는 것 자체는 특별히 중요한 과정이 아니며, 오히려 쉽게 이루어질 수 있다는 것을 깨닫게 될 것이다. 그러면, 에세이 쓰기가 텅 빈 상태에서의 무익한 싸움이라는 환상은 영원히 사라질 것이다. 마찬가지로, 책과 저자들의 권위를 두려워하는 환상도 쉽게 떨쳐낼 수 있다. 책 한 권은 결국, 이와 같은 방식으로 준비된 개별 장chapter들의 집합일 뿐이다. 라 브뤼예르La Bruyère의 말처럼, 책을 쓰는 법은 시계를 만드는 법을 배우는 것과 다를 바 없다.

(c) 사고를 돕는 도구로서의 글쓰기

앞서 집중에 관한 장에서 언급했듯이, 글을 쓰면서 사고를 정리하는 습관은 평생 유지해야 한다. 이것은 사고를 촉진하는 데 유용할 뿐만 아니라, 가장 중요한 지적 자산 목록inventory을 구성하는 핵심 요소이기도 하다.

우리는 신, 영혼, 도덕의 기초, 행복의 본질, 사랑과 결혼, 인생의 목적, 교육, 문학과 예술의 원칙 등 많은 문제들을 중요하게 여긴다. 하지만, 이러한 질문들에 대해 우리가 알고 있는 것은 극히 미미하다. 이 문제들이 너무 자주 언급되고, 우리가 스스로도 여러 차례 언급하다 보니 점차 그것들이 친숙하다는 착각에 빠지게 된다. 그러나 이는 단지 오류fallacy일 뿐이다.

어떤 복잡한 문제를 오랫동안 미루다가, 마침내 결정을 내리게 될 때, 우리는 자신도 모르게 장단점을 저울질했다고 생각하며, 그 미루던 시간을 '생각한 시간'으로 치부한다. 하지만 실상은 전혀 그렇지 않다. 우리는 생각한 것이 아니라, 단지 생각하려고 했을 뿐이다. 가령, '사후 세계'에 대한 자신의 견해를 검토하는 데 실제로 몇 분이나 할애했는지 시간을 합산해본다면, 그 터무니없이 보잘것없는 숫자에 충격을 받을 것이다. 수천 번 사후 세계에 대한 이야기를 하고, 관련된 글을 읽었더라도, 그것이 사유thought가 되는 것은 아니다. 그것은 단지 사후 세계라는 문제가 중요하다는 것을 의미할 뿐이다.

나는 한 고위 성직자를 알고 있다. 그는 평생 자신이 속한 대성당을 연구하려 했으나, 계속 미루었다. 그가 "나의 성당my cathedral"이라고 말할 때마다 나는 속으로 이렇게 생각한다. "아니, 당신이 성당을 소유한 것이 아니라, 성당이 당신을 소유한 겁니다." 이는 우리 자신이 소유했다고 믿는 여러 거대한 질문들에도 똑같이 적용된다. 우리는 그것들을 붙잡고 있지만, 사실상 그 문제들이 우리를 붙잡고 있을 뿐이다.

오늘날 신문과 잡지에는 매일 400~500단어로 세상의 모든 문제에 대해 의견을 내놓는 필자들이 있다. 그들은 방대한 주제에 대해 논하지만, 실상 그들이 각 문제에 들인 사고의 시간은 고작 몇 분에 불과하다. 대체로 그들은 백과사전조차 참조하지 않은 채, 자신의 피상적인 지식과 불완전한 인상을 단순히 요약한다. 그럼에도 불구하고, 그런 글조차 아무것도 없는 것보다는 낫기 때문에 우리는 그것을 읽는다.

우리도 그것을 따라 해볼 수 있다. 단순히 우리가 아는 것, 불확실한 것, 그리고 알고 싶은 것을 기록하는 것만으로도 충분하다. 이것은 지식으로 가는 길 또는 최소한 이해로 가는 길 위에 우리를 올려놓을 수 있다. 17세기 사람들은 이러한 사고를 공책에 기록했고, 시간이 지나면 때때로 새로운 정보를 덧붙였다. 오늘날 우리는 어떤 종이를 집어들어 거기에 메모를 적어 넣는데, 그것은 마치 용액 속의 모체 결정parent crystal처럼 우리의 생각에 견고함과 질서를 부여하는 역할을 할 수 있다. 그 결과는 놀랍다.

17세기의 사람들은 이 방법을 사람들을 이해하는 데에도 활용했다. 그들은 살아 있는 인물들에 대한 초상화를 남겼다. 때로는 지나치게 정밀한 묘사가 되기도 했지만, 이런 습관은 관찰력observation과 비평성criticalness을 필수적인 것으로 만들었다. 심지어 평범한 사람들에 의해 쓰인 몇몇 기록들은 후대 역사학자들에게도 가치 있는 자료가 되었다. 이 방법을 가장 가까운 친구들을 더 잘 이해하기 위해서든, 자기 방어를 위해서든, 혹은 단순한 호기심에서라도 시도해 보라. 그러면 수년간의 수동적인 관찰로는 결코 얻을 수 없었던 타인의 내면에 대한 통찰이 어느 순간 당신에게 생겨남을 깨닫게 될 것이다.

그렇다면 전문 작가들은 가장 뛰어난 사고를 할 가능성이 크다고 볼 수 있을까? 반드시 그렇지는 않다. 나는 2부에서 전문 작가가 다양한 환영에 사로잡힐 위험이 있다고 말했다. 통제된 감수성은 오직 가장 위대한 이들에게만 속한다. 평범한 재능은 지나친 감수성에 계속 발목이 잡힌다. 자신이 대중, 비평가들, 그리고 때로는 오해를 불러일으킬 목적으로 글을 쓰고 있다는 생각은, 단지 집중력을 기르기 위해 글을 쓰는 사람에게는 없는 부정적인 효과를 낳는다. 그러나 이러한 불가피한 단점은 글을 쓰는 행위 자체가 가져오는 생동감 있는 영향을 통해 보상된다. 단순한 기자라도, 정말 쓸 만한 가치가 있다면, 종종 단지 써야 한다는 이유로 기사를 작성하기 시작하더라도 몇 분 안에 일이 즐거워지고 자신의 사고 능력이 해방되는 것을 경험할 것이다. 마음은 마치 늪지에서 밤마다 불빛 요정을 보는 어부가 반드시 그러하듯, 매혹적인 환영들이 반드시 찾아오는 마법 같은 장소이다.

이것이 전부가 아니다. 읽을 만한 글을 쓰려면, 펜을 이끌어 갈 일종의 개요outline가 필요하다. 마치 화가가 준비 작업으로 스케치를 그리듯이, 글을 쓰는 동안 작가는 더 이상 독자를 위해서가 아니라 자기 자신을 위해 자신의 최선을 다해 글을 완성한다.

인생에는 독자의 승인이나, 자신보다 앞선 이들—단지 선구자로 여기는 이들—에 의존하지 않고 독립적으로 글을 쓸 수 있는 시기가 있다. 그때 작가는 독자의 찬사를 의심하지 않으며, 가장 위험한 환영도 펜으로 단번에 물리칠 수 있다. 바이런, 셸리, 바레스Barrès, 그리고 여러 철학자들처럼 십대 시절이나 그것을 갓 벗어난 나이에 자신의 생각을 출판하기 시작한 작가들은 참으로 행운아들이다. 이런 이들은 "모든 것은 이미 다 말해졌다"는 환영에 시달리지 않는다. 세상을 계속해서 매혹시키는 위대한 격언들이 그들에게는 아직 아무도 정면으로 마주해 보지 않은 새로움처럼 느껴진다. "Pereant qui ante nos nostra dixerunt!(우리보다 먼저 우리가 말하고자 한 것을 말한 사람들은 사라져야 한다)"

그들이 떠올리는 모든 생각은 표현될 가치가 있으며, 심지어 출판될 가치가 있다고 여긴다. 그리고 이것은 대체로 옳다.

왜냐하면 두 명의 음악가가 같은 곡을 똑같이 연주할 수는 없기 때문이다. 시간이 지남에 따라, 그들의 청소년기의 생각들은 인쇄물로 굳어지며 그들을 감싸는 호위대가 되고, 의심이나 자신감 결여로부터 그들을 보호한다. 바레스와 같은 사람은 과도한 자신감으로 간신히 소심함을 벗어날 수 있었지만, 만약 그가 19세 때부터 자신의 모든 생각을 시로 간주하지 않았다면 그의 능력은 풍자의 늪에서 소진되었을 것이다.

(d) 자신의 사고를 보존하기

배운 것이나 생각한 것을 기록해 두지 않는 것은 큰 고생을 들여 농사를 짓고 씨를 뿌린 후, 수확기가 되었을 때 등을 돌리고 더 이상 그것에 대해 생각하지 않는 것만큼 어리석다.

어떤 사람들은 놀라울 정도로 뛰어난 기억력을 가지고 있어 최소한의 메모로도 충분할 수 있다. 그러나 그런 예외적인 경우는 일반적이지 않다. 문학, 정치, 또는 사업에서 이름을 알린 대부분의 사람들은 기록된 기억의 필요성을 절감해 왔으며, 이러한 수고를 무시한 사람들은 언젠가 반드시 후회하게 된다. 유머 작가들이 기억력을 "잊게 해주는 능력"이라고 정의한 것은 불행한 진실을 강조한 것에 불과하다. 결코 지워지지 않을 것이라고 여겼던 인상 깊은 기억이나 생생한 인상도, 만약 그것을 영구히 남길 조치를 취하지 않는다면, 몇 주, 때로는 며칠 만에 의식에서 사라지게 된다. 바쁜 생활은 심지어 선천적인 게으름뱅이조차도 기록하도록 만든다.

활발하게 두뇌를 사용하는 삶을 살 수밖에 없는 사람이라면 누구나 자신의 자원을 잃지 않기 위해 계획을 세운다. 부유하다면 숙련된 비서를 고용할 수 있다. 그렇지 않다면 학문의 방법이나 사업의 방법(이 둘은 거의 같다)을 설명한 책을 읽거나, 자신만의 방법을 발명한다. 우리는 어떤 작가들이, 과거에 국제 정치라고 불렸고, 지금은 우리 모두의 정치라 불러야 할 분야에 대해 지닌 어마어마한 지식에 경탄한다. 우리는 그들의 엄청난 자료와 그 방대한 종이더미 속에서 길을 찾는 어려움에 놀란다. 하지만 실제로 필요한 것은 신문에서 중요한 내용을 오려 붙일 수 있는 조악한 종이로 된 폴리오판 크기의 노트 정도다. 빨간 잉크로 추가적인 주석을 달면 더 풍부한 자료를 식별할 수 있다.

중요한 것은 중요하다고 생각되는 부분을 즉시 오려 붙이는 것이다. 신문은 역사를 기록하지만, 그것을 작성하는 기자들은 대개 역사를 잘 알지 못하거나 관심이 없다. 중대한 사건도 눈에 띄지 않는 칸에, 미약한 글씨로 언급될 수 있으며, 그것을 다룬 기자는 그 중요성을 깨닫지 못하고 다시 언급하지 않을 것이다. 만약 이 대목을 즉시 보관하지 않으면 사건의 연결 고리 중 중요한 하나를 놓치는 결과를 초래할 수 있다.

사실들은 단지 사고의 재료일 뿐이다. 사고 자체, 즉 풍부한 사실들이 우리의 정신 속에서 일으키는 깨달음illumination이야말로 더욱 신중하게 보존되어야 한다. 물론, 지적 반응이 일어나고 있는 도중에 그것을 기록하려고 하다가 사고의 흐름을 방해할 위험이 있다는 점에서, 이것은 어려운 일이며 때로는 위험할 수도 있다. 그러나 사색의 최종 결과가 우리 앞에 놓여 있을 때, 우리는 그것을 모든 꿈의 운명에서 구해낼 수 있다.

기록은 베다Veda에서 말하는 "진리와 우리 사이에 단어를 끼워 넣는 것"이 되지 않도록 짧아야 하지만, 훗날 다시 읽을 때 — 거의 타인의 시각에서 읽는 것과 같아질 미래의 순간에 — 명확하게 이해될 만큼은 충분히 충실해야 한다. 만약 우리 정신을 사로잡고 있는 어떤 사상을 최종적인 형태로 정리하고 싶은 충동을 느낀다면, 그것을 억누르거나 미루는 것은 어리석은 일이다.

책에서 가장 뛰어난 페이지들은 바로 이러한 충동 속에서 단번에 써 내려간 부분들이다. 삶의 여러 장애에도 불구하고 글을 써야 했던 많은 작가들은, 이런 순간을 놓치지 않고 기록해 둔 자신에게 감사해왔다. 만약 그들이 그런 충동을 게으름에 굴복하여 무시했다면, 언젠가 과거의 자신이 더 높은 시각과 더 명확한 통찰을 가졌었다는 고통스러운 환영phantasm에 시달렸을지도 모른다.

책을 쓰는 것은 전문가들의 영역이지만, 살아가는 것은 우리 모두의 일이다. 도덕적 삶, 감정적 삶, 종교적 삶 — 즉, 단순한 생존을 넘어서는 모든 삶의 형태는 일순간의 깨달음으로 이루어져 있으며, 한 번 사라지면 다시 돌아오지 않는다. 일기 한 권, 오래된 편지 몇 장, 사색이나 명상을 적은 몇 장의 메모만으로도 현재의 우리와 과거의 더 나은 우리 자신 사이의 연결이 유지될 수 있다.

나는 젊은 시절, 한 영적인 삶을 주제로 쓴 작가가 유명한 작품들보다도 자신의 영혼의 기록을 더 자주 읽으라고 조언한 것을 듣고 깊은 감명을 받았다. 모든 성인聖人들은 실제로 그렇게 해왔던 것 같다. 어떤 생각이 소중하여 허비되어서는 안 된다거나, 독창적이어서 다시 떠오를 가능성이 낮다고 깨닫는 순간, 우리는 그것을 반드시 종이에 기록해야 한다.

우리의 원고는 우리의 독서, 우리의 사색, 우리의 이상, 그리고 그것을 삶 속에서 실천해 나가는 과정을 반영해야 한다. 어린 시절부터 스스로를 이렇게 기록하는 습관을 들인 사람이라면, 자신의 기록이 사라지는 것이 단순한 자료의 손실을 넘어 사고 능력의 손실을 의미한다는 것을 알고 있을 것이다.

(e) 이 지적 훈련으로 형성되는 사고의 유형

나는 이 책을 쓰는 데 실질적인 도움이 된, 정신적으로 크게 발전한 많은 사람들을 직접 만나왔다. 그중 두 사람이 이후 독자에게 설명할 이유로 나에게 특히 강한 인상을 남겼다.

첫 번째 인물은 유명한 잡지에 기고하는 필자로, 국제 정치에 대한 해박한 지식과 명쾌한 분석으로 널리 알려진 작가다. 그의 풍부하고도 빛나는 논평들은 동양 문제에 관심이 있으나 직접 연구할 기회가 없는 이들이 간절히 기다리며, 그의 견해는 모든 전문가들 사이에서 존중받으며, 나는 그가 발표한 글이 여러 차례 정치인들의 태도에 상당한 영향을 미치는 것을 직접 목격했다.

두 번째 인물은 종교사를 연구하는 학자다. 그는 종교사를 연구하면서 경외심을 유지하면서도 독립적인 시각을 견지하는 일, 그리고 자유주의 비평가들에게 인정받으면서도 보수주의자들의 존경을 잃지 않는 일이라는 드물고도 어려운 업적을 이루어냈다. 이 신학자는 그러한 성취를 해냈으며, 같은 분야에 관심 있는 수십 명의 전문가들이 그의 견해를 논할 때 사용하는 어조는, 그 견해들이 단순한 의견이 아니라 진리를 택하려는 진실한 열망의 산물임을 보여준다.

나는 이 두 명의 뛰어난 인물들을 젊은 시절부터 알고 지냈다. 그러나 솔직하면서도 흥미로운 진실을 말하자면, 그들은 처음부터 결코 특별한 인물로 보이지 않았다. 오히려 그 반대였다. 직설적으로 표현하자면, 그들은 평범했다. 물론, 그들은 묵묵히 노력하는 사람plodder의 자질을 갖추고 있었으며, 부고 기사에서 흔히 볼 수 있는 불굴의 에너지를 지닌 사람이었다. 또한 그들은 뚜렷한 야망을 가지고 있었는데, 이것은 단순한 명성에 대한 열망과 쉽게 구별되지 않지만, 결국 한 사람을 그의 본래의 사소함에서 벗어나게 만드는 요소였다. 그러나 본질적으로 그들은 평범한 사람들이었다.

지금 그들을 만나도, 나는 여전히 그들이 대화 중에 무심코 한마디를 던짐으로써 내가 그들에게 가지고 있는 존경의 기반을 무너뜨릴지도 모른다는 불안감을 느낀다. 물론, 그런 일은 일어나지 않는다. 하지만 나는 그들이 언제라도 그런 실수를 할 수도 있다는 생각을 완전히 떨쳐내지 못한다. 때로는 그들의 미소에서, 때로는 어조에서, 때로는 문장 표현 방식에서, 나는 아슬아슬한 경계선에 서 있는 듯한 느낌을 받는다. 그러나 결국 아무 일도 일어나지 않으며, 나처럼 그들을 어린 시절부터 알아온 사람이 아닌 이상, 그들에 대해 그런 의구심을 품을 이유는 전혀 없다고 여길 것이다.

그들은 천재라고 불리는 일은 없지만, 사실상 모든 사람들이 진지한 문학serious literature을 대표하는 인물로 그들을 평가한다. 나는 그들이 원래 좁은 시각을 가지고 있었다는 사실을 알지만, 그들은 언제나 고차원의 문제에 지속적인 관심을 가져왔으며, 때로는 사소한 것들에 대한 노골적인 혐오를 드러냄으로써 사람들을 놀라게 하기도 한다. 그들의 학식은 방대하다. 탁월한 기억력을 타고난 이들은 철학적 개념에서부터 단순한 인간적 이야기나 생생한 세부 사항까지 엄청난 양의 정보를 축적해왔다.

나는 그들의 발언 속에서 예기치 못한 날카로움을 발견한 적은 없지만, 그들은 광범위한 주제에 대해 자기 생각을 확고히 정리해왔다. 그들은 수많은 이론과 그에 대한 논쟁을 접했기에, 어떤 논쟁에도 당황하거나 흔들리지 않는다. 그들의 사고 체계는 방대한 사실과 반대 이론들로 무장되어 있으며, 그 것을 통해 논쟁을 정교하게 조율할 수 있다. 그들의 무기고에는 논쟁에서 반드시 고려되어야 할 사실들, 혹은 그러한 사실들을 보완할 대항 이론들이 가득하다. 만약 이 모든 내용이 전혀 신선함이 느껴지지 않는 식의 언어로 표현되지 않았다면, 그것은 강력한 정신들이 자연스럽게 솟구치는 것처럼 들렸을 것이다. 왜냐하면 그들이 다루는 모든 단단한 사실들로부터 빛이 발산되고, 그 빛은 우리의 내면 깊숙한 의구심조차도 잠재울 만큼 충분하기 때문이다.

이들은 앞서 논의한 사고를 돕는 방법들이 실제로 사고를 생성해낼 수 있음을 보여주는 살아 있는 증거다. 이 방법들은 어떤 경우에도 가장 쉬운 사고thinking the easiest way가 아니라 최선의 사고thinking the best way를 가능하게 해준다. 그들은 야망을 가졌고, 끊임없이 노력했으며, 사람들이 일반적으로 쾌락이라고 부르는 것 대신 지성의 기쁨을 선택했다. 또한, 고귀한 문제들을 사소한 것들보다 우선시했고, 방법론을 연구하는 길을 택했다. 그들이 얻은 보상은 단순히 동료들의 존경이나 미묘한 영향력에 국한되지 않는다. 그들은 자신이 희귀한 지적 건강을 유지하고 있으며, 최소한의 낭비로 자신의 능력을 발휘하고 있다는 자각에 의해서도 보상을 받는다. 이것이야말로 처음부터 무無보다 무엇인가를 선택하고, 보편적인 진공universal vacuum을 거부하는 노력을 할 만한 가치가 있는 이유다.

나는 이 두 사람을 훨씬 더 뛰어난 재능을 지녔지만, 결국 실패한 인물들과 비교할 기회가 여러 번 있었다. 나는 한때 그들이 눈부신 성공을 거두도록 운명지어진 인물들이라고 믿었다. 그러나 그들의 경력은 초반부터 무너졌고, 그들이 지녔던 드문 재능도 결국 피상적인 것으로 전락하고 말았다. 사회는 이러한 실패한 인물들로 가득 차 있으며, 이것은 어찌 보면 사회가 자연스럽게 조장하는 현상처럼 보인다. 당신은 바로 그러한 실패들의 부정negation을 의미하는 경력에서도 그러한 인물들을 발견할 것이다. 많은 유망한 젊은 교수, 의사 또는 변호사들이 기대를 저버리고 결국 혐오감을 불러일으켰는데, 이는 그들이 사고의 길에서 도움 대신 장애물을 쌓아 올렸기 때문이다.

그들에게 부족했던 것은 무엇일까? 바로 좋은 책을 향한 열망이었다. 이들은 본래 책을 사랑했어야 함에도 불구하고, 가벼운 대화, 카드놀이, 혹은 컨트리 클럽에서의 빈둥거림을 선택했다. 그 결과, 그들의 지성은 퇴보하고 말았다. 생시몽은 이러한 실패자들을 가차 없이 묘사한 실패의 초상화들gallery of failures을 남겼다. 하지만 굳이 생시몽의 회고록을 읽지 않더라도, 우리는 주변에서 이러한 인물들의 생생한 복제품을 쉽게 발견할 수 있다.

누군가는 이렇게 말할 수도 있다. "지식과 정보는 사고와 다르며, 자신을 계발하는 기술은 사고의 기술이 될 수 없다." 물론 천재의 경우에는 그렇다. 그러나 보통 사람들의 지적 능력이 무력해지지 않도록 하는 유일한 방법은 자신의 정신에 최상의 양식[지식]과 최고의 지적 위생hygiene을 유지하는 것이다. 만약 데이터가 부족하다면, 어둠이 빛을 대체할 수밖에 없다. 우리는 "신은 모든 것을 이해한다understands everything"라고 말하지 않고, "신은 모든 것을 안다knows everything"라고 말한다.

말브랑슈Malebranche나 루소 같은 지성들이 자신들의 빛나는 통찰력에 만족하지 않고, 좀 더 합당한 연구를 추구했더라면, 그들의 지성은 얼마나 달라졌을까? 또한, 17세기의 조화로운 분위기와, 오늘날의 신경질적이고 불안한 분위기의 차이에 가장 크게 영향을 미친 게 바로 17세기의 지적 준비도equipment에 그 차이가 있다는 걸 누가 의심하겠는가? 외국인들이 경탄

할 정도의 그 이상한 정치적 순진함을 냉소적인 프랑스인들에 게서 볼 수 있는 이유가 바로 정보의 부족이 원인이 아니라면 무엇이겠는가? 보쉬에Bossuet처럼 천재적인 인물이 성서 논쟁 에서 단순한 학자였던 리샤르 시몽Richard Simon에게 열세였던 것은 바로 성경 문제에 대한 지식 차이 때문이 아니었는가?

천재성은 사실이 필요한 순간, 그것을 대신할 수 없다. 반면, 한 가지 주제에 대한 철저한 지식은, 단순한 철저함을 넘어, 우 리가 '날카로운 사고brilliant thinking'라고 부르는 것을 가능하게 만든다. 그러나 실제로 그것은 단순한 정보information일 뿐이 다.

(f) 독창적인 사고에 더욱 접근하기

3부에 제시된 방법들의 가치를 설명하기 위해, 나는 의도적 으로 스스로 훈련을 통해 가능성을 넘어선 평범한 두 명의 사 례를 예로 들었다. 하지만 이와 동일한 훈련이 진정한 재능에 적용되면, 문학사 연구자들을 감탄하게 만드는 결과를 낳는다. 이러한 사례를 대표하기에 적합한 전형이 에르네스트 르낭이 다.

르낭은 천재가 아니었다는 점을 우리는 모두 알고 있다. 철 학자, 학자, 또는 작가로서 그가 진정으로 뛰어난 인물들과 비 교될 수는 없다. 하지만 그 지성은 얼마나 빛나는가! 얼마나 탁월한 통찰력과 날카로운 시각을 지녔는가! 그리고 그런 그의 책 『마르쿠스 아우렐리우스*Marc-Aurèle*』 같은 작품은 역사를 지적으로 이해하는 데 얼마나 훌륭한 입문서인가! "지성적"이라는 단어의 의미가 변하고, 동시에 그것에 후광이 더해지기 시작한 시점은 바로 르낭으로부터 시작된다. 빅토르 위고에 대해 "이토록 위대한 천재가 지성적이지 못했다는 사실이 유감스럽다"는 M. 랑송의 평을 읽으면, 우리는 비평가가 그 미묘한 차이를 어디서 발견했는지 바로 알 수 있다. 르낭은 보다 더 강력한 인물들보다도 이해할 수 있는 능력을 대표하는 인물로 남아 있다. 그의 많은 제자들, 그중에서도 아나톨 프랑스와 쥘 르메트르는 잘 알려진 예로, 르낭의 방법이 얼마나 쉽게 배울 수 있으며, 또 그 결과가 얼마나 확실한지를 보여준다.

1. 최고의 책들— 단지 고전만이 아니라 지난 두 세대의 비평가와 과학자들의 저작 —을 읽은 사람은 단순한 정보뿐 아니라 사고 방법도 습득하게 된다. 지성은 18세기에 우아함이나 재치가 전염되었던 것만큼이나 전염력이 강하다. 이것이 전부가 아니다. 이폴리트 텐은 사고는 집합적이고 개인적인 과정이 아니라는 말을 했다. 우리가 "형성 중인 정신"이라고 말할 때도 같은 의미다. 이론들은 시험되고 발전하며, 방법은 개선되고, 관점은 보완되며, 온 세상의 작업 결과가 관심 있는 개인

탐구자의 자산이 된다. 한마디로, 사고의 양은 점점 증가하고 있다.

2. 이렇게 집단적 노력의 결과를 흡수한 교양 있는 사람들은 끊임없이 아이디어와 사실들 사이의 연관성을 보고, 스스로 그러한 연관성을 찾는 습관을 갖게 된다. 현대인은 무솔리니를 생각하면서 나폴레옹을 떠올리지 않을 수 없다. 1871년 이후의 프랑스는 1919년 이후 독일 정신을 이해하는 데 도움을 준다. 영국의 식민지 지배 방식은 로마의 그것을 비추어 보게 하고, 그 반대도 마찬가지다.

르낭은 자신의 책의 모든 페이지에서 이런 방식으로 사고한다. 그의 민첩한 정신은 끊임없이 데이터를 배열하거나, 반대로 대조시키면서 활발한 작업을 통해 매 단계에서 새로운 통찰을 얻는다. 페레로가 현재를 과거로 시각화하고 단어 선택을 통해 이 과정을 계속 암시하는 습관은 르낭의 방법과 동일하다. 사실 이것은 모든 현대 역사가들의 방법이며, 그 결과가 과거 서술 중심의 방법보다 훨씬 우월하다는 점은 부정할 수 없다.

3. 사물을 볼 때 그 옆이나 뒤에 다른 무언가를 동시에 시각화하는 습관에는 활력이 넘쳐, 그것을 극작가의 방법과 유사하

게 만드는 본질적인 요소가 있다. 수용성과 상상력이 끊임없이 작용하게 된다. 많은 교양 있는 남성과 여성들은 과거를 되살리고, 위대한 역사적 사건을 재구성하며, 위대한 역사적 인물이 말하는 것을 듣고, 철학을 실질적인 결과에 따라 시험하고, 미래를 상상하며 즐겁게 시간을 보낸다. 그 과정의 모든 시간 동안 창의적인 상상력이 끊임없이 작동한다.

이것이 바로 **사고**가 아니고 무엇이겠는가? 게다가 이것은 수많은 사람들이 도달할 수 있는 가능성 안에 있다. 그들이 하찮은 것에서 멀어지고, 대신 가치 있는 지식으로 마음을 채우며, 이 방대한 데이터를 자유롭게 탐험하기만 한다면, 사고는 활발히 이루어질 것이다.

"참으로 안타깝군요. 이 장들에 내가 좋아하는 요소들이 참으로 많아요. 고독, 스피노자, 음악, 고양감과 흥분감, 더 이상 잊지 않게 해주는 방법들, 일종의 인생을 쉽게 만드는 방법, 삶을 단순히 아름답게 만드는 것뿐만 아니라 유용하게 만드는 간단한 방식 등등. 그럼에도 나는 실망스럽습니다. 솔직히 말하자면, 나는 이 3부에서 사고를 위한 진짜 비법을 얻을 수 있을 거라고 생각했어요. 즉, 내 지성을 활성화하고 매혹적으로 만드는 빠른 방법, 그러니까 일종의 쿠에식 방법Coue method*

같은 걸 기대했죠……"

"혹은 타블로이드 신문 같은 거요. 맞아요, 생각캔디 같은 게 없다는 건 정말 아쉬운 일이죠. 그러면 나도 몇 개 살 텐데요. 그럼, 1장 (a)절에서 말한 대로 진한 차를 마시고 누워서 문제가 저절로 간단해지는지 확인하는 건 어떨까요? 아니면 이탈리아로 항해하면서 나폴리 항구가 보일 때까지 한마디도 하지 않는 건? 책에서는, 이것만큼 쉬운 일도 없고, 효과도 있다고 하잖아요."

"오, 그렇죠. 하지만 그렇지 않아요. 실제로 효과가 있는 것은 오직 걸작만을 읽는 것이고, 단순히 읽는 것이 아니라 항상 연구하는 것이죠. 결국, 일종의 정신적 배틀 크리크Battle Creek 요법** 같은 것으로, 내가 알기로는 실제 배틀 크리크 요법만큼이나 도저히 따를 수 없는 것 같아요. 그럼에도 불구하고, 만약 내가 이 장들을 다시 한 번 쭉 읽는다면, 내가 읽으면서 하

---

* 프랑스의 심리학자이자 정신 치료사 에밀 쿠에Émile Coué가 제창한 것으로 일반적으로 강한 의지력이 성공으로 가는 최선의 길이라는 통념과 달리, 쿠에는 특정한 문제를 해결하려면 무의식적 사고의 변화를 요구하며, 이는 오직 상상력을 통해서만 가능하다고 주장했다. 의식적인 자기 암시를 주문처럼 하루에 여러 번 반복하도록 했는데 "날마다, 모든 면에서, 나는 점점 더 나아지고 있다Day by day, in every way, I'm getting better and better"는 핵심적인 주문은 미국에서 당시 선풍적인 인기를 끌었다.

고 싶다고 생각했던 것들이 수십 가지나 떠오를 것 같아요. 나는 율리우스 카이사르를 읽는 소녀 이야기가 너무 좋았고, 자질구레한 것들'tits details은 항상 혐오했어요. 항상 그랬던 것 같아요. 아마도 내가 정말 경박했더라면 이 매혹적인 글을 읽지 않았을 테니까요. 다만, 정말이지, 세상이 가끔은 보이는 것처럼 그렇게 쉬웠으면 얼마나 좋을까요!"

"당신은 '자질구레한 것들' — 즉, 뻔한 것과 진부한 것을 혐오하고, 고독을 사랑하며, 스피노자, 수도원의 흰옷을 입은 카르투지오회 수도사들, 다른 누구도 읽지 않을 좋은 책, 로마사, 드문 성향을 지닌 소녀들, 음악과 철학, 그리고 절제된 열정에 끌리는군요. 이 모든 것은 당신이 이 책을 읽기에 완벽한 독자이며, 진정한 사고를 위한 예외적인 후보라는 것을 의미합니다. 당신이 거부감을 느끼는 것은 정신 위생, 지적 칼로리 계산과 같은 것들 아닌가요?"

"정확합니다. 마치 내 생각을 그대로 읽어내시는 것 같군요.

** 배틀 크리크 요법은 19세기 말에서 20세기 초 존 하비 켈로그(John Harvey Kellogg, 1852~1943)가 개발한 건강 및 자연요법 프로그램을 가리킨다. 이 요법은 미국 미시간주 배틀 크리크에 있던 배틀 크리크 생체 의학 위생병원에서 시행되었으며, 채식, 운동, 물치료hydrotherapy, 전기 치료electrotherapy, 기계식 마사지, 심신 조화 등을 강조하는 건강 관리 방식이었다. 켈로그는 이 과정에서 콘플레이크를 개발하여 건강식으로 보급했다.

맞아요, 나는 위생이란 개념을 싫어합니다. 차라리 영양사를 한 명 두는 것보다 외과 의사 열 명을 두겠습니다. 마취제와 그 밖의 모든 것까지 포함해서 말이죠."

"아니, 당신은 위생을 싫어하는 것이 아닙니다. 매주 화요일마다 회색 암말을 타고 다니는 걸 보면 알 수 있어요. 당신이 두려워하는 것은 단지 제한적인 조언들이 쌓여, 그것이 눈사태처럼 당신을 덮치는 거예요. 사실, 당신이 이 책에서 즐기고 있는 것도 조언이에요. 각각의 조언은 소중히 여기지만, 그 조언이 수백 개로 불어나면 그것이 당신을 짓누르는 것이죠. 그렇다면, 한 번에 하나씩만 받아들이고, 잠시 나머지는 잊어보는 게 어떨까요? 예를 들어, 〈타임스The Times〉를 역사적 기록으로 읽는 것부터 시작해 보면 어떨까요?"

"좋아요, 그건 할 수 있을 것 같습니다. 정말 그렇게 해볼게요. 그러니 더 이상은 말하지 마세요. 그리고 아무에게도 말하지 마세요. 이 방법이 나에게 어떻게 작동하는지 먼저 확인해 보고 싶어요."

"작동! 당신은 지혜는 반드시 작용한다는 사실을 의심하고 있지는 않겠지요. 그러니 〈타임스〉를 그런 방식으로 읽어보세요. 그리고 한 가지 부탁이 있습니다. 이제부터는 이 책을 한 번에 한 장씩만 읽어 주세요. 타블로이드적인 아이디어가 바로 거기에 있으니까요."

창조적
사고

서론적 고찰

　"창조적 사고creative thought"란 곧 천재성genius을 의미할까?
그렇다. 하지만 여기서 중요한 점은, 창조란 그 형태가 무엇이
든, 가장 평범한 장인artisan부터 초인superman에 이르기까지,
특정한 정신적 상태에서 비롯된다는 것이다.

　그것은 문학적 창조를 의미하는가? 그렇지 않다. 그것은 다
른 어떤 창조도 마찬가지다. 제4부 5장에서 문학적 창작과 관
련된 몇 단락이 등장하지만, 그것을 근거로 본문의 목적이 주
로 작가들을 위한 것이라고 오해해서는 안 된다. 그런 오해야
말로 이 책의 목표를 완전히 잘못 이해하는 가장 치명적인 실
수일 것이다. 이 책의 진정한 목적은, 가장 높은 형태의 사고라
하더라도, 모든 영역에서, 누구에게나 접근 가능하게 만드는
것이다.

10장

창조

'창조' — 이것은 매혹적인 단어이다. 무無에서 무언가를 만들어내거나, 정지된 상태에서 운동을 일으키는 개념은 아이들마저도 매혹시킨다. 과거에도 반쯤 천으로 가려진 비너스 조각상이 많았지만, 밀로의 비너스처럼 단순한 돌덩이로 영적인 감동을 불러일으킨 작품은 없었다. 우리는 그것을 보고, 즉각적으로 더 높은 차원의 힘이 작용했음을 깨닫는다.

수천 명의 사람들이 하늘을 날아가는 종달새를 바라보며 감탄했지만, 오직 셸리만이 그것에 불멸의 송가를 바쳤다. 또한, 진정한 의미의 음악은 하나의 경이로운 창조이다. 우리의 영혼은 텅 비어 있었지만, 음악은 가장 비물질적인 수단을 통해 그것을 가득 채운다.

우리가 신성Deity에 대해 사고할 때, 무한과 영원은 우리의 상상력을 압도하여 곧 포기하게 된다. 그러나 창조성에 대해서는 전혀 부담 없이 깊이 숙고할 수 있다.

우리가 천재를 대할 때 경외감과 때로는 두려움까지 느끼는 이유는, 그것이 신적 속성과 유사한 힘을 가지고 있기 때문이다. 우리는 종종 자신이 그들보다 한없이 열등하다고 지나치게 과장하여 인식한다. 위대한 음악가나 철학자의 흉상을 바라보면, 그들의 강인한 이마와 날카로운 눈빛이 먼저 눈에 들어온다. 그 후 거울 속의 자신의 모습을 보면, 나는 완전히 다른 종種에 속하는 존재구나라는 자각이 우리를 짓누른다. 우리는 그 위대한 인물들의 삶과 편지를 읽으면서, 그들이 자신에 대해 서술하는 내용을 접하게 된다. 그리고 그들이 자신을 묘사하는 방식이, 우리가 감히 스스로에 대해 생각하기조차 부끄러울 만한 내용이라는 사실에 전혀 놀라지 않는다.

천재와 천재성에 대해 쓰인 글을 읽는 것은 유익하다. 그들의 삶은 장엄하지만 좌절된 노력으로 가득 차 있으며, 이것은 성인들의 삶이 우리 영혼에 미치는 영향과 마찬가지로 우리의 사고에 작용한다. 우리는 그들에게서 일종의 자부심을 느끼는데, 이것은 우리가 같은 기원을 공유한다는 사실을 증명하며, 우리의 고귀한 욕망에 새로운 활력을 불어넣는다. 또한, 위대한 인물들과 함께하는 것은 독특한 정신적 자극이 된다. 하지만 그들의 재능에 대한 설명을 기대하는 것은 무의미하다. 그들은 뛰어나기 때문에 뛰어난 것이며, 그것이 전부다. 만약 그들에게 그 이유를 묻는다면, 돌아오는 것은 라블레의 웃음뿐일 것이고, 우리는 더욱 작아진 자신을 느낄 것이다.

이러한 인물들을 지나치게 우상화하고, 그들의 형상 속에 좌절감을 주는 환상을 만들 위험도 있다. 디드로가 자신의 강력한 지성을 온전히 예술가들의 재능을 찬양하는 데 바친 이후, 문인, 시인, 극작가, 예술가들은 과대평가되어 왔다. 빅토르 위고, 특히 알렉상드르 뒤마 같은 인물들이 자신의 세대의 예언자로 추앙받았던 것은 그들에게 결코 유익하지 않았다. 그들보다 오히려 더 강력한 환상이 형성되었고, 결국 그들은 스스로 특정한 태도를 취할 수밖에 없는 상황에 놓이게 되었다.

우리는 또한 천재조차도 그가 접근할 수 있는 자료에 의존한다는 사실을 종종 간과한다. 아르키메데스가 에디슨의 발명을 생각해낼 수는 없었을 것이다. 게다가 천재는 항상 천재적인 것이 아니라, 단지 항상 우월할 뿐이다. 파스퇴르의 위대한 깨달음들 사이에도 긴 공백기가 존재했다. 시인들은 영감을 경험하지만, 동시에 메마름의 시기를 겪으며, 그동안은 오직 희망과 신념, 그리고 기억에 의존해야 한다. 반면, 평범한 우리도 이따금 직관을 경험하고, 파도의 정점에 올라타는 듯한 순간을 느끼며, 최선의 사고와 최선의 행동을 할 때가 있다. 우리가 그런 순간에 축복받았다고 상상해 보라. 그러면 그것이 결코 최고 수준의 재능이 아니라는 사실을 깨닫는 순간, 그 마법은 즉시 사라질 것이다.

앞서 언급한 18세기의 지적 우월성에 대한 편향은 특히 프랑스에서 해로운 영향을 미쳤다. 볼테르와 디드로는 종교의 창시자들에게서 나타나는 천재성을 전혀 존중하지 않았으며, 오늘날에도 여전히 너무 많은 사람들이 선함보다 번뜩이는 지성을 더 높이 평가한다. 정치적, 사회적 개혁가들, 지식을 전파하는 자들, 어떤 분야에서든 위대한 조직자들, 사도와 선교사들, 산업의 거물들, 막대한 부의 설립자들, 위대한 장군들과 위대한 항해자들은 종종 비평가들과 학자들에게 경멸의 대상으로 취급된다. 그러나 그들의 정신적 재능 역시 드물며, 그들의 강렬한 개성은 그들의 문학적 경쟁자들의 고상한 이마 못지않게 인상적이다. 그들의 업적은 눈앞에 있으며, 역사 속에서도 언급될 것이다. 그러나 전 세계 어느 공동체를 보더라도, 고귀한 목표를 위한 강한 의지가 평생 동안 지속되었을 때, 그것은 반드시 성취된다는 명백한 증거가 존재한다. 그렇다면 이러한 노력들이 단순히 지적 노력보다 열등하다고 할 이유가 있는가? 더욱이, 많은 경우 지적 노력에는 노골적인 자기중심주의가 포함되어 있지 않은가? 누가 감히 플로렌스 나이팅게일이 조지 엘리엇과 동등한 창조자로 평가받을 권리가 없다고 감히 말할 수 있을까?

더 나아가 생각해 보자. 우리가 쉽게 인식할 수 있는 기념비가 남지 않았다 하더라도, 특별한 삶을 살아간 모든 인간은 때로는 예술적, 때로는 도덕적 창조물이다. 세상에는 자신의 이름이 알려지지 않은 채 살아간 사려 깊고 친절한 사람들이 있다. 그러나 그들의 삶은 그들을 가까이서 알았던 사람들에게는 하나의 걸작처럼 보인다. 이들은 우리와 같은 능력과 기회를 가지고 태어났지만, 그것들을 어떻게 활용할지를 깨닫고 실천한 사람들이다. 주베르의 일기나 카우퍼[William Cowper, 18세기 영국의 시인이자 찬송가 작곡가]의 편지들이 출판되지 않았을 수도 있다. 하지만 그들의 글을 넘어 그들을 사랑했던 사람들은, 그들이 세상을 떠난 후에도 그들이 남긴 매력적인 흔적을 가슴에 품고 살아갈 것이다. 마담 레카미에[Madame Récamier]는 세상을 떠난 지 백 년이 지났지만, 그녀의 초상화 앞에서 깊은 사색에 잠기는 사람들은 여전히 마담 드 스탈[Madame de Staël]의 초상화 앞보다 많다. 그녀는 대중을 위해 글을 쓰지도 않았고, 연설하거나 예언하지도 않았다. 그러나 아바예-오-부아[Abbaye-aux-Bois]의 세 개의 방에서 보낸 그녀의 삶은, 그것을 전해 들은 무수한 여성들에게 여전히 하나의 이상理想으로 남아 있다. 그렇다면, 이 매혹적인 분위기를 그녀 자신의 창조물이라고 말할 수 없을까? 또한, 성인聖人들은 천재들만큼이나 강력한 영향을 끼치지 않는가?

우리는 이제 이러한 인물들을, 실제 무언가를 이루었거나, 그 자체로 하나의 존재가 된 사람들과 비교할 수 있다. 반면, 그들과 대조되는 사람들은 정작 아무것도 해내지 못했으며, 단지 다른 사람들이 이루어낸 업적을 글로 정리하는 능력만으로 존재했다. 그렇다면 진정한 창조자는 누구인가? 영감을 창조하는 사람인가, 아니면 단지 그것을 받기만 하는 사람인가?

11장

창조의 뿌리: 아이디어

창조의 뿌리, 그것이 사변적이든, 예술적이든, 실용적이든, 결국 하나의 아이디어이다. 이 아이디어는 점차적으로 성장하여 주변의 요소들을 병합하거나 이용하며, 마침내 저항할 수 없는 지배적인 목적이 된다. 그리고 결국에는 어떤 형태로든 창조물로 이어진다.

이폴리트 텐은 고양이에게 매료되고, 고양이들에 대한 무수한 기억들을 소중히 간직하며, 고양이의 매혹적인 면에 깊이 빠져든다. 한참 지나, 그 메마르고 노쇠한 학자는 마침내 고양이에 관한 유명한 소네트를 만들어 낸다. 또 다른 이는 거리에서 길고양이를 관찰하며, 가난하고 작은 생명이 때로는 지나가는 무심한 사람을 애원하듯 올려다보거나, 때로는 자신을 위해 아무 일도 일어나지 않는 듯 행동하며 어딘가 근처에 있을 집을 찾으려는 모습을 본다. 이 모습은 세월이 흘러도 그의 기억 속에서 사라지지 않는다. 누군가는 그것을 어설픈 언어로 번역했을지 모르지만, 이 사람은 심금을 울리는 따뜻한 말로 그것을 표현한다. 결국, 유기 동물을 위한 보호소가 설립된다.

이보다 더 간단할 수는 없다. 모든 창조적인 개념의 특징은 바로 단순함이다. 19세기 후반과 20세기 초반, 프랑스인들에게 가장 큰 영향을 미친 두 명의 프랑스인은 의심할 여지 없이 아나톨 프랑스Anatole France와 모리스 바레스Maurice Barrès였다. 그들이 수많은 다른 사람들의 정신세계에 영향을 미친 철학을 발전시키기 전에, 무엇이 그들의 마음을 움직였을까? 아나톨 프랑스는 별이 빛나는 하늘을 바라보며, 인간의 야망과 열정, 그리고 미시적인 제국들로 가득 찬 원자 같은 지구atom-Earth의 하찮음을 깨달았다. 반면, 바레스는 샤름Charmes 교회의 묘지에서 아버지의 무덤 앞에 서 있을 때, 저녁 기도 종소리가 울리고 마을에 엄숙함이 감도는 순간, 자신의 조상들과 자신 사이의 연속성을 인식하게 되었고, 그것을 "땅의 부름"이라고 불렀다. 이 두 가지 비전은 두 사람의 인생을 가득 채웠으며, 40권의 저서를 관통하는 영혼이 되었고, 수백만 명의 사고에 영향을 미쳤다.

문제는 분명하다. 이처럼 영혼을 가득 채우고 삶의 방향을 잡아주는 아이디어를 어떻게 가지는가 하는 것이다.

우리의 영혼은 바다와 같다. 그것의 가능성, 수용성, 그리고 유연성은 신비하며 거의 이해할 수 없지만, 그 존재를 부정할 수는 없다. 그것이 우리의 삶 동안 축적하는 것도 신비롭지만, 그 광대함은 의심할 여지가 없다. 알자스 지방의 어느 할머니는 말년의 병환 중에 80세의 나이로 히브리어를 말하기 시작했다. 그녀가 마을 랍비의 집에서 소녀 시절에 창세기를 낭독하는 모습을 엿들었던 지 65년이 지난 후였다. 그녀는 부엌에 있었고, 유대인이 아니었으며, 별로 신경 쓰지도 않았지만, 그 기묘한 소리들의 연속은 그녀의 기억 속 백만 개의 기록 중 하나에 온전히 남아 있었다. 오래전에 아무런 감흥 없이 들었던 한 문장이, 몇 개의 음절이 미세하게 닮은 소리로 인해 다시 살아나 웃음이나 당혹감을 불러일으킨 적이 없는 사람이 있을까?

잊혀졌던 단어들이, 오싹하면서도 분명하게, 우리의 귀로 들어온다. 한 곡의 음악, 미뉴에트의 향기가 뜻밖에 어린 시절이나 청소년 시절에 우리가 그 모호한 감정 때문에 버티기 어려웠던, 그러나 그 절절함 때문에 매혹적이었던 마음 상태를 되살린다. 감수성, 웅변, 음악, 혹은 단지 진한 커피 한 잔이 우리를 고양된 상태로 이끌 때, 그것은 일상의 모래 같은 황량함과는 전혀 다른 우리 영혼의 영역을 드러낸다. 또한, 우리의 삶에서 때때로, 혹은 특정 시기에는 우리의 지적 통찰력이 다른 사람들, 심지어 우리 스스로가 예상했던 것보다도 더 예리하다는 자각이 스며든다.

우리는 대화를 들으며, 그 말들이 서로 교차할 때 마치 사람들의 내면을 읽듯 그들의 동기를 파악한다. 강의를 들으러 가면, 이전에는 좀처럼 하지 않았던 방식으로, 지금 진행되고 있는 그 강의를 평가하거나 비판하게 된다. 머릿속을 스쳐 지나가는 모든 것이 자각되고, 동시에 우리가 별다른 척하지 않고 지켜보기만 해도, 덜 뚜렷한 반짝임들이 서서히 빛을 모으게 되고, 그 뒤에 드물게 특별한 깨달음이 찾아오기도 한다.

이러한 순간에 우리는 창조의 씨앗을 발견한다. 그것들은 단명하거나 포착하기 어려울 수도 있고, 갑작스레 밀려드는 다른 생각들에 묻히기도 하지만, 재능이 뛰어난 이들의 지성에서 결국 천재적인 작품이 되는 원천과 본질적으로 다르지 않다. 이 씨앗들을 어떻게 하면 더 많이 얻을 수 있을까? 어떻게 하면 더 강하게 만들 수 있을까? 무엇보다도, 한 번 더 깊은 의식 속으로 숨어든 그것들을 어떻게 다시 꺼내올 수 있을까? 그것이 바로 우리가 해결해야 할 문제이다.

12장
자신만의 생각에 도달하는 방법

철학자라는 이름에 걸맞은 이들은 누구나 세상에 대한 설명을 제시하고자 하는 야망을 품는다. 하지만 대부분의 철학자들은 이러한 시도가 근본적으로 잠정적인 성격을 띤다는 사실을 잘 알고 있다. 반면, 그들은 진리에 도달할 수 있는 어떤 정신적 과정에 대해서는 매우 확신에 차 있다.

'진리'라는 단어는 지나치게 남용되면서 그 의미가 낡아버렸고, 현대의 회의주의자들은 이에 대해 경계를 늦추지 않는다. 그러나 우리가 그것을 단순히 우리의 정신이 현실과 접촉할 때 수반되는 깨달음으로 이해한다면, 아무도 이의제기를 하지 않을 것이다. 우리가 그러한 깨달음을 의식하는 순간, 우리의 지적 탐구는 끝나고, 그 자리를 평온한 안식이 대신한다.

아리스토텔레스, 스콜라 철학자들, 데카르트, 그리고 대부분의 현대 과학자들과 같은 지성주의자Intellectualists들은 이러한 깨달음을 형식 논리에서 찾는다. 그들은 명확하고 완전한 데이터의 제시를 원하며, 그것을 정리하고 검증하는 엄격한 규칙을 설정한다. 그들의 사고방식은 마치 하나의 '과학적 박물관'을 구축하는 것과 같다. 그 박물관은 널찍한 전시 공간 안에 체계적으로 배치되어 있으며, 방문객은 어떤 전시물 앞에서도 불확실함을 느끼지 않는다.

반면, 이와는 전혀 다른 방법도 존재한다. 이것은 종교적이거나 시인의 기질을 가진 사람들을 언제나 매료시켜 왔다. 즉, 영적 실재spiritual realities와의 즉각적인 접촉이다.

서정시인은 영감이 떠오를 때 백과사전을 참고하지 않는다. 우리 같은 평범한 신자들은 좋은 설교나 유용한 책을 통해 묵상에 도움을 얻고자 하지만, 위대한 신비주의자들은 그러한 보조 수단조차 필요로 하지 않는다. 그들의 정신은 금세 어디론가 휩쓸려 가고, 그곳에서 황홀한 관조 속에 머문다.

그것이 아무리 고결한 것이라 하더라도, 그들의 정신이 단순한 매혹에 그저 사로잡힌 것이 아님을 보여주는 증거는, 신비주의자들의 저술을 통해 알 수 있다. 그들의 저술을 살펴보면, 신비적 관조contemplation를 통해 거의 모든 이들이 본질적으로 같은 것을 발견했다는 점이 명백히 드러난다. 신비 문학의 특징은 물론 숭고함이지만, 동시에 놀라울 정도의 수월함을 지니고 있다. 마담 귀용Madame Guyon은 자신이 영적 실재에 대해 끝없이 글을 쓸 수 있다고 말했으며, 이는 자신보다 훨씬 안전한 안내자들과 다르지 않다. 성 테레사의 『영혼의 성The Castle of the Soul』이나 『그리스도를 본받아Imitation』 제4권*에서는 전혀 노력의 흔적을 찾아볼 수 없다. 성 바울의 서신 중 많은 구절들은 그 무엇보다도 서정적이다. 파스칼의 『팡세Pensées』 중 단지 그의 지성의 산물인 부분에서 느껴지는 열광적 긴장감과, 계시의 결과로 유명한 부적amulet에 휘갈겨 적힌 몇 줄에서 쉽게 짐작할 수 있는 마음 상태를 비교해 보라. 플로티누스에서 스베덴보리에 이르기까지, 모든 빛의 추구자illuminist들은 자신들이 즐겼던 관조 과정에서 만들어진 빛의 홍수에 대해 노래해 왔다. 그런데 이런 경험을 해보지 않은 사람은 단 한 명이라도 있을까?

뉴먼Newman이나 베르그송 같은 현대의 직관주의자Intuition-

---

* 『그리스도를 본받아』는 토마스 아 켐피스(Thomas à Kempis, 1380~1471)가 쓴 것으로 알려진 그리스도교 신비주의적 작품으로, 중세 후기의 가장 영향력 있는 신앙서 중 하나이다. 이 책은 신앙심 깊은 삶을 살고자 하는 그리스도인들에게 깊은 영적 통찰을 제공하며, 수도원적 경건 생활과 내면적 성찰을 강조한다. 책은 총 4권(Book I~IV)으로 구성되며, 제4권은 성찬례Eucharist에 대한 내용을 다루고 있다.

ists들은 신비주의자들과 밀접한 관련이 있다. 그처럼 방대한 독서량과 높은 수준의 학식을 지닌 사람들이라면 정확한 정보의 가치를 모를 리 없지만, 그들은 그것을 활용하는 더 높은 차원의 논리를 믿는다. 파스퇴르도 끊임없이 직관에 의해 이끌렸으며, 이후 과학의 일반 원칙을 통해 그것을 검증하는 데 엄청난 노력을 기울였다. 이러한 직관은 계시revelation가 아니다. 그것은 단지 머릿속에 저장된 이미지 집합들의 섬광 같은 비교나 대립의 결과일 뿐이다. 이러한 이미지들은 뉴먼이 "개념적notional"사고와 대비되는 "실재적real"사고라 부른 것보다 훨씬 더 유연하다. 뉴먼의 『동의의 문법Grammar of Assent』이나 베르그송의 『창조적 진화Creative Evolution』를 읽어 보면, 그들이 철저한 경험을 바탕으로 사고를 발전시키는 방식이 데카르트, 로크, 허버트 스펜서 같은 철학자들의 조언보다 훨씬 더 실질적인 사고의 기술Art of Thinking을 구축하고 있음을 알게 된다. 그들은 외부에서 규칙을 찾는 대신 자신의 의식에 집중하는 방식을 선호하지만, 궁극적인 목표는 깊고 의미 있는 개념을 획득하는 것이라는 점에서 동일하다.

이와 마찬가지로, 시인들이 영감의 순간에 대해 말하는 것을 읽거나, 예술가들이 자신들의 예술에 대해 서술하는 것을 살펴보면, 우리는 그들이 단순한 감정적 충동이 아니라 사고의 원리를 확립하고 있음을 깨닫게 된다. 이들은 언제나 자신의 능력을 최대한 활용하려고 노력하는 사람들이다.

니체와 바레스의 저술을 보면, 그들의 사유 방식이 단순한 철학적 탐구를 넘어, 사고를 발전시키는 하나의 방법론을 꾸준히 설명하거나 시범적으로 보여주고 있음을 알 수 있다.

그렇다면, 이렇게 다양한 방식으로 내면을 탐색하는 이들의 공통된 원칙을 한마디로 요약할 수 있을까?

그렇다.

그들의 저술을 읽고, 그들의 말을 듣고, 그들의 방법을 분석하며, 그들의 태도를 면밀히 살펴보면, 우리는 그들이 가능한 한 철저하게 두 가지 근본적인 원칙을 실천하며 살아가고 있음을 알게 된다.

1. 자신이 되어라.
2. 자신을 발견하라.

13장
"자신이 되어라"

"무언가 독창적인 것을 창조하고 싶다면, 너 자신이 되어라." 이것은 너무도 자명한 말이다. 만약 자신이 어떤 사람인지 자각하지 못하고, 다른 누구의 모방자, 혹은 모든 사람의 모방자에 불과하거나, 당신이 될 수 있다고 믿는 그 사람[내면에 존재하는 가능성, 즉 "내가 될 수 있는 이상적인 나"]이 아니라면, 어떻게 진정 당신만의 무언가를 만들어낼 수 있겠는가?

자신이 되고자 하는 사람에게는 두 가지 주요 장애물이 존재한다. 바로 가식pretence과 소심함diffidence이다. 사람들 대부분은 삶의 어느 시점에서든 이 두 가지 중 하나, 혹은 둘 다로 인해 방해받지 않은 적이 없을 것이다. 가식이나 허세pose는 자신감confidence과 다르다. 진정한 자질이 동반된 자신감은 더

이상 단순한 자신감이 아니라, 우리는 그것을 탁월함brilliance
이라 부른다. 발자크는 대화에서 스스로를 거침없이 드러내는
스타일이었고, 이것은 지나치게 세련된 취향을 가진 이들에게
불쾌감을 주기도 했지만, 심리학자들에게는 흥미로운 연구 대
상이 되었다. 예술가들 사이에서도 마찬가지다. 자신의 창작물
에 대한 기쁨이 점점 자신에 대한 기쁨으로 확장되는 것은 예
술가들에게 흔한 현상이다.

강렬한 생명력이나 상상력을 타고난 사람들, 그리고 삶이
그들의 독립심independence을 지나치게 꺾어놓지 않은 대부분
의 사람들은 스스로를 앞세우는 것을 두려워하지 않는다. 앵글
로색슨적 단순함과 개인의 권리를 신봉하는 문화는 이와 유사
한 결과를 만들어낸다. 앵글로색슨 계열 사람들이 과묵하거나
내성적이라고 생각하는 사람들은 그들을 어떤 제약 아래에서
만 보았거나, 친밀하게 지내본 적이 없는 사람들일 것이다.

냉소주의조차도 항상 허세인 것은 아니다. 더 높은 수준의
냉소주의는 과장된 솔직함의 일종일 뿐이며, 거만함conceit이
나 루소의 신념—"남들도 나보다 그리 나을 게 없다"—에
물든 것일 가능성이 크다. 나는 한 재치 있는 파리 출신 유대인
여성의 말에서 항상 큰 기쁨을 느꼈다.

"나는 자연스러우려면, 일부러 꾸며야 한다."

사람들은 평생 동안 이렇게 간결하면서 날카로운 문장을 한

마디도 하지 못하고 죽는 경우가 많다.

마리 바슈키르체프*의 일기는, 이제 앙드레 퇴리에André Theuriet가 조심스럽게 편집한 버전이 아니라 완전한 원본이 공개되면서, 그녀가 단순한 바람둥이 여왕Queen of Flirts인지, 아니면 속물 여왕Queen of Snobs인지 논란이 일기도 했다. 그러나 한 가지 분명한 점은, 그녀가 우리 시대에서 가장 솔직한 인간적 기록 중 하나를 남겼다는 사실이다.

영문학에서 『에블리나Evelina』보다 더 성가신 책이 있을까? 그러나 프랜시스 버니Frances Burney의 자기만족self-complacency은 너무나 투명해서, 그 책이 출간된 지 150년이 넘었지만, 그 책의 결함들에도 불구하고 여전히 살아남았다.

허세란, 본인이 자신의 연기하는 태도를 인식하지 못할 수 없을 정도로 부자연스러운 상태를 의미한다. 이것은 자신이 아닌 모습을 연기하는 것이며, 사고의 원동력이 되어야 할 정신적 에너지를 가식적인 연극에 소모하는 것이다. 그런 사람에게 개인적인 사유에 남을 활력이 어떻게 있을 수 있겠는가? 만약

---

* Marie Bashkirtseff(1858~1884). 우크라이나 출신의 화가, 조각가, 일기 작가. 모친을 따라 유럽 각지에서 성장했고, 당시 프랑스에서 여성을 받아들인 몇 안 되는 기관인 아카데미 쥘리앙에서 회화를 배웠다. 상당한 양의 걸작을 남겼는데 2차대전 중 태반의 작품이 나치 독일에 의해 파괴되었다. 13세부터 일기를 썼고, 이 일기로 문필가로서의 명성이 높아졌다.

한 사람이 아무리 작은 규모라도 연기자로 남으려 한다면, 어떻게 그가 창조하는 사람이 될 수 있겠는가?

어떤 사람이 다음과 같은 행동을 한다고 해보자.

복잡한 논쟁을 쉽게 따라가는 척한다. 단순한 문구 몇 개만 습득한 채 문학과 예술을 가볍게 평가할 수 있는 전문가인 양 행동한다. 외국을 여행하고, 국제회의 한 번 참관한 경험만으로 외교 전문가처럼 굴며 국제 정세를 논한다. 한 번 스쳐 지나간 유명인에 대해 "내 친구 아무개"라고 말한다. 월터 페이지 Walter Page의 편지를 읽어본 적 없다고 솔직하게 말하기는커녕, 밤마다 하찮은 소설을 읽는다는 사실을 감추려고 한다. 외국어를 전혀 모르면서도, 그 언어로 연설하는 사람에게 열광적으로 박수를 친다. 이러한 사람들은 단순한 사회적 역할을 연기하는 것이 아니다. 그들은 진짜 배우actor다. 어떤 이는 무대에서 연기하는 배우들만큼 능숙할 수도 있다. 그러나 다른 사람이 기억할 만한 한마디도 남기지 못할 것이다. 그리고 그들에게 단순한 인간 축음기보다 나은 존재가 될 수 있다는 희망을 줄 만한 생각도 결코 가질 수 없을 것이다.

전문 작가들 중 수백 명에 달하는 이들이 진실성을 잃음으로써 정직하게 발전할 기회를 놓치는 경우가 많다. 그들이 이런 상황에 빠지게 되는 것은 거의 불가피하다. 처음에는 문학에 대한 애정으로 진실하게 글을 쓰기 시작했지만, 시간이 지나 더 이상 새롭게 쓸 이야기가 없는 경우에도 중단하지 못한다. 글을 쓰는 직업인으로서 계속 써야만 한다. 그래서 그들은 진정한 동기가 없이 수많은 주제를 다루며 글을 이어간다. 그 결과는 신문 지면을 채우는 글들이다. 이러한 얄팍한 유창함, 책임을 회피하며 애매모호하게 모든 의견을 수용하는 태도, 그리고 인위적인 유머는 설령 미숙한 독자일지라도 금방 간파한다. 독자들은 필요한 정보를 원하고 있지만, 자신이 원하는 것을 얻지 못하고 있다는 사실을 느낀다. 그럼에도 이런 글쓰기 방식은 오늘날 대중의 사고를 잠재우는 하나의 자장가처럼 작용한다.

이런 현상은 단순한 기자들만의 문제가 아니다. 이른바 전문가나 학자들도 때때로 이런 식의 술수를 부리게 된다. 의학이나 고고학 분야에서 명성을 가진 이들조차 때로는 예와 아니오를 한 문장 안에서 동시에 말하는 데 특히 뛰어났다.

문학적 유행은 작가의 개성을 파괴한다. 한때 프랑스 낭만주의 작가들은 빅토르 위고의 높은 경지에 다가가고자 열을 올렸다. 또 리얼리즘의 암흑기 동안 많은 프랑스적 재치가 사라졌을 것이다. 1890년에서 1920년 사이, 아나톨 프랑스의 리듬을 흉내 냈지만 그의 비유의 폭, 감수성, 심지어 특유의 부도덕한 매력마저도 따라하지 못한 작가들이 얼마나 많았겠는가. 단순히 리듬을 흉내 내는 것만으로도 인생 관찰이나 인간 마음의 본질에 관한 탁월한 통찰력이 사라질 수 있다. 과거의 문체를 모방하며 연습해본 적이 있는 사람은 그런 놀이가 오히려 독특한 영감과 예기치 않은 능력을 발휘하게 만든다는 사실을 알고 있을 것이다. 그러나 이것은 단순한 유희적 모방에서 비롯된 현상일 뿐, 진정한 창조성을 훼손할 뿐 아니라, 헤르바르트*가 말한 대로 궁극적으로는 인격에도 해를 끼친다. 말로 표현하든, 글로 쓰든, 어떤 형태로든 진정성을 결여한 태도는 본래의 개성을 파괴하며 결국 부정적인 결과를 초래한다. 우리가 진정으로 성장할 수 있는 가능성을 온전히 실현할 기회는 줄어들 수밖에 없다.

소심함 또한 우리가 진정한 자신이 되는 것을 막는 또 다른 결점이다. 하지만 소심함은 이와 상반되는 문제보다 훨씬 더 많은 관심과 연민을 받을 자격이 있다.

소심함은 종종 겸손으로 가장된 게으름과는 구별되어야 한다. 많은 사람들은 자신의 고유한 성격을 오래 유지할 수 없어서 진정한 자신이 되지 못한다. 그들은 자신이 듣는 사람이나 읽는 책에 동화되어 버려, 자기 자신으로 존재하지 못하는 것

---

* Johann Friedrich Herbart(1776~1841). 독일의 철학자, 심리학자, 교육학의 창시자. 포스트 칸트주의자로 헤겔과 특히 미학에서 대척점을 이루었다.

이다. 어릴 때라면 의학적 조치나 운동으로 이러한 나약함을 개선할 수 있다. 노력 그 자체가 성격 형성의 시작점이 되기 때문이다. 적절히 조성된 경쟁심이나 이익 추구는 교육이 개개인의 가능성을 계발하는 데 도움을 줄 수 있다. 이후의 삶에서도 개성과 지적 성취의 즐거움을 깨달을 수 있다면 희망이 있다. 하지만 대부분 그런 계기는 얻어지지 않는다. 심지어 큰 위기나 재난도 이러한 무기력을 흔들어 놓지 못한다.

소심함 자체는 때때로 자만심의 한 형태일 수 있다. 있는 그대로 드러나는 것보다 오히려 자신 속으로 움츠러드는 것이 낫다는 생각, 즉 스스로 바라는 모습에 못 미치는 상태를 보이기 싫어하는 것이다. 소심함은 때로는 자연적인 성향이나 재능, 교육, 현재의 상황으로 인해 자신이 하고 있는 일을 수행하기에는 부족하다는 자각에서 비롯되기도 한다. 혹은, 보다 나은 준비를 할 수 있었음에도 그러지 못했다는 막연한 양심의 가책이 원인이 될 수 있다. 사기꾼은 그러한 상황을 신경 쓰지 않지만, 정직한 사람, 특히 언젠가 아름다움을 창조해내려는 희망을 품고 사는 사람이라면 여러 번의 기회를 이미 망쳐온 뒤 또 한 번 더 망치는 것을 두려워한다.

예술가가 정신적으로 불안정하다는 평을 듣는 경우가 많은 이유도 바로 이 때문이다. 과거에 쓴 시나 몇 년 전에 썼던 소설의 한 챕터처럼, 어느 정도 시간이 흘러 자신이 아닌 다른 사람이 쓴 작품처럼 보이게 된 결과물에 대해서는 만족할 수 있을지 모른다. 하지만 이 시나 챕터를 작성하는 동안에는 만족보다는 짜증과 실망이 더 컸을 것이다. 예술가는 항상 자신이 도달할 수 없는 완벽함을 마음속에 그린다. 작업을 시작하거나 작업을 시작하기 직전에 그는 표현하고자 하는 신비로운 이미지를 떠올린다. 그러나 그것을 구체적으로 자세히 들여다보려 하거나 글로 고정하려 시도하는 순간, 그 이미지는 사라지고, 남는 것은 그 이미지를 감싸기 위해 막 시작한 표현의 조각들만 남는다. 이러한 잔재만으로도 걸작을 풍요롭게 만들 수 있지만, 그것들은 이전에 떠올랐던 신비로운 모습들에 비하면 그저 보잘것없는 부산물에 불과하다.

캐서린 맨스필드의 일기를 읽어 보면, 우리는 마치 결정적인 완성품처럼 보이는 그녀의 글들 뒤에 어떤 과정이 있었는지 알 수 있다. 그녀는 자신이 하는 모든 일이 완결된 것이 아니라, 시도와 실패의 연속이라고 느꼈다. "이것을 더 잘 표현할 수 있을 텐데" 혹은 "다른 누군가는 분명 이것을 더 잘 표현할 텐데"라는 생각은 그야말로 마비시키는 환영이며, 이러한 소극적 태도를 표현하기에는 소심함이라는 말조차 너무 온화한 표현일 것이다.

예술가는 종종 자신이 사랑하지는 않지만 존경하는 경쟁자를 떠올리며, 그 사람이 같은 작업을 훨씬 수월하게, 훨씬 나은 스타일로 해낼 것이라 상상하고는 한다. 그는 자신의 주제에 대해 확신이 서지 않아, 그것이 잠시 생각해 보면 곧 드러날 다른 여러 주제에 비해 열등하다고 여긴다. 또한 도덕적 갈등을 겪으며, 자신이 창작하는 것이 미약하거나 과도하게 예민한 이들에게 미칠 실질적인 영향을 상상하기도 한다. 샬럿 브론테는 거의 이렇게 말한 바 있다. 자신에게 여동생과 같은 영감이 있었다 해도 『워더링 하이츠』를 쓸 양심은 없었을 것이라고.

이러한 모든 생각들은, 마땅히 온전히 집중해야 할 사고를 흐리게 하며, 예술적 성취에 필수적인 의지를 약화시킨다. 만일 이런 생각들이 쌓이거나, 혹은 하나의 생각이 오래도록 지속되어 습관이 된다면, 그는 더 이상 본래의 자신이 아니거나, 아니면 본래보다 위축된 자신이 될 것이다.

그렇다면 어떻게 해야 할까? 프로망탱의 고전 소설 『도미니크Dominique』에서 주인공은 단념한다. 시인으로서 초라함을 느끼느니 차라리 신사 농부로 자기 자신을 지키는 편이 더 낫다고 판단하고 모든 것을 포기한다. 이것은 절망적인 해결책이다. 발자크 또한 일곱 번째, 여덟 번째 실패를 겪고는 같은 선택을 했을 수도 있으며, 실제로 그 당시 그는 인쇄업자로서 만족하려 했었다. 그러나 그는 불과 일이 년 만에 결코 그를 떠나지 않을 영감을 맞이하게 되었다. 어쩌면 사업가로서의 노력이 예술가로서 의지를 다지는 데 도움이 되었을지도 모른다. 누구든 일정한 책임이 따르는 사업이나 자선 활동 등에 참여하는 것이 유익할 수 있다. 실질적인 사상을 위해 싸우거나, 그에 대해 공적인 자리에서 연설하는 것도 마찬가지다. 다른 어떤 것도 하지 않은 채 환영幻影의 압박에 시달리는 예술가는 순교자이며, 그 고문과 굴욕에서 벗어나기 위해서라면 무엇이든 해야 한다.

어떤 방법을 쓰든 우리는 내면의 강력한 이상理想이나 사상이 의심을 치유하며, 힘뿐만 아니라 일종의 자력磁力을 창출한다는 것을 깨닫게 된다. 우리 마음과 삶을 채우는 이러한 힘을 자각하는 순간, 우리는 그것이 불가항력적임을 또한 인식할 것이다. 따라서 '자신이 되는 것'이라는 문제는 궁극적으로 도덕적 문제로 귀결된다. 즉, 자신의 능력을 어떻게 최선으로 활용할 것인가의 문제이다.

14장

"자신을 발견하라"

자신이 된다는 것은, 앞서 말했듯, 집중력과 의지력을 단단하게 만드는 것이다. 반대로 자신을 찾는다는 것은 이와 정반대다. 외부의 사물에 지나치게 집중할 때 우리는 자기 자신과 함께 살아가는 것이 아니다. 우리는 어떤 목적을 향해 전력을 다해 분투할 때 가장 자기 자신을 의식적으로 느낄 수 있을지 모르지만, 그럴 때조차도 그것을 '나는 지금 자신을 찾고 있다'라고 말하지는 않는다. 오히려 그 과정이 끝나기를 바라고, 우리의 영혼을 평온하게 소유하기 위해 고요한 사색의 시간을 갈망하게 된다. 언어 속에는 이러한 상반된 의식 상태를 묘사하는 은유들이 가득하다.

우리는 혼자서 깊은 성찰을 하는 시간, 어스름한 빛 속에서의 몽상이나 고요한 가을 풍경, 혹은 우리를 짓누르지 않으면서 오히려 활력을 불어넣는 도덕적 위기의 분위기 속에서 '자신을 찾는다'. 이유도 모른 채 겪게 되는 지적인 강렬함의 순간들 속에서, 우리는 세상과 단절된 듯한 느낌을 받으면서도 동시에 모든 것과 공감하고 이해하게 된다. 위대한 한 권의 책, 천재나 성인의 가까운 존재, 음악 등이 그러한 원인 중 일부이지만, 때로는 최면 현상을 일으키는 것처럼 전혀 예상치 못한 다른 요인들도 우리를 진정으로 내면의 깊은 곳으로 이끈다. 바이올린 연주자가 자신의 악기를 향해 감동 어린 애정으로 몸을 숙이며 연주할 때, 그는 틀림없이 그 악기가 주는 감동 때문에 그것을 사랑한다. 그러나 그의 얼굴에 스치는 부드러운 광채는, 자신의 영혼이 스스로에 빠져드는 황홀경의 시작을 암시한다. 모든 사색적이고 창조적인 본성은 그러한 상태로 향하는 경향이 있다.

어린 시절, 우리 가족은 때때로 아르덴의 한 아름다운 계곡에서 소풍을 즐기곤 했다. 그곳에는 오래된 방앗간이 있었고, 회색빛 벽과 빛바랜 슬레이트 지붕 위로 참나무 몇 그루가 그늘을 드리우고 있었다. 떠나기 전에 우리는 방앗간 주인을 잠시 방문하곤 했는데, 그 짧은 15분 동안 그 작은 방은 갑자기 활기찬 장소로 변했다. 나는 눈에 띄지 않게 살금살금 그곳을 빠져나가, 돌계단으로 이어지는 아치형 출입구를 통해 밖으로 나가곤 했다. 처음 몇 걸음을 내디디면 계단은 거의 빛이 들지 않아 음침한 무덤처럼 느껴졌다. 그러나 아래로 내려갈수록 빛이 점점 강해졌고, 마침내 계단 끝에 도착하면 초록빛을 띠는 이상한 빛으로 가득 찼다. 물방울이 떨어지는 소리, 자갈 위를 빠르게 흐르는 물소리가 들려왔다. 그리고 마침내 내가 그렇게도 기다려온 광경이 펼쳐졌다.

매끄럽게 깎인 슬레이트 암반 사이로 깊이 패인 협곡, 그 사이사이의 축축한 틈에서 자라난 이끼와 섬세한 양치식물들, 그리고 그 위를 장식하는 수정 같은 광물질. 오른쪽에는 커다란 나무 수차가 있었는데, 그것은 내게 거대하고 위협적으로 보였다. 만약 그것이 갑자기 돌기 시작해 위층의 돌과 철로 된 기계를 움직이며 쿵쿵거리는 소리를 낸다면, 나는 틀림없이 겁에 질렸으리라는 생각에 시선을 돌렸다. 하지만 빠르게 달려 나가자, 넓고 얕은, 놀라울 정도로 맑고 시원한 작은 시내가 나타났는데, 벽에서 반사되는 모든 녹색 빛과 약간의 파란 빛을 받아들이고 있었다. 나는 그곳에 꽤 오랜 시간 머물렀다. 때로는 상당히 긴장되었지만, 떠나고 싶어도 도저히 발길을 돌릴 수 없었다. 그곳에서 본 것, 들은 것, 느낀 것, 그리고 생각한 모든 것이 마치 내가 발견한 것인 만큼 내 것이라는 느낌이 들었다.

나는 의식의 흐름stream of consciousness에 대한 글을 읽을 때마다 제분소 옆의 그 개울이 떠오른다. 우리가 가장 개인적인 것, 즉 우리 자신의 잠재의식subconsciousness에 접근하려면, 세상의 소음과 혼란을 있는 그대로 남겨두고 깊은 고요 속에서 다른 이들과 구별되는 나만의 본질을 찾아야 한다.

이러한 탐색을 성공적으로 수행하기 위한 가장 실용적인 규칙은 다음과 같다.

1. 자신만의 맥을 찾아라.

여기서 맥vein이란, 우리의 의식 중 가장 풍요롭고 많은 것을 이끌어낼 수 있는 층위를 의미한다. 다시 말해, 우리가 가장 잘 생각할 수 있는 대상이 무엇인가를 찾는 것이다. 이때, 잘못된 심리학이 교육에 영향을 미쳐 흔히 하는 오류는, "가장 많은 노력을 기울인 대상이 곧 최고의 사고를 이끌어낸다"고 단정하는 것이다. 그러나 올바른 대답은 정반대다.

우리가 가장 잘 사고하는 대상이란, 가장 쉽게 다룰 수 있고, 가장 큰 즐거움을 주는 것이다. 사고의 기술에 대해 깊이 고민하다 보면, 우리가 시도하는 것은 결국 모든 사람을 천재에 한층 더 가깝게 만드는 방법을 고안하는 일임을 깨닫게 된다. 천재성은 본질적으로 쉬움으로 이어지는 힘이다. 천재는 결코 터덜터덜 걷지 않는다.

뷔퐁Buffon이 천재를 "오랜 인내long patience"라고 정의했을 때, 그가 의미한 것은 단순하게 완강한 끈기가 아니라, 즐거움을 지속하는 힘perseverance of enjoyment이었다. 누가 감히 뉴턴이 17년 동안 중력의 법칙을 탐구하면서, 우리가 흔히 노동이라 부르는 고된 과정 속에서 그저 참고 견뎠다고 믿을 수 있겠는가? 오히려 그는 그것을 사랑했기에 결코 포기할 수 없었으며, 그 과정 자체에서 엄청난 기쁨을 느꼈을 것이다.

천재는 보통의 재능보다 더 오랜 시간 동안 한 가지 작업에 몰입할 수 있다고 알려져 있다. 보통의 사람들은 일정한 간격으로 휴식relaxation이 필요하지만, 천재의 휴식은 바로 자신이 사랑하는 일을 하는 것이다.

포프Pope는 이런 구절을 쓴 적이 있다.

덩굴에 둘러싸인 행복한 수도원들

이 구절은 셸리를 패러디한 것일 테지만, 그는 결코 에우가네이 언덕Euganean Hills에 대한 시*를 쓸 수는 없었을 것이다. 디킨스가 사교 소설society novel을 쓴다고 상상해보라.

천재는 여러 재능과 결합할 수 있고, 그 다재다능함이 때로는 우리를 속일 수도 있다. 하지만 우리는 천재와 단순히 다재

---

* 셸리의 시 「Lines Written Among the Euganean Hills」을 가리킨다.

다능한 사람을 결코 혼동하지 않는다.

당신은 어떤 책을 가장 즐겁게 읽는가? 우리의 책장에는 가족 같은 책family books이 있고, 손님 같은 책visitor books이 있다. 어떤 책이 우리에게 가족 같은 책인가? 우리는 무심코 어떤 책에서 나온 구절들을 떠올리며 자기 자신에게 인용quote to one-self하는가? 어떤 주제들이 진정으로 우리를 사로잡는가? 우리는 어떤 주제에 대해 자신에게든, 다른 사람에게든 가장 쉽게, 그리고 가장 큰 즐거움을 느끼며 이야기할 수 있는가?

위대한 것은 반드시 노력과 연결된다는 교육에 대한 유감스러운 고정관념은, 사람들이 종종 자신이 진정으로 뛰어난 분야를 인식하지 못하게 만든다. 이것은 고도로 지적인 인물들조차도 흔히 빠지는 기묘한 고집이다. 앵그르Ingres는 화가로서의 천재성을 인정받는 것보다, 자신이 바이올리니스트로서 칭찬받는 것을 더 좋아했다. 조각가 팔귀에르Falguière는 자신의 조각상이 아니라, 그림을 자랑스럽게 여겼다. 어느 날, 화가 장-자크 엔너Henner가 그의 작업실을 둘러보게 되었을 때, 팔귀에르는 엔너가 자신의 모든 그림에 대해 감탄해 주기를 기대했다. 실제로 엔너는 거의 모든 그림 앞에서 감탄하며 말했다.

"압도적이야! 놀라워!"

그러나 팔귀에르가 무심코 지나쳤던 작은 대리석 조각상 앞에서, 엔너는 걸음을 멈추고 알자스 억양으로 말했다.

"아! 그런데 이건 정말 괜찮은데!"

가장 가까이 있는 것이 우리의 고유한 자질이다. 하지만 그 사실을 깨닫는 데에는 운이나 경험이 필요하다. 아마존 강 어귀에서 무풍지대에 갇힌 스페인 선원들은 자신들 주변의 물이 마실 수 있는 물이라는 신호를 보내는 원주민들을 믿을 수 없었고, 물을 길어 올리기만 하면 된다는 말을 듣고도 믿지 않았다. "억지스러운far-fetched"이라는 표현은 넓은 의미에서 우리가 하는 대부분의 일을 설명하는 데 적합하다. 하지만 우리 모두는 작가에게 가장 매력적인 부분이 그가 자신의 독특한 재능과 기질을 가장 자연스럽게 반영하는 작품이라는 것을 알고 있다. 보쉬에의 투박한 시를 읽는 사람은 없다. 우리는 흘러나오는 듯한 인상을 주는 작품을 좋아한다. 또 작가는 자신의 가장 잘 쓰여진 페이지가 가장 적은 노력으로 쓴 페이지라는 것을 알고 있다.

2. 당신만의 고유한 맥으로 말하고 쓰라.

마치 숨을 들이쉬며 노래하듯이. 사랑에 빠지거나 분노에 찬 사람들, 또는 강한 신념이나 욕망을 가진 사람들은 언제나 웅변적이다. 위대한 웅변가들의 연설보다도 감동적인, 웅변의 수사학에 아랑곳하지 않고 열정을 쏟아내는 이들의 연설을 들어본 경험이 한 번도 없는 사람은 아마 없을 것이다.

도덕적 기반이 깊은 어떤 작가들은 단순한 예술가들보다 훨씬 풍부한 영감을 지닌 것으로 잘 알려져 있다. 왜 현대인들은 아나톨 프랑스보다 거칠고 무례한 레옹 블루아Léon Bloy를 선호하는가? 왜 레옹 도데Léon Daudet는 그의 편견과 부당함, 자만에도 불구하고 이 시대의 유베날리스*로 평가받는가? 비슷한 내면의 자원을 끌어내는 사람은 누구나 비슷한 결과를 만들어낼 수 있다. 사람들이 초현실주의자들의 과장된 표현을 웃음거리로 삼는 것은 당연하다.

제임스 P. 오라일리는 〈아이리시 스테이츠맨The Irish States-man〉에서 제임스 조이스에 대해 이렇게 쓴다.

"마음이 자신에게 집중할 수 있거나, 혹은 아무것도 생각하지 않을 수 있는 좋은 자리에 앉으라. 가능한 한 수동적이고 수용적인 상태에 들어가라. 구체적인 생각 없이, 마음에 떠오르는 대로 빠르게 써 내려가라. 너무 천천히 쓰면 기억에 남아 다시 쓰게 되니까. 만약 당신이 손으로 쓰고 있는 내용을 이성적으로 조절하고 있다고 느껴진다면, 다시 시작하라. 예를 들어 'P'라는 글자를 연달아 쓰다가, 무의식 중에 그 글자가 단어를

---

* 데키무스 유니우스 유베날리스(Decimus Iunius Iuvenalis, 55~140). 고대 로마의 시인. 도미티아누스 황제를 비롯해 수많은 황제들과 로마의 귀족들, 당시의 사회상에 대한 통렬하면서 유쾌한 풍자시로 유명하며 후대의 풍자작가들에 많은 영향을 끼쳤다.

이루기 시작하고, 당신의 일련의 사고가 이어지는 것을 보게 될 것이다. 그것이 바로 방법이다."

물론, 이것은 스스로를 초현실주의자라 부르는 많은 장난꾸러기들의 방법일 뿐이며, 그들 중 극히 재능 있는 젊은이들이나 그들의 가장 유명한 선구자 두 사람의 방법은 아니다. 페귀 Péguy의 『잔 다르크』를 읽어 보라. 이것은 저자가 22세에 창작한 의심할 여지 없는 걸작이다. 클로델의 대부분의 작품들을 읽어 보면, "자신의 맥으로 쓰는 것"이 무엇을 의미하는지 알게 될 것이다. 모든 신흥 문학 학파는 몇몇 타고난 작가들이 영감의 근원으로서 자유와 자연스러움이 필수적임을 깨닫게 된 정신적 체험의 산물이다. 그들은 모두 같은 원칙을 재발견한다.

나는 예전에 중세가 예술의 모든 영역에서 독특한 창의성을 발휘할 수 있었던 것은 환영phantasms으로부터 자유로웠기 때문이라고 말한 바 있다. 프랑스 낭만주의자들도 그러했지만, 결국 숭배라는 환영에 얽매이게 되었다.

초현실주의자들은 자신의 잠재의식에서, 즉 가능한 한 인간적이고 풍부하며 자유롭게 글을 쓰고자 한다. 모든 이들이 그 맥을 끌어내고 싶어 한다.

내가 라신이, 그 완벽한 시대의 완벽한 인물임에도 불구하고, 희곡을 산문으로 먼저 쓴 후 외국인들이 시라고 부르기 힘들어하는 정교한 극시로 변모시켰다는 말을 들을 때마다, 나는 그 초안들이 초현실주의적 발산이었다고 생각하게 된다. 이는 『페드르_Phèdre_』나 『아탈리_Athalie_』가, 또는 플로베르가 『성 안토니우스의 유혹_La Tentation de Saint Antoine_』의 첫 번째 버전과 그가 최종적으로 발전시켜 확실히 망친 버전이 서로 다르듯이 다르다.

대부분의 예술가들이 자신의 작품을 처음 보고 감탄했던 순간을 너무나 익숙하거나, 그보다도 평범한 언어로 묘사하려는 경향이 있다는 것을 눈치챈 적이 없는가? 이는 문학적 구성의 속박과 환영들로부터 가능한 한 멀리 떨어지고자 하는 초현실주의적 시도이다.

어떤 리듬은 ― 여기서 '리듬'을 그 본연의 의미로 취하자면 ― 다른 것보다도 작가를 잠재의식에 더 가깝게 이끈다. 호메로스의 리듬이 그 가장 확실한 예다. 벨록*의 책에서도 그런 리듬을 느낄 수 있을 것이다. 실제로 그는 호메로스를 유일한 소설가로 간주하며 읽는다고 고백한 적도 있다. 또한 바레스의 최고작 『영감받은 언덕_La Colline Inspirée_』에서도 그런 리듬을

---

* 힐레어 벨록(Hilaire Belloc, 1870~1953). 프랑스 태생의 영국 작가, 시인, 역사가, 논객으로, 20세기 초 영국 문학과 정치에 큰 영향을 미쳤다. H. G. 웰스, 조지 버나드 쇼, G. K. 체스터튼과 더불어 '에드워드 시대의 4대 작가'로 평가받는다.

느낄 수 있는데, 나는 그에 관하여 저자 자신의 증언을 들은 바 있다. 이러한 리듬을 기반으로 작업하는 습관은 마치 물리적인 감각처럼 자신의 가장 깊은 내면에서 우러나오는 것을 끌어내고 있다는 것을 우리에게 알려준다.

3. 직관의 가치를 알라.

직관은 우리가 가장 자연스럽게, 외부 요소의 개입 없이 만들어 내는 정신적 행위다. 갑자기 우리가 갈망했을 수도, 혹은 그렇지 않았을 수도 있는 어떤 깨달음illumination이 번쩍 우리 앞에 나타난다. 순식간에, 그 단어가 암시하듯이, 우리가 전에 보지 못했던 것을 보게 되고, 확신과 함께 찾아오는 평온함을 느끼게 된다.

우리가 오랫동안 씨름했던 어려운 문제에 대한 해결책, 또는 비관적으로만 보았던 전체 상황이 마법처럼 달라지는 변화, 그동안 이해하지 못했던 사람의 성향에 대한 단서를 갑자기 발견하는 것, 도시의 특성을 드러내는 어떤 불가사의한 면모를 알아차리는 것, 우리의 작업을 위한 아이디어, 연극의 한 장면을 마치 눈앞에서 연기되는 것처럼 생생히 떠올리는 것, 파스퇴르에게 그리고 그보다 앞의 서너 명의 사람들에게 가득 찼던 것과 같은, 다른 이들에게는 터무니없어 보이는 어떤 방법이 우리에게는 합리적으로 느껴진다는 강력한 확신, 이러한 것이 모두 직관의 예다. 이러한 직관은 몇 백 가지도 더 있을 수 있다.

그러한 짧지만 눈부신 계시의 순간에는 어떤 긴장도 없으며, 오히려 충만함과 자유로움이 느껴진다. 만약 흉내 내는 재능이 있다면, 다른 사람이 되었다고 상상하는 순간, 그 사람처럼 생각하고 말하고 몸짓하는 데 아무런 노력이 필요하지 않다는 사실을 알 것이다. 그다지 재능이 없는 배우에게는 개별적인 모방을 위해 오랜 연구가 필요하지만, 이러한 재능을 가진 사람에게는 모든 것이 최초의 직관적 비전에 포함되어 있다.

직관이 항상 앞서 열거한 것처럼 풍부한 것은 아니다. 때로는 우리가 붙잡을 겨를도 없이 사라지는 짧은 섬광일 수도 있으며, 매혹적인 만큼이나 애타게 만드는 경우도 있다. 그러나 그것들은 항상 매혹적이다. 그것들은 우리의 의식을 스쳐 지나가는 불안한 예감이나 우울한 의심과는 전혀 다르다. 특정한 책, 때로는 어떤 책이든 그것을 불러일으킬 수 있다. 우리는 이러한 빛나는 계시들을 동반한 채 독서를 계속하는 것을 즐기지만, 동시에 그것을 경계하기도 한다. 왜냐하면 우리가 그 책에 온전히 집중하면, 그 책이 만들어 낸 것은 아니지만 그로 인해 촉발된 마법 같은 광경이 중단될 것을 알기 때문이다. 우리는 손끝으로 부드럽게 어루만지던 보석이 단단한 자갈로 바뀌는 것을 원하지 않는다.

이러한 작은 직관들은 때로 무리를 지어 오거나 빠른 연속
으로 찾아오지만, 대부분은 서로 아무런 관련 없이 나타난다.
우리가 몽상에 잠겨 있거나 음악의 영향을 받고 있을 때, 그것
들은 너무 많아서 셀 수도 없을 지경이다. 우리는 그것들을 거
리낌 없이 낭비한다. 그러나 그 가치를 알고 있다. 왜냐하면 때
로는 그것들이 길게 이어지는 사고의 흐름으로 발전하여, 그
순간 우리의 뇌가 최고의 작업을 수행하고 있음을 실감하게
되지만, 정작 우리는 그것에 개입하지 않아도 되기 때문이다.
이것이야말로 우리가 주문spell이 중단된 후에도 재현하고자
하는 상태이며, 우리가 '사고思考'라고 부르는 것이다.

'사고의 기술'이라는 말이 우리에게 의미하는 바는, 주로 그
러한 정신 상태를 언제든지 다시 만들어낼 수 있는 가능성을
의미한다. 우리가 '이해' 혹은 '파악'이라고 부르는 것은 바로
이러한 고차원의 지적 성장의 부속물이다. 대수학이나 논리학
이 가르치는 바와 같은 학습이나 추론은 그보다 차원이 낮은
과정으로서, 기쁨 없는 습득에 지나지 않는 것으로 여겨진다.

4. 직관을 소중히 다루라.

영성 서적들에서 종종 인용되는 라틴어 경구가 있다. 이것
은 많은 영혼을 두렵게 만들었다. Time Jesum transeuntem

et non reventem. "지나가는 예수를 두려워하라, 그는 돌아오지 않는다." 이것은 곧, 종교적 직관을 놓치지 말라는 의미이며, 그것들은 두 번 다시 오지 않는다는 뜻이다.

어떤 종류의 직관이든 결코 두 번 다시 오지 않는다고 말하는 것은 과장이지만, 동일한 울림을 가지고 두 번 찾아오는 일은 없다. 직관의 존재를 느끼는 순간, 마치 베데스다 연못의 물결을 보는 것처럼, 우리는 그것이 우리에게 다가온 기회임을 알아야 한다. 이때 외부와 내부 모두에서 침묵이 유지되어야 하며, 우리는 경청하되 조급하거나, 무엇보다도 호기심을 가져서는 안 된다. 이 아름다운 방문객은 마치 잡으면 원래의 모습이 달라지는 나비와 같으므로, 결코 붙잡아서는 안 된다. 만약 당신의 손이 한 장의 카드를 더듬어 찾으며, 다른 생각이 처음 생각을 대체할까 두려워 몇 마디를 급히 적어낸다면, 그 짧은 기록 때문에 아쉬움을 느낄지라도 스스로에게 감사할 것이다. 그러나 지나치게 모든 면을 놓치지 않으려 하여, 억지로 그것을 당신의 지적 체계에 끼워 넣고 욕심내어 그 풍부한 함축 내용을 모두 기록하려 한다면, 결국 그 직관을 죽이고 말 것이다.

파스칼의 『팡세』에서 가장 뛰어난 부분은 분명 미완의 부분들이다. 이 메모들이 짧을수록 그 시야는 더욱 깊어진다. 라 브뤼예르는 자신의 초상들과 그 사이에 삽입한 대부분의 짧은 수필들을 완성하고는 했지만, 그 카메오(짧은 삽화)들보다는 확장하려 감히 나서지 못한 짧은 격언들을 더 소중히 여겼다. 글쓰기는 정신을 해방시키는 방법 중 하나지만, 일단 충족된 욕망은 더 이상 욕망이 아니게 되는 안타까운 결과를 낳는다.

대부분의 프랑스 작가들은 글을 쓰기 전에 반드시 자신들이 "생각을 다 짜냈다thinking out their idea"고 표현하는 작업을 거친다. 이것은 너무나 진실되고 거의 가혹하기까지 한 표현이다. 그렇게 정리된 아이디어는 이미 생명력을 잃고, 문단으로 해부된 상태가 된다. 이제 그것은 더 이상 사고될 수 없고, 단지 쓰일 수 있을 뿐이다. 프랑스식 명료성이 높이 평가되는 이유가 바로 여기에 있다. 하지만 프랑스 문학이 때때로 비시적unpoetical이라고 불리는 이유 또한 마찬가지다.

영국 작가들, 더 나아가 러시아 작가들은 자신들의 영감을 더 깊이 느끼거나, 생각을 서둘러 고정하려 하지 않거나, 혹은 글을 쓰면서도 여전히 사고를 지속한다. 그들은 생각했기 때문에 글을 쓰는 것이 아니라, 글을 쓰면서 생각하는 것이다. 따라서, 불분명함, 복잡함, 균형 부족이 종종 그들의 글에서 나타난다. 뉴먼은 『동의의 문법』에서 자신조차 이해하지 못하는 구절이 있다고 인정한 바 있다. 그러나 그게 무슨 문제란 말인가? 중요한 것은 작가가 독자에게 단순히 지식을 전달하는 것이 아니라, 사고를 자극하는 것이다. 프랑스 작가들은 종종, 처음 떠올렸던 아이디어와 실제 책으로 완성된 것이 너무 다르다는 점을 깨닫고 실망을 느낀다. 이것은 그들이 지나치게 의식적인 방법over-conscious method으로 글을 쓰기 때문이다.

어떤 아이디어를 탐구하는 것은 일반적인 의미의 지적 집중과는 다르다. 여기에서는 아무리 땀을 흘린다고 해결되지 않는다. 필요한 것은 기도하듯이 고요한 고독과, 일상에서 약간의 금욕적인 태도를 유지하는 것이다. 그런 상태에서, 발명의 과정을 설명한 틴달Tyndall의 표현처럼 "곰곰이 생각하기brooding"가 이루어진다. 뉴턴도 그것을 "항상 그것에 대해 생각하는 것thinking of it all the time"이라 불렀다.

진지하게 전체를 꿰뚫어 파악하고자 하는 열망이 당연히 우리의 잠재의식에 작용해야 하는 주된 요소인 것처럼 보인다. 대부분의 예술가들은 그들의 창작물이 얼마나 깊이 있게 만들어지는지는 그들의 열망의 강도와 밀접하게 관련되어 있다고 말한다. 앞서 언급한 것처럼, 월터 스콧이 집필 중인 책과 전혀 관련 없는 책들을 읽거나, 찰스 디킨스가 텅 빈 밤거리를 배회한 것은, 우리가 흔히 말하는 명확한 사고clear thought를 얻기 위한 것이 아니라, 오히려 최종적 사고final thought의 순간을 미루기 위해서였다.

진정한 작업, 진정한 숙고는 친숙한 이미지들로 마음을 채우는 데 있으며, 그것들은 때로 우리의 열망에 의해 소환되거나, 때로는 체계적이기보다는 무작위로 뒤적인 기억들 속에서 떠오른다. 마침내 우리가 기대할 수 있을 만큼 충만한 빛이 비칠 때, 우리가 무엇을 하든 간에 발견한 것을 개요나 요약의 형태로 체계화하려 해서는 안 된다. 번호를 매기거나 괄호로 묶는 것은 한때의 생각을 다시 불러일으키기에는 너무 이질적이다.

5. 환기하는 감정 상태를 길러라.

우리의 의식에는 다른 층위보다 더욱 민감한 영역이 존재한다. 우리는 이 영역을 잘 알고 있으며, 필요할 때마다 그곳으로 갈 수 있다. 행동주의 심리학자는 이 층위에서 일어나는 반응이 너무도 필연적이므로, 그것이 생물학적으로 결정된 것이라 말하겠지만, 내가 하고자 하는 말은 우리가 경험을 통해 그 반응이 확실하다는 사실을 이미 알고 있다는 점이다.

우리는 자신과 함께하는 시간이 많을수록 개성personality이 더욱 강화된다. 또한, 삶 속의 특정 사건이나 시기, 혹은 감정의 국면들을 다시 불러일으킨다면 우리의 수용력receptivity이 증대된다.

우리의 삶 속에는 정서, 노력, 고결함, 그리고 지적 각성intellectual awakening의 절정을 경험했던 순간들이 있으며, 이는 진정한 감성적 분위기의 광산과 같다. 단 몇 분의 여유만 있으면, 우리는 스스로를 그러한 상태로 되돌릴 수 있으며, 일단 그것을 인식하는 순간 직관의 빛phosphorescence of intuitiveness이 피어나기 시작한다.

시인들은 이 원리를 잘 알고 있다. 그들은 자신들의 경험이 다소 제한적이더라도, 그것이 끊임없이 그들의 영감을 떠받치는 원천임을 이해한다. 예술가들과 마찬가지로, 시인들은 어린 아이와 매우 비슷하며, 삶의 여러 시기를 연결하는 끈을 결코 끊지 않는다. 반면, 세상을 위해 살아가는 사람들은 종종 이 끈을 끊어버린다.

특히 어린 시절의 기억은 환기력이 가장 크다. 찰스 디킨스의 『데이비드 코퍼필드David Copperfield』에서 마르셀 프루스트의 『스완네 집 쪽으로Du côté de chez Swann』에 이르기까지, 어린 시절의 이야기가 독자들에게 감동을 주는 이유는, 그 안에 담긴 모든 인상이 신선하며, 우리가 지닌 가장 신선한 기억과 직접 연결되기 때문이다.

시간이 흐름에 따라, 우리는 종종 과거의 이러한 기억들에서 벗어나, 우리가 '싸움들fights'이라 부르는 것에 집중하게 된다. 하지만 사실, 그러한 싸움들은 대부분 고결한 것과는 거리가 멀다. 그러나 심지어 어린 시절의 우리조차, 이러한 감정들의 진정한 가치를 본능적으로 알고 있었다. 예전에 나는 작문을 하기 전에 반드시 어린 시절의 감정과 슬픔을 떠올리는 습관을 가진 한 소년을 알았다. 그는 그 순간이 자신을 가장 생산적인 정신 상태로 되돌려 놓는다고 믿었다.

어느 먼 의식의 상태들— 그때는 정의하기 어려울 만큼 풍부했고, 자주 의지함에도 결코 고갈되지 않았던 —은 여전히 마음을 사로잡는 매혹과 감동의 힘을 간직하고 있다. 내가 스페인을 방문하기 훨씬 전, 아홉이나 열 살 무렵의 어느 해 성금요일Good Friday의 분위기 속에서 스페인적인 무언가를 느꼈다는 사실은, 지금도 온전히 설명할 수 없을 것이다. 나는 또한 위령의 날All Souls' Day 오후의 그 기묘한 흥분을 결코 잊을 수 없다. 나는 그 감정을 지금도 단 몇 분 만에 되살릴 수 있다.

그날은 유난히 맑고 빛나는 11월의 오후였다. 하늘은 깊고 높았으며, 동풍이 공원을 가로질러 미친 듯이 불어왔다. 어느 거대한 사시나무에서 수천 개의 황금빛 잎들이 파란 하늘로 뛰어올랐다. 마치 오랫동안 붙잡혀 있던 작은 영혼들이 마침내 자유를 얻어, 무한으로 뛰어드는 듯했다. 성chateau의 사람들이 모두 파리로 가버려 버려진 것은 아니었지만, 그 거주자들은 다들 어딘가에 가 안 보였고, 나는 그 화려한 광경을 바라보는 유일한 살아 있는 존재였다. 나는 그 모든 마법을 마치 내가 소유하고 있는 것처럼 느꼈다. 가을의 신비가 마침내 내게 밝혀진 것처럼 보였다. 그러나 나는 그때도, 지금도 그 장면과 그것이 내게 미친 효과를 분석할 힘은 전혀 없었다.

그런 순간들을 기억하지 못할 사람이 어디 있겠으며, 그런 순간들을 떠올리며 자신의 영혼이 가장 활발히 움직이고 있음을 느끼지 않을 사람이 어디 있겠는가? 바로 이런 경험들이, 우리가 원할 때마다 새롭게 체험할 수 있는 경험들이, 수년간의 의식적인 노력이나 고된 연구보다도 훨씬 더 효과적으로 우리에게 사고란 무엇이며 그것이 어디에 존재하는지를 가르쳐 준다.

15장

누구나 가능한 문학적 창조

"누구나 가능한 문학적 창조라…… 당신은 우리 모두가 당신처럼 작가가 되길 바란다는 뜻인가요? 아니면 글을 쓰는 것이 사고를 발전시키는 유일한 길이라고 생각하는 건가요?"

"결코 그런 의도는 아닙니다! 인쇄물의 양을 현재의 1,000분의 1로 줄일 수만 있다면, 나는 당장 그렇게 할 겁니다. 재능도 없이 글을 쓰려 애쓰는 사람들, 마치 다른 사람들이 노래하거나 그림을 그리거나 연기를 하려 애쓰는 것처럼 말이죠. 그런 모습만큼이나 슬픈 것도 없습니다."

"그렇다면 누구나 가능하다는 그 놀라운 문학적 창조란 도대체 무엇인가요? 당신이 혐오한다고 하는 산더미같은 인쇄물에 또 한 조각을 더하지 않으면서 문학사에 이름을 올릴 방법이 있다는 건가요?

"당신은 인쇄된 모든 것을 문학으로 보십니까?"

"참 어처구니없는 질문이군요! 다른 질문을 해보세요."

"그럼 문학으로 불릴 가치가 있는 모든 것이 인쇄되었을까요?"

"아니요, 오 소크라테스, 그렇지 않습니다. 매일같이 유명 작가들의 미발표 원고가 발견되었다는 소식을 듣습니다. 그것들은 쓰인 순간부터 문학이었을 겁니다. 해마다 누군가의 서신이나 회고록이 발견되었고, 곧 출간될 예정이라는 소식을 듣습니다. 나는 그 회고록과 서신도 문학이며, 필사본 상태에서도 이미 문학이었다고 생각합니다."

"맞아요. 마담 드 세비녜의 서신이나 체스터필드*의 편지, 생시몽의 회고록, 페피스**의 일기 모두 교과서에 실려 있죠.

---

* Chesterfield는 제4대 체스터필드 백작4th Earl of Chesterfield을 가리킨다. 그는 18세기 영국의 정치가이자 작가로,『체스터필드가 아들에게 주는 편지Letters of Lord Chesterfield to His Son』라는 책이 유명하다. 이 책은 아들에게 보내는 편지 형식으로 된 도덕적이고 사회적인 교훈을 담고 있으며, 당시 귀족 사회의 품격과 예절을 중시하는 내용을 담고 있다.

** 17세기 영국의 공직자이자 일기 작가 새뮤얼 페피스Samuel Pepys를 가리킨다. 그의 일기인『페피스 일기Pepys' Diary』는 1660년대의 영국 역사와 사회를 기록한 중요한 문학적 자료로, 당시의 정치, 사회적 사건들, 일상생활, 개인적 감정 등을 진솔하게 다루고 있어 매우 가치 있는 작품으로 평가받는다.

그뿐 아니라 덜 알려진 작가들의 수백, 수천의 서신이나 회고록도 문학으로 분류됩니다. 왜 그럴까요?

"잘 쓰였으니까요, 아마도."

"그렇다면 무엇이 좋은 글인가요?"

"글쎄요, 품격 있는 문체라든지, 재치 있는 표현이라든지, 고귀하거나 감동적이거나, 어떤 식으로든 매력적인 언어겠죠. 우리가 흔히 쓰는 일반적인 표현 수준을 훨씬 뛰어넘는 것이 잘 쓴 글이라 생각합니다."

"훌륭하군요! 당신은 단순한 단어와 그것이 표현하는 감정 사이의 차이를 인식하고 있는 겁니다. 학자가 아니었던 잔 다르크가 서신을 남겼다면, 그것도 분명 문학으로 인정되었을 겁니다."

"왜 아니겠습니까! 만약 토미 존스가 브라운 양에게 보낸 연애편지가 공개되었다면, 그것도 문학으로 인정받았을 겁니다. 그는 한 번 제게 그의 편지 한 통을 보여준 적이 있는데, 부러워서 질릴 정도였습니다. 하지만 존스는 작가가 아닙니다, 맹세코."

"즉, 깊고 강한 감정이 진솔하게 표현되면 그것이 곧 문학이라는 뜻이군요. 맞습니다. 그래서 우리 모두 서신을 좋아하고, 작성된 지 50년이 지난 서신도 당시의 하녀가 주인의 책상에서 그것을 발견했을 때처럼 탐욕스럽게 읽히는 거죠. 우리는 자기중심주의를 싫어하지만, 사람들이 자기 이야기를 하는 것을 듣는 건 좋아합니다."

"그럼…… 내 서신도 문학일까요?"

"당신의 서신 중 일부는 그럴 겁니다. 하지만 당신이 요즘 나에게 쓰는 서신은 분명 그렇지 않습니다. 당신은 자신이 무엇을 생각하고 느끼는지 한마디도 하지 않아요. 당신이 한 일이나 다른 사람들이 한 일을 이야기할 뿐, 당신 자신이나 그들의 동기를 분석하지는 않습니다. 마치 흡연실에서 사람들에 대해 이야기할 때처럼요. 당신의 서신은 시시한 이야기와 진부한 표현들로 가득 차 있어요. 분명 존스가 브라운 양에게 보낸 편지는 그렇지 않았겠죠."

"비록 실망스럽긴 하지만, 당신 말이 맞는 것 같습니다. 하지만 내가 왜 그런 편지를 쓰는지, 왜 우리 모두가 늘 같은 식으로 편지를 쓰는지 말씀드릴까요? 음, 사업 때문이에요. 여러 사람들에게 같은 내용을 스무 번씩 받아쓰게 하다 보면, 결국 그런 사업적인 리듬에서 벗어나지 못하게 됩니다. 나는 아내에게도 당신에게 쓰는 것과 똑같이 편지를 씁니다. 예전에는 그녀가 그 점에 대해 불평하곤 했는데, 이제는 안 합니다. 아마 익숙해졌겠죠."

"지금의 말은 정말 핵심을 찌르는군요. 내가 '우리는 모두 편지로 문학을 창조할 수 있다'고 말할 때, 그것은 편지가 우리에게 자신을 표현할 독특한 기회를 제공한다는 뜻입니다. 우리의 어깨 너머로 누군가 읽고 있지도 않고, 다 쓰고 난 후 누군가가 비판할 것도 기대되지 않습니다. 이 책에서 사용한 용어로 말하자면, 환영幻影을 두려워할 필요도 없고, 열등감이 우리를 약화시킬 가능성도 없습니다. 우리는 가장 잘 아는 것을 최상의 상태에서 표현할 수 있습니다. 즉, 우리의 의식에 즉각적으로 감지되는 감정들을 말입니다. 그 결과로 나오는 것은 완전한 자연스러움이어야 하며, 그것이 바로 문학입니다.

나는 한 여성 소설가를 알고 있는데, 그녀의 책은 읽기 고통스러울 정도죠. 불쌍한 그녀는 결코 자기 자신이 아닙니다. 어느 해에는 싱클레어 루이스가 되고, 다음 해는 윌라 캐더가 되려고 하죠. 물론, 그렇게 되기를 시도할 뿐이지만, 결국 오클라호마의 어느 재봉사가 파리의 유행을 어설프게 흉내 내는 것 같은 값싼 모방품만 만들어낼 뿐입니다. 그러나 그 여성이 쓴 편지를 보면, 그녀의 삶과 영혼이 투명한 빛 속에서 드러나고, 한마디 한마디가 칙칙한 얼룩이 아니라 작은 전구처럼 빛나는 것을 볼 수 있습니다."

"아, 무슨 말인지 알 것 같아요. 하지만 왜 내가 문학을 써야 하죠?"

"아무도 당신에게 문학을 쓰라고 요구하지 않습니다. 내가 문제 삼는 것은 낭비예요. 당신은 매일, 아니 사실 하루에도 여러 번 자신을 있는 그대로 표현함으로써 내면의 의식을 파악할 기회를 버리고 있습니다. 그리고 나는 그것이 안타깝습니다. 왜냐하면 그렇게 함으로써 해마다, 날마다 점점 더 남들과 비슷해지고, 더욱 익명의 존재가 되어가기 때문이죠. 기억하세요. 당신은 지금 대학을 갓 졸업했을 때보다 더 강해졌을지 모르지만, 스물한 살 때보다 개성이 더 강하다고는 할 수 없습니다. 당신은 그때 더 자기 자신에 가까웠고, 좋은 책들, 즉 만족스러운 표현의 기준에 더 가까웠습니다. 사실, 대부분의 사람들처럼 당신도 그때 훨씬 더 좋은 편지를 썼을 겁니다. 그런데 단순한 게으름 때문에 점점 굳어지고 경직되어, 부끄러울 정도로 진부한 모방을 하고 있는 것이죠. 당신이 열 군데를 돌아다니면 같은 대화를 열 번이나 듣게 되는 것도 당신이 일정 부분 책임져야 할 일입니다.

문학이란 자기표현입니다. 그리고 자기표현이란 개성입니다. 우리의 개성은 곧 우리 자신이며, 우리는 그것을 가장 중요한 문제로 삼아야 합니다. 하지만 우리는 평생 돈으로 이 가련한 자아를 부유하게 만들려 하면서도, 정작 그 자아를 이루는 본질적인 것들을 빼앗아 점점 더 빈곤하게 만듭니다. 그래서 마침내 아무것도 남지 않게 되는 것이죠. 우리가 흔히 '아무개' 혹은 '무명의 존재'라고 말하는 표현이 어쩌면 너무도 정확한 이유가 바로 여기에 있습니다. 세상은 몇 개의 숫자와 천문학적인 숫자의 0영으로 이루어진 거대한 수에 불과합니다. 그러니 단단해지세요. 저항하세요. 부디, 거절하는 법을 배우세요. 그렇게 한다면 당신은 참다운 인간이 될 것이고, 당신의 편지는 지금까지 인쇄된 수많은 편지들처럼 진정한 편지가 될 것입니다."

"이 모든 걸 적어 둘게요. 적을 만한 가치가 있는 말들이네요. 그리고 감히 말하건대, 아마 이것이 당신이 말하는 문학이겠죠."

"문학은 제쳐두고, 반드시 기록을 남기세요. 당신이 듣거나, 기억할 가치가 있다고 생각하는 것들을 기록해 두면, 그것은 훌륭한 일기가 될 겁니다. 아미엘의 일기를 읽어보세요. 지루하지 않을 겁니다. 겉보기에는 아무 일도 일어나지 않은 스위스의 작은 마을에서 보낸 한 인간의 삶에 어떤 일이 일어날 수 있는지 보게 될 겁니다. 거기에는 오직 중요한 것들로 가득 차 있습니다. 즉, 사고思考와 감정이죠."

"음, 당신이 묘사한 그런 종류의 문학이라면 나도 써볼 생각은 있어요. 하지만 인쇄되어 사람들에게 공개되는 건 정말 싫을 것 같아요!"

"알고 있습니다. 당신이 인쇄하는 유일한 문서는 은행의 대차대조표뿐이겠죠. 그것만으로도 충분합니다. 사실 많은 사람들이 그것을 아주 훌륭한 읽을거리라고 생각하기도 합니다. 하지만 분명히 말해두죠. 당신이 아는 작가들 중 많은 이들은 자신의 의식을 읽거나 표현하는 능력이 당신보다도 부족했습니다. 단지 운명적으로 그들이 은행가가 아닌 작가가 되었을 뿐이죠."

결론적으로, 우리 모두는 개인적인 존재, 즉 창조적인 존재가 될 수 있다. 단, 자기의식을 과하게 의식하거나, 자기표현을 시도하는 과정에서 달라붙는 환영幻影들에 의해 자기 자신을 잃어버리지 않는다면 말이다. 이것은 곧 우리가 타인에게 흥미로운 존재가 되고, 오직 스스로를 군중 속에 파묻어버릴 개별적인 사람에게만 무관심해지는 것을 의미한다. 그리고 이 흥미야말로 문학의 기반이다. 따라서 우리 모두는 문학이라 불릴 자격이 있는 것을 창작할 수 있다. 다만, 그것을 하는 동안 문학을 의식해서는 안 된다. 이 책이 바탕으로 삼고 있는 원리는 오직 '사고思考만이 중요하다'는 것이다. 그리고 사고는 우리 존재의 가장 높은 가능성과 가장 고귀한 가능성이 아닌 어떤 것과도 공존할 수 없다.

결론

 이 책은 문학계 사람들을 위한 것이 아니다. 물론 글쓰는 사람의 경험을 바탕으로 했지만, 사고하는 사람thinker을 특수한 전문가specialist로 간주하려는 의도와는 거리가 멀다. 사고란 단순히 인간으로서 마땅히 갖추어야 할 자격 중 하나일 뿐이다. 저자는, 자신의 말뿐만 아니라 행동으로도 고결한 원칙들을 드러내는 모든 사람에게 깊은 존경을 보낸다. 비록 그가 어떤 결함을 가졌을지라도, 그는 곧 사고가 육화된 존재thought incarnate이다.

 그러한 사람에게 사고력을 강화할 수 있는 방법을 제시하고, 그의 사고를 더 넓고 더 높은 차원으로 끌어올릴 수 있다면, 그는 그만큼 더 위대한 사람이 될 것이며, 그의 영향력 또한 비례하여 커질 것이다. 나아가, 그에게 비전Vision이나 창조성Creativeness에 도달할 가능성을 보여준다면, 그는 마침내 가장 높은 경지에 도달할 수 있을 것이다.

이 책이 하려는 일은 바로 그것이다. 사고하려는 열망이 존재하지 않는 곳에서 그것을 만들어낼 수는 없다. 하지만, 그러한 필수적인 균germ만 있다면, 그것이 성장할 수 있는 적절한 조건을 제공하는 것이 이 책의 역할이다. 사고가 성장한 사람들에게 무엇이 그들을 발전의 길로 이끌었는지 물어보라. 그들의 답변은 놀라울 정도로 단순하면서도 다양할 것이다.

책 속의 몇 마디 문장, 학교의 강의 목록, 어떤 방법론의 단순한 개요, 뛰어난 인물과의 만남, 예외적인 존재로부터 받은 인상, 혹은 지성이나 어리석음에 대한 그의 반응, 그의 얼굴 표정, 그리고 그의 침묵조차도 충분할 수 있다.

이와 유사한 효과는, 적어도 준비 단계에서, 생각을 돕고자 하는 열망으로 가득 찬 이 페이지들 속의 어떤 무작위 문장에 의해서도 만들어질 수 있다. 어떤 이들에게는 "신문을 한 장의 역사로 읽어라"는 충고가 한 구절의 경구처럼 들릴 것이다. 그러나 다른 이들에게는 그것이 새로운 정신 생활의 출발점이 될 수 있다. 또 어떤 사람들은 이 책의 문장 리듬, 목차, 혹은 제목 하나만으로도 사고의 변화를 경험할 수도 있을 것이다.

여기서, 다른 모든 것과 마찬가지로, 필요한 것은 시작과 방법이다. 시작은 신의 영역에 속하지만, 방법은 우리에게 속하며, 그것은 배울 수 있다. 심지어 이와 같은 책 한 권을 통해서도 몇 시간 만에 익힐 수 있다.

저자는 그 이상의 야망을 품지 않았다. 그리고 단 하나의 소망만을 품고 있다. 그것은 바로, 이 책이 누군가에게 유용했으면 하는 바람이다.

옮긴이의 말

눈부신 기술 문명의 발전은 인간의 노동을 절감하는 방향으로 꾸준히 나아가고 있다. 과거 공산주의 사회의 포스터에 자주 등장했던 망치와 스패너를 힘차게 쥔 손이 인간 노동의 상징이었다면 현재의 문명은 기존의 생산에서 기계와 로봇한테 많은 것을 일임하고 있다. 얼마 전 다녀왔던 동유럽의 한 도시에 대해 복습을 해보니 도시 인구의 66퍼센트가 서비스업에 종사하고 있다고 했다. 그다지 현대적이지 않고 전근대의 성당과 건축물들이 즐비한 도시가 그 정도이니 아마도 규모가 더 크고 현대적인 도시들의 경우는 확인하지 않아도 그보다는 더 높을 것이라고 예측할 수 있을 것이다. 과거 망치와 스패너를 들고 물건을 생산하던 인간의 노동은 이제 인간들 간의 '소통'을 위한 서비스업에 주로 경주되고 있다. 과거의 인간이 지금의 문명을 본다면 분명 인간은 이제 노동으로부터 해방되었다고 보지 않을까.

그리고 이제 AI의 등장은 인간의 노동뿐 아니라 사고마저도 대신해주고 있다. 로봇과 인공지능이 대체하는 건 단순한 일만이 아니다. 우리는 점점 더 생각하지 않아도 되는 인간으로 진화하고 있다. 이것이 과연 축복인지 〈매트릭스〉의 사회를 예고하는 불길한 전조인지는 보는 사람마다 다를 것이다. 그 판단은 미뤄두더라도 분명한 사실은 있다. 사고라는 개인의 독자적이고 독창적인 행위가 전체적으로 감퇴하고 있다는 것. 그리고 그 감퇴가 가장 깊은 그늘을 드리우는 곳은 우리의 정치적 삶, 곧 대중민주주의다.

최근 몇 년간 우리 사회에서 급격히 심화된 이분법적 갈등은, 거의 모든 사회 이슈를 '정쟁'의 언어로 환원시켜 버린다. 옳고 그름, 정의, 공정 같은 개념은 더 이상 사유의 대상이 아니라, 광장의 슬로건으로만 존재한다. 어니스트 딤넷이 이 책에서 지적하듯, 슬로건이 사회를 지배한다는 것은 한 시회의 사고 부재를 드러내는 징표다. 그 속에서 사람들은 몇 개의 천편일률적인 슬로건만을 반복하는 '인간 축음기'가 되어 간다.

사고, 즉 생각한다는 것은 공적으로 사적으로 우리 삶의 질을 결정하는 커다란 문제다. 한 사람이 얼마나 생각하는지, 그 생각이 깊은지 얕은지를 가늠하기란 쉽지 않다. 하지만 그의 문장을 읽거나 말을 들으면 우리는 본능적으로 안다. '이 사람은 진짜 생각하는 사람이다.' 우리 모두는 막연히 그런 인간이기를 원한다.

사고의 기술이란, 우리의 뇌가 최고의 작업을 수행하고 있음을 실감하는 경험이다. 그것은 단순한 정보 처리나 논리 전개가 아니라, 자기의 내면과 세계를 연결하는 살아 있는 작업이다. 하지만 인간은 성장하면서 점점 그 능력을 잃는다. 유행을 좇고, 규범에 순응하며, 타인의 시선에 자신을 맞추는 동안 사고는 무뎌지고 개성은 흔적 없이 사라진다. 그 이유는 분명하다. 자신과 대화하는 시간— 곧 사고의 시간 —이 사라졌기 때문이다. 인간은 유행에 민감할수록 점점 더 익명의 존재가 되고, 결국 대중이라는 군거 집단 속으로 흡수된다. 그리고 사고는 페달을 밟지 않은 자전거처럼 정지된다.

딤넷은 현대를 '사고의 훈련이 결여된 사회'로 진단한다. 사람들은 사고를 원하지만, 실제로는 훈련되지 않았고, 자기도 모르게 획일화된 감정과 관념을 반복할 뿐이다. 유행어를 능란하게 구사하고 다수의 의견에 쉽게 동의하는 사람일수록, 사고하지 않는 경우가 많다. 사고에 대해 말하지만, 실제로는 '생각에 대한 생각'에 머물러 있는 것이다. 이런 경향이 1세기 동안 얼마나 심화되어왔는지를 우리는 책에서 인용된 많은 책과 문장에서 확인할 수 있다. 저자가 생각하지 않고 있다고 한 시대에 인용한 문장들과 인물들을 지금의 자기 계발서에서는 아마 보기가 쉽지 않을 것이다. 게다가 이 책은 출간 당시 몇 년 동안이나 베스트셀러 순위 상위권에 있었다!

이 책 『사고의 기술』은 1930년대에 쓰였지만, 시대를 넘어서는 보편적 사유를 담고 있다. 그 진단은 백 년이 지난 지금, 더욱 또렷하게 우리를 겨냥한다. 사고, 독서, 글쓰기 — 이 세 가지는 딤넷에게 있어 사실상 하나의 활동이다. 그는 말한다. 좋은 책을 읽지 말라, 오직 최고의 책만 읽어라. 막 출간된 책, 마케팅의 힘으로 팔리는 책은 피하고, 인류가 검증한 고전 속에서 사고를 단련하라. 그것이 개성을 지키고, 좌표 없이 흔들리는 시대 속에서 자신을 지키는 최선의 방법이다. 그런 고전은 어떤 책일까? 첫 문장을 읽자마자 마지막 페이지까지 함께할 것이라는 예감이 들고, 몇 문장만 읽고도 책을 무릎에 떨어뜨리고 깊은 생각에 빠져들게 만드는 책이다. 딤넷은 독서와 사고의 참된 밀착이 무엇인지를 책의 도입부부터 선명하게 보여준다. 우리들 각자는 그런 자극을 주는 자신만의 고전들을 발견해야 한다.

책의 내용을 통해 우리는 글자만 따라가는 것이 아니라 그것에 촉발되어 우리의 삶을 돌아다보게 된다. 여기에서 우리의 삶이란 바로 우리 각자의 경험, 즉 자신의 과거이다. 사고는 바로 우리 각자의 과거와 밀접하게 연관되어 있다. 사고란 과거만을 회상하는 퇴영적인 행위일까? 아니다. 사고는 오히려 과거를 되짚음으로써 미래를 구체화한다. 많은 사기꾼들이 미래를 말했고, 많은 현자들이 과거를 성찰했다는 사실은 우연이 아니다.

"세상이 변했다."

이 말은 오늘날 가장 자주 들리는 선언 중 하나다. 하지만 이런 말을 듣는 게 그리 편한 마음은 아니다. 무엇이 어떻게 변했는지 묻지 않고 그렇게 단언하는 사람에게서 느끼는 것은 사고의 흔적보다는 통찰 없는 확신이다. 확신의 강도는 결코 진실성에 비례하지 않는다. 그리고 세상은 언제나 변해왔다. 진짜 문제는 그 변화의 속도나 양이 아니라, 그 변화를 바라보고 판단하는 생각의 깊이다. 오늘날처럼 정보가 넘쳐나고 기술이 폭주하는 시대일수록, 사람들은 생각을 멈춘다. 아니, 멈추도록 훈련받는다. 기술 문명은 우리를 끊임없이 더 편하게 만들어 주지만, 동시에 우리의 인식 능력을 무디게 만들고 있다. 더 빠르게, 더 쉽게, 더 편하게 ─ 그 과정에서 인간은 생각하지 않아도 되는 존재로 변해간다.

사고는 읽기와 쓰기와 연결되어 있고, 자신과 대면할 수 있는 고독의 시간을 필요로 한다. 하지만 오늘날 우리는 너무 바쁘고, 너무 시끄럽고, 너무 가볍다. 스스로 사고하고자 해도, 그것이 훈련되지 않았고, 대부분은 사고에 대한 막연한 환영 속에서 길을 잃는다. 책에도 나오는, 나는 학생이고 나는 돈을 냈으니 나에게 질문하지 말고 당신이 정답을 말해줘야 한다는 태도가 이미 백 년 전부터 사람들의 행동에서 보였던 패턴이었다. 지금은 과연 어떨까. 이런 추세가 방향을 틀었는지 더욱 극단적으로 나갔는지는 물을 필요도 없을 것이다. 질문하기보다는 정답만을 확인하려는 사회는 이미 사고의 기술을 배우려는 것과는 거리가 멀다.

추천사에서 존 듀이가 말했듯이 이 책에는 사고의 기술을 발전시키기 위한 '실용적인 교훈'이 가득하다. 몇 가지만 실천할 수 있다 해도 그 성과는 결코 작지 않을 것이다. 이 책은 지금의 자기계발서가 줄 수 없는 묵직한 자극을 제공한다. 독서와 글쓰기와 자기 내면과의 대화는 1930년대 독자에게 살아 있는 요청이었다. 이 책이 자기계발서의 고전으로 자리 잡은 이유는, 바로 그 요청이 지금의 사람들에게도 여전히 절박하기 때문일 것이다.

2025년 3월 10일
파주에서

옮긴이 | 김석중

서울에서 태어나 연세대 철학과를 졸업했다. 출판계에서 번역과 편집을 하고 있다. 옮긴 책으로『미국 문명의 역사』,『성서 시대사』,『여자는 무엇을 욕망하는가』,『마음을 들여다보면』,『소년 시대』,『미식 예찬』,『교양 노트』,『유모아 극장』,『이야기가 있는 사랑수첩』등이 있다.

사고의 기술

초판 1쇄 발행 2025년 4월 10일

지은이 어니스트 딤넷
옮긴이 김석중

펴낸곳 서커스출판상회
주소 경기도 파주시·광인사길 68 202-1호(문발동)
전화번호 031-946-1666
전자우편 rigolo@hanmail.net
출판등록 2015년 1월 2일(제2015-000002호)

ISBN 979-11-94598-01-5 03190